Uni-Taschenbücher 145

UTB

Eine Arbeitsgemeinschaft der Verlage

Birkhäuser Verlag Basel und Stuttgart
Wilhelm Fink Verlag München
Gustav Fischer Verlag Stuttgart
Francke Verlag München
Paul Haupt Verlag Bern und Stuttgart
Dr. Alfred Hüthig Verlag Heidelberg
J. C. B. Mohr (Paul Siebeck) Tübingen
Quelle & Meyer Heidelberg
Ernst Reinhardt Verlag München und Basel
F. K. Schattauer Verlag Stuttgart-New York
Ferdinand Schöningh Verlag Paderborn
Dr. Dietrich Steinkopff Verlag Darmstadt
Eugen Ulmer Verlag Stuttgart
Vandenhoeck & Ruprecht in Göttingen und Zürich
Verlag Dokumentation München-Pullach
Westdeutscher Verlag/Leske Verlag Opladen

Wirtschafts- und Sozialgeschichte, Band 2

FRIEDRICH-WILHELM HENNING

Die Industrialisierung in Deutschland 1800 bis 1914

Verlag Ferdinand Schöningh · Paderborn

Prof. Dr. rer. pol., Dr. jur. Friedrich-Wilhelm HENNING, geb. 1931, hat Geschichte, Landwirtschaft, Rechtswissenschaften und Wirtschaftswissenschaften an der Universität Göttingen studiert. Nach einer mehrjährigen Tätigkeit als Hochschullehrer in Göttingen ist er seit 1971 Direktor des Seminars für Wirtschafts- und Sozialgeschichte der Universität zu Köln und des Rheinisch-Westfälischen Wirtschaftsarchivs in Köln.

ISBN 3-506-99161-2

Printed in Germany
Einbandgestaltung: Alfred Krugmann, Stuttgart

INHALTSVERZEICHNIS

Vorwort

Die Industrialisierung brachte und bringt für alle Völker und Volkswirtschaften eine mit der vorhergehenden Entwicklung nicht vergleichbare Wandlung von Gesellschaft und Wirtschaft. Die damit verbundenen Änderungen stellen aber keineswegs einen einmaligen, in einem Akt sich vollziehenden Vorgang dar. Vielmehr bedeutet die Industrialisierung den Übergang von einer zwar vorhandenen, aber relativ langsamen Entwicklung zu einer immer intensiveren Wandlung bis in unsere Tage.

Aufgabe dieses Buches soll es sein, den Aufbruch aus der traditionellen, d. h. aus der sich nur langsam entwickelnden Wirtschaft und Gesellschaft in das Industriezeitalter nach den Erscheinungen, nach den wirkenden Kräften und nach den Zusammenhängen darzustellen. Um eine gewisse Übersichtlichkeit zu bewahren und nicht zu sehr von den Einzelheiten des Geschehens abstrahieren zu müssen, erfolgt weitgehend eine Beschränkung auf den mitteleuropäischen Raum, aus statistischen Gründen meistens auf das Gebiet des Deutschen Reiches in den Grenzen bis 1914. Da aber nicht die nationale und die politische Geschichte im Mittelpunkt der Erörterungen stehen soll, wird an vielen Stellen auch auf die sachlich und manchmal auch zeitlich parallelen Erscheinungen in anderen Ländern und Gebieten übergegriffen, damit so die allgemeinen Grundlagen und Kräfte des Industrialisierungsprozesses verdeutlicht und im Wege des Vergleichs die besonderen Bedingungen der mitteleuropäischen Industrialisierungsgeschichte besser herausgearbeitet werden können.

Die zeitliche Begrenzung mit den Jahren 1800 bis 1914 soll nur den angenäherten Rahmen für die Industrialisierungsperiode in Deutschland andeuten. Am Ende des 18. Jahrhunderts waren die wesentlichen Voraussetzungen zur Beseitigung der seit der fränkischen Herrschaft in Deutschland etablierten feudalistisch organisierten Gesellschaft und Wirtschaft in den ländlichen Bereichen geschaffen (Bauernbefreiung). Im städtischen und im nichtlandwirtschaftlich orientierten ländlichen Bereich führte der Übergang von der überwiegenden Handarbeit zum Einsatz von Maschinen mit der Folge einer Erhöhung der Produktion und der Produktivität zu einer erheblichen Ausdehnung des Anteiles der nichtlandwirtschaftlichen Wirtschaft an der gesamten Volkswirtschaft. Vor dem Ersten Weltkrieg war damit ein Entwicklungsstand erreicht worden, der bereits von den Zeitgenossen als der Übergang vom Agrar- zum Industriestaat bezeichnet wurde. Das Zusammendrängen der arbeitenden Bevölkerung in den Städten und die stärkere und risikoreichere Abhängigkeit eines zunehmenden Teiles der Bevölkerung von Lohneinkommen führte zu sozialen Spannungen und Benachteiligungen einzelner Gruppen und zu erheblichen Wandlungen im sozialen Bereich. Die „industrielle Revolution“ wurde von der „bürgerlichen Revolution“ begleitet; rein zahlenmäßig bestimmte jedoch nicht das Bürgertum, sondern die Arbeitnehmerschaft das Bild des menschlichen Lebens in den neuen Wohn- und Arbeitszentren. Die Industrialisierungsphase stellt damit eine im wirklichen Sinne des Wortes „grundlegende“ Periode für die Entstehung unserer heutigen Gesellschaft und Wirtschaft dar.

Die Entwicklung der vorindustriellen Epoche bis zum Ende des 18. Jahrhunderts wird ebenso wie die Zeit vom Ersten Weltkrieg bis zur Gegenwart gesondert in dieser Reihe als Band 1 und Band 3 der Wirtschafts- und Sozialgeschichte erscheinen.

Die Art der hier gewählten Darstellung weicht in der äußeren Form von anderen wirtschafts- und sozialgeschichtlichen (Lehr-) Büchern ab. Sie wurde gewählt, weil es sich immer wieder herausstellt, daß die übliche Darstellungsmethode mit einem wenig übersichtlich gegliederten Text und mit nur wenigen Illustrationen durch Schaubilder und Schemata den Lern- und Informationswert eines solchen Buches für den Studenten und für den an Einzelfragen interessierten Laien erheblich herabsetzt. Dem Ferdinand-Schöningh-Verlag in Paderborn gilt daher mein besonderer Dank, daß er die Verwirklichung dieser Darstellungsidee ermöglicht und durch seine reiche Erfahrung im Schulbuchwesen ergänzt hat.

Wirtschafts- und sozialgeschichtliche Probleme finden heute auch bei nicht mit wirtschafts- und sozialwissenschaftlichen Begriffen und Denkansätzen Vertrauten ein großes Interesse. Es wurde daher versucht, Fachausdrücke möglichst zu vermeiden, um so einem breiteren Leserkreis die Industrialisierungsgeschichte Deutschlands erschließen zu können. Eine Zusammenstellung einiger dennoch zu erklärender Begriffe wurde in das Sachverzeichnis im Anhang aufgenommen. – Das Literaturverzeichnis enthält aus der unübersehbar gewordenen Fachliteratur eine Auswahl zur Vertiefung des Studiums einzelner Fragen und Erscheinungen. Notwendigerweise ist diese Auswahl subjektiv und spiegelt die vom Verfasser auch in diesem Buch vorgenommene Akzentsetzung wider.

Einführung und Überblick

Die Periodisierung

Die Zeit vom Ende des 18. bis zum Beginn des 20. Jahrhunderts läßt sich für Deutschland unter wirtschafts- und sozialgeschichtlichen Aspekten in drei Abschnitte gliedern:

1. Der *Aufbruch aus der traditionellen Gesellschaft und Wirtschaft*:

Traditionell heißt hier (nach Rostow):

- Relativ statisch, d. h. geringfügige Entwicklungsvorgänge.
- Überwiegend agrarisch orientiert.
- Geringer Produktivitätsgrad (Produktion je Arbeitskraft, je Kapitaleinheit und je Flächeneinheit).

Dieser Aufbruch, insbesondere die Änderung der Wirtschaftsverfassung fand in den einzelnen Ländern auf unterschiedliche Weise statt:

- Im Wege einer Revolution, d. h. in einem Akt oder wenigstens innerhalb eines kurzen Zeitraumes (z. B. Frankreich nach 1789, wobei die Anfänge aber auch hier früher lagen: Einführung der Gewerbe- und der Handelsfreiheit durch Turgot ab 1776).
- Im Wege der Evolution, d. h. durch über mehrere Jahrzehnte andauernde Reformen (Deutschland). Preußen wird hier von den Marxisten als Beispiel der langsamen, „qualvollen" Entwicklung angesehen. Lenin spricht sogar vom „preußischen Weg".

Der Aufbruch enthielt im wesentlichen folgende Änderungen:

- In der Landwirtschaft die sog. Bauernbefreiung.
- Im Gewerbe die Einführung der Gewerbefreiheit.
- Im Bereich des Güteraustausches die Beseitigung oder Verminderung der innerterritorialen Abgaben (Akzise usw.) und teilweise auch der interterritorialen Abgaben (Zölle).
- Im sozialen Bereich die freie Berufswahl und die Freizügigkeit (freie Wohnortwahl), die Lösung von herrschaftlichen und Gruppenbindungen (Zunft, Gilden, Erbuntertänigkeit usw.).

2. Die *erste Industrialisierungsphase*, d. h. die *Verdrängung* oder wenigstens die Erleichterung eines großen Teiles *der Handarbeit* in der gewerblichen Produktion durch:

- den verstärkten Einsatz von Arbeits- und Betriebsmitteln (Erhöhung der Menge an Kapitalgütern) und durch die
- verstärkte Anwendung des technischen Fortschrittes (Verbesserung der Produktionsverfahren = Prozeßinnovationen).

Dies führte in den einzelnen Sektoren der Wirtschaft zu folgenden Änderungen:

- Im Gewerbe ging man zur sog. industriellen Produktionsweise über.
- Im Bereich des Güteraustausches wurden neue Transportmittel eingesetzt: Eisenbahn, Eisen- und Dampfschiff.
- In der Landwirtschaft wurde die Produktionsmenge durch eine vollständigere Ausnutzung der natürlichen, innerlandwirtschaftlichen Kräfte erhöht. Eine „Industrialisierung" der Landwirtschaft, d. h. eine verstärkte Anwendung von Kapital und technischem Fortschritt und damit verbunden eine Einschränkung der Handarbeit, setzte zunächst nicht ein.

Insgesamt war in allen Sektoren der Wirtschaft eine Zunahme der je Arbeitskraft produzierten Gütermenge, d. h. der Arbeitsproduktivität eingetreten. Begleitet wurde diese Entwicklung von einem nunmehr erst möglichen relativen, nicht absoluten Rückgang der in der Landwirtschaft Beschäftigten – gemessen an der Gesamtzahl der Beschäftigten – und einer allgemein schnelleren Entwicklung der Wirtschaft durch eine beschleunigte Wandlung der Produktionsverhältnisse.

3. Der *Ausbau der Industrie*: Die industrielle Produktion und die industrielle Wertschöpfung erreichten in der dritten Periode wertmäßig die landwirtschaftliche. Der gesamte sekundäre Sektor der Wirtschaft beschäftigte schließlich eine ebenso große Zahl von Menschen wie die Landwirtschaft. Es ist die Entwicklung vom Agrar- zum Industriestaat:

- Die Industrie bestimmte nunmehr das Bild der Wirtschaft, insbesondere auch der wirtschaftlichen Schwankungen (Konjunkturen).
- Die industrielle Arbeiterschaft prägte mit ihrem im Verhältnis zum Bedarf geringen Einkommen das soziale Bild (negativ).

- Die Konzentration des Bevölkerungszuwachses in den industriellen Produktionszentren führte zu unzulänglichen Wohn- und Lebensverhältnissen.
- Der Außenhandel und damit die Beziehungen zu den außereuropäischen und zu den europäischen Handelspartnern wurden durch den Bedarf der Industrie (an Rohstoffen) und durch den Absatz industrieller Produkte bestimmt.

Die drei genannten Abschnitte, nach denen auch die *Gliederung dieses Buches* erfolgt ist, sind etwa in die Zeiträume 1780/1800 bis 1835, 1835 bis 1873 und 1873 bis 1914 einzuordnen. Dabei handelt es sich zwar nicht um willkürlich gezogene Trennungsstriche. Jedoch werden wie durch jede Zäsur Kontinuitäten unterbrochen, um eine übersichtliche Darstellung zu erreichen; insbesondere werden Entwicklungstäler von Teilbereichen (z. B. der Eisenindustrie oder der Landwirtschaft) durch die gesamtwirtschaftlichen Einschnitte verwischt. Die Darstellung der einzelnen Teile der Wirtschaft und der Gesellschaft wird deutlich machen, daß einheitlich zu erfassende Entwicklungen über die so gezogenen Trennungslinien hinweggehen. Sie werden zur Vermeidung von Wiederholungen nur dort gebracht, wo ihr Schwerpunkt liegt.

Die Grundzüge der Entwicklung

Die Darstellung einiger wirtschaftlicher und sozialer Entwicklungslinien im 19. Jahrhundert soll zunächst eine Übersicht über die Grundzüge der durch die Industrialisierung eingetretenen Wandlungen geben:

1. Die *Bevölkerungszahl* nahm so stark zu, daß man von einer Bevölkerungsexplosion spricht:

Absolut:	1780	21 Mill. Menschen
	1800	23 Mill. Menschen
	1825	28 Mill. Menschen
	1850	35 Mill. Menschen
	1875	43 Mill. Menschen
	1900	56 Mill. Menschen
	1914	67 Mill. Menschen

Relativ:	1780	38 Menschen je qkm (= 100)
	1914	125 Menschen je qkm (= 330)

Ursache der Bevölkerungsentwicklung war:

- Infolge der verbesserten medizinischen Versorgung und der langfristigen Hebung des Lebensstandards ging die Sterblichkeit von 28 auf 16 je Jahr und 1.000 Einwohner (= 43 v.H.) zurück.
- Im Verhältnis dazu verringerte sich die Geburtlichkeit von 40 auf 27 je Jahr und 1.000 Einwohner (= 32 v. H.).
- Damit lag während des ganzen Jahrhunderts der Geburtenüberschuß mit etwa 11 bis 12 je 1.000 Einwohner relativ hoch. Epidemien (Pest), größere Kriege und Hungersnöte, die in früheren Jahrhunderten immer wieder zu einer Reduzierung der Bevölkerungszahl geführt hatten, fehlten nunmehr fast völlig.

Die Zusammenhänge zwischen dem Bevölkerungswachstum im 19. Jahrhundert in Deutschland und der Industrialisierung werden bei einem regionalen Vergleich besonders deutlich:

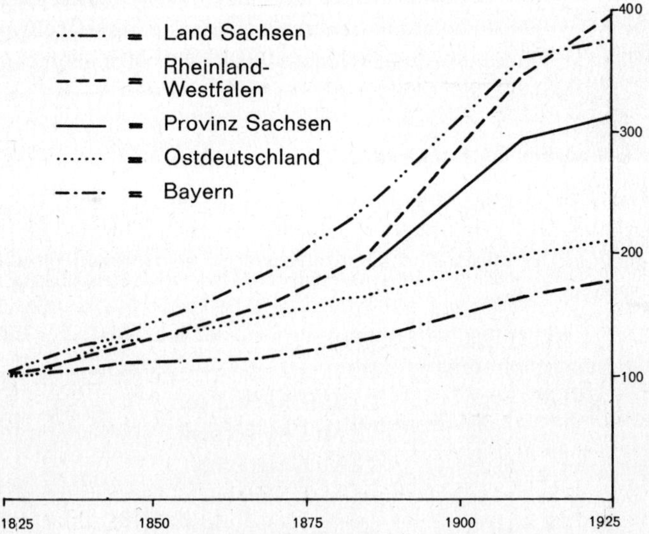

Abb. 1: Bevölkerungswachstum in verschiedenen Teilen Deutschlands von 1825 – 1925 (1825 = 100)

Die Rheinprovinz, Westfalen und das Land Sachsen waren die bis zum Ersten Weltkrieg am stärksten industrialisierten Gebiete Deutschlands. In Ostdeutschland und Bayern dominierte bis auf einige Ausnahmen (Oberschlesien, Stettin, Nürnberg, Augsburg usw.) nach wie vor die Landwirtschaft, ebenso wie in den nördlichen Teilen der Provinz Sachsen (Altmark, Magdeburger Börde) mit Ausnahme Magdeburgs. Da die südlicheren Teile der Provinz Sachsen ebenfalls stärker industrialisiert waren, nahm dieses Gebiet eine Mittelstellung zwischen den beiden Extremen ein. Die Bevölkerungsentwicklung war in zweierlei Hinsicht von Bedeutung:

- Durch sie und mit ihr wuchs die Zahl der Arbeitskräfte eines Gebietes (Produktionsbereich).
- Zugleich stieg mit der Bevölkerungszahl der Verbrauch und dadurch die wirtschaftliche Grundlage der Wirtschaftszweige, die für die unmittelbare Versorgung der Menschen notwendig waren (Nachfrage).

2. Der Wandel in den *Anteilen der Wirtschaftssektoren* an der Zahl der Beschäftigten zeigt die veränderte Wirtschaftstruktur an. Es wird dabei unterschieden:

- Der *primäre Sektor*: Landwirtschaft, Gartenbau, Forstwirtschaft, Fischerei.
- Der *sekundäre Sektor*: Industrie, Handwerk, Verlag (mit Heimarbeit), Manufaktur, Bergbau.
- Der *tertiäre Sektor*: Dienstleistungen (Handel, Verkehr, Banken usw.), einschließlich häusliche und öffentliche Dienste.

Aus der Abbildung 2 wird deutlich:

- Der Anteil der im primären Sektor Beschäftigten ging zurück. Absolut nahm aber auch dieser Teil der Beschäftigten von etwa 7 auf fast 11 Millionen Personen bis 1914 zu.
- Der Anteil der im sekundären und auch der im tertiären Sektor Beschäftigten wuchs an. Der größte Teil des Bevölkerungszuwachses fand im 19. Jahrhundert in der nichtlandwirtschaftlichen Wirtschaft eine Einkommensquelle.

Tab. 1: Entwicklung der Beschäftigtenzahl in den einzelnen Wirtschaftssektoren in v. H. aller Beschäftigten:

Jahr	Sektoren in v. H. aller Beschäftigten			Beschäftigte insgesamt
	primärer	sekundärer	tertiärer	in Millionen
1780	65	19	16	10,0
1800	62	21	17	10,5
1825	59	22	19	12,6
1850	55	24	21	15,8
1875	49	30	21	18,6
1900	38	37	25	25,5
1914	34	38	28	31,3
1935	30	38	32	29,9
1970	5	48	47	30,1

Anmerkung: 1935 = Deutsches Reich
1970 = Bundesrepublik Deutschland

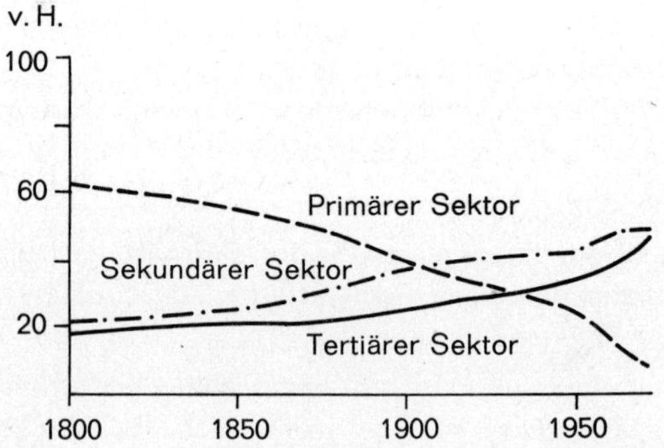

Abb. 2: Anteil der in den einzelnen Wirtschaftssektoren Beschäftigten an der Gesamtzahl

Die Zeit vom Ende des 18. bis zum Beginn des 20. Jahrhunderts umfaßt damit den ersten Teil der von Fourastié als Übergangsperiode von der primären zur tertiären Zivilisation bezeichneten Phase, vgl. Abbildung.

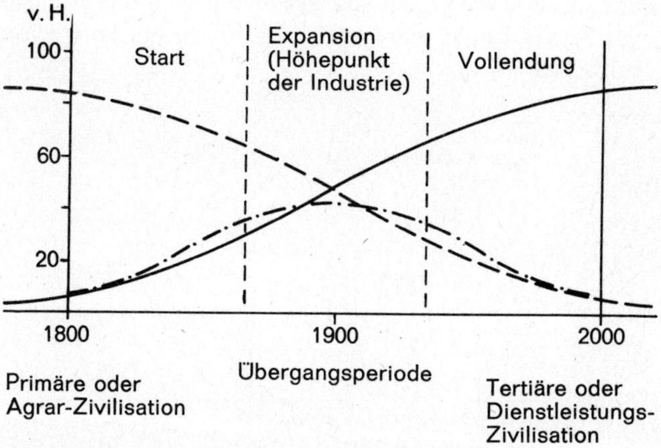

Abb. 3: Schema der Entwicklung der Beschäftigtenzahl in den drei Wirtschaftssektoren beim Übergang von der Agrar-Zivilisation zur Dienstleistungs-Zivilisation (nach Fourastié)

Bereits in den letzten beiden Jahrzehnten vor dem Ersten Weltkrieg zeigte die Entwicklung des tertiären Sektors einen wesentlich langsameren Verlauf, als Fourastié noch 1949 für sein Modell annahm. Die Hypothese Fourastié's geht

- von einer stärkeren Technisierungsmöglichkeit des sekundären Sektors
- zugunsten des tertiären Sektors aus, als dies bislang tatsächlich der Fall war.

Im übrigen legt Fourastié relative Zahlen zugrunde, d. h. aber, daß ein bestimmtes Wachstum der Bevölkerungszahl mit vorausgesetzt werden muß. Erfahrungsgemäß geht in der ersten Zeit der industriellen Entwicklung die Zahl der im primären Sektor Beschäftigten nicht zurück.

In Deutschland ist sogar bis 1914 eine stete Zunahme der Zahl der in der Landwirtschaft Arbeitenden festzustellen, (die sich bis 1950 fortsetzt und erst dann abnimmt. Dabei ist allerdings damit zu rechnen, daß dieser Prozeß ohne den Zweiten Weltkrieg bereits ein Jahrzehnt früher eingetreten wäre).

Die Zunahme der Zahl der in der Landwirtschaft Beschäftigten ist zwar nicht so groß wie die der beiden anderen Sektoren, erreicht aber mit etwa 65 v.H. in 135 Jahren eine nicht unbeachtliche Wachstumsrate, vgl. Schaubild.

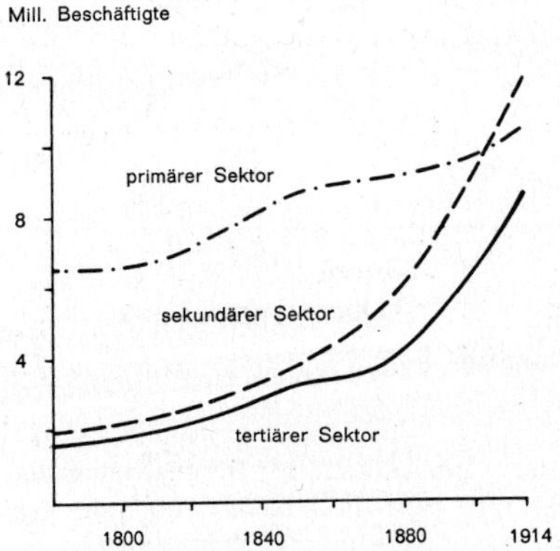

Abb. 4: Zahl der Beschäftigten in den drei Wirtschaftssektoren in Deutschland von 1780 bis 1914

3. Die Änderungen in der sektoralen Struktur der Wirtschaft wurden von erheblichen *Wandlungen auch innerhalb der drei Sektoren* begleitet. Der sekundäre Sektor wurde dabei zunächst stärker betroffen als die beiden übrigen. Aus den drei neben dem Bergbau bestehenden vorindustriellen Produktionsformen des sekundären Sektors:

– *Handwerk* (dezentralisierte Produktion und dezentralisierter Absatz),
– *Verlag* (dezentralisierte Produktion und zentralisierter Absatz

über den Verleger) und
- *Manufaktur* oder Fabrik (zentralisierte Produktion und zentralisierter Absatz)

entstand die Produktionsform der Industrie mit ebenfalls zentralisierten Funktionen. Im Vergleich zur Manufaktur oder vorindustriellen Fabrik war eine Wandlung eingetreten durch die Einführung
- des technischen Fortschrittes
- verbunden mit einer Verstärkung der Investitionen.

Die Industrie verdrängte jedoch Verlag und Handwerk nicht vollständig, sondern nur soweit die industrielle (Massen-)Produktion kostengünstiger war.
Ein Schaubild zeigt die Grundtendenz dieser Entwicklung.

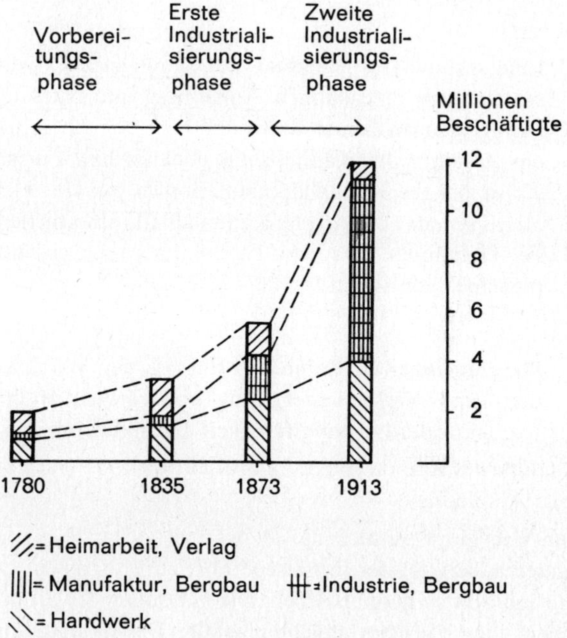

Abb. 5: Entwicklung des gewerblichen Sektors im Zeitalter der Industrialisierung nach der Zahl der Beschäftigten

Berücksichtigt man, daß das Handwerk auf Grund seiner kleinbetrieblichen Produktionsweise und seiner spezifischen Absatzwege (Befriedigung des örtlichen Bedarfes) in vielen Zweigen einer Massenproduktion nicht zugänglich war, dann ist die Veränderung durch die Industrialisierung im Manufakturwesen und im überwiegenden Teil des Verlagswesens, ferner im Hinzutreten neuer – industrieller – Produktionszweige zu sehen. Das Textilgewerbe als der umfangreichste Zweig der Produktion im sekundären Sektor prägte das Bild des Überganges vom Verlag zur Industrie, die Metallerzeugung und -verarbeitung das der Entstehung neuer Produktionszweige.

4. Die *Entwicklung des Kapitalstockes* war in zweierlei Hinsicht von Bedeutung:

– *Quantitativ:*

Eine sprunghafte Zunahme des Kapitalstockes verbunden mit der gewinnträchtigen Anhäufung und Nutzung durch Privatpersonen führte dazu, daß man das 19. Jahrhundert das Zeitalter des Kapitalismus genannt hat. Entscheidend war dabei die Kapitalakkumulation in privater Hand, obgleich sich der öffentliche Kapitalanteil (öffentliche Gebäude, Tiefbauten, staatliche Eisenbahnen) am gesamten Kapitalstock von 16 auf fast 20 v.H. erhöhte.

– *Qualitativ:*

Die zunehmende Kapitalausstattung der Wirtschaft (Ersatz- und Nettoinvestitionen) war verbunden mit einer Erhöhung der Leistungsfähigkeit je Kapitaleinheit.

Die Zunahme des Kapitalstockes in Preisen von 1913 (reales Wachstum) zeigt Abbildung 6.

Während sich die Veränderung des Kapitalstockes leicht beziffern und darstellen läßt, ist der technische Fortschritt und seine Auswirkung nur indirekt zu quantifizieren. Die Erhöhung der Produktivität der Arbeit oder bei etwa gleichbleibender Beschäftigtenquote die Produktion je Kopf der Bevölkerung mag hier als Hilfsmittel dienen, vgl. Ziff. 5.

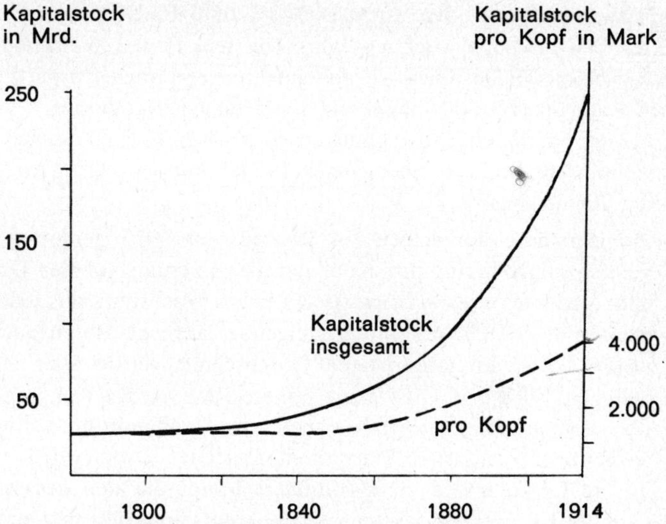

Abb. 6: Entwicklung des Kapitalstockes insgesamt und pro Kopf der Bevölkerung in Deutschland von 1780 bis 1914

5. Die Entwicklung des *Nettosozialproduktes* (zu Faktorkosten = Volkseinkommen = Summe der Wertschöpfung in den einzelnen Sektoren) ist aus Tabelle 2 ersichtlich.

Tab. 2: Die Entwicklung des Nettosozialproduktes

Jahr	Nettosozialprodukt in Preisen von 1913	
	Insgesamt in Mrd. Mark	pro Kopf der Bev. in Mark
1780	5,0	240
1800	5,7	250
1825	7,3	260
1850	9,4	265
1875	17,7	427
1900	33,2	593
1914	49,0	728

Die Wachstumsraten des Kapitalstockes und des Nettosozialproduktes sind bis auf die letzten Jahre vor dem Ersten Weltkrieg in etwa deckungsgleich. Dies gilt dementsprechend auch für die Pro-Kopf-Raten des Kapitalstockes und des Nettosozialproduktes.
Aus dieser parallelen Entwicklung des Kapitalstockes und des Nettosozialproduktes während des ganzen 19. Jahrhunderts läßt sich folgender Schluß ziehen:

- Die Zunahme des realen (in Preisen von 1913 gemessenen) Nettosozialproduktes pro Kopf der Bevölkerung auf das Dreifache bedeutet ein starkes wirtschaftliches Wachstum, das jedoch erst ab 1840/1850 erkennbar steigende jährliche Raten aufzuweisen hatte. Im langfristigen Durchschnitt wurde aber auch zwischen 1840 und 1914 keine höhere Rate als 1,4 v.H. gegenüber dem jeweiligen Vorjahr erzielt, eine Größenordnung, die in der heutigen Zeit fast als Stagnation bezeichnet werden würde.
- Die im Laufe von mehr als hundert Jahren für den gesamten Kapitalstock und für das gesamte Nettosozialprodukt in gleicher Weise verzehnfachten Werte lassen folgende Feststellungen zu:
- Der *Kapitalkoeffizient* (d. h. die Relation von Kapitalbestand und Produktionsergebnis) hat sich säkular kaum geändert. Er lag im sekundären Sektor während der gesamten Zeit niedriger, d. h. günstiger, als in der Landwirtschaft.
- Der *technische Fortschritt* hat bei etwa gleichbleibender Beschäftigungsquote (41 bis 46 v.H. der Bevölkerungszahl) zu einer Verdreifachung der Arbeitsproduktivität geführt. Als Ursache kommt hierfür in Betracht:
  - arbeitssparender technischer Fortschritt (bei gleichbleibendem Kapitalstock) oder
  - arbeits- und kapitalsparender technischer Fortschritt (bei gleichzeitiger teilweiser Substitution von Arbeit durch Kapital) oder
  - kapitalsparender technischer Fortschritt (bei gleichzeitiger Substitution von Arbeit durch Kapital).

Die im Verhältnis zur Bevölkerungs- und Beschäftigtenzahl überproportionale Zunahme des Kapitalstockes läßt den zweiten Weg einer teilweisen Substitution von Arbeit durch Kapital (Handarbeit → Maschinenarbeit) und einer Einsparung von Arbeit und Kapital als wahrscheinlich erscheinen.

Im Ergebnis wird man den bisher als technischen Fortschritt bezeichneten Faktor dabei folgendermaßen aufgliedern müssen:

- Technischer Fortschritt im engeren Sinne, d. h. neue Produktionstechniken (Handwebstuhl → Maschinenwebstuhl).
- Organisatorischer Fortschritt, d. h. neue Organisation der Produktion (Kleinbetrieb → industrieller Großbetrieb).
- Ausbildungsfortschritt, d. h. höherer Eignungsgrad und damit höhere Leistung der Beschäftigten.

Die quantitative Komponente (Produktionsvolumen) der Erstellung des Volkseinkommens wurde von einer qualitativen (Produktionsniveau) ergänzt.

6. Die Entwicklung der durchschnittlichen *Realeinkommen* läßt sich aus der Entwicklung des Nettosozialproduktes pro Kopf der Bevölkerung ablesen. Da es sich hierbei aber nur um einen Durchschnittswert handelt, ist die Frage der *Einkommensverteilung* von Bedeutung. Hierbei ist zu unterscheiden:

- Die *Arbeitseinkommen* stiegen von dem niedrigen Niveau im Jahre 1800 um etwa 140 v.H. bis 1823 (in realen Einheiten gemessen: 65 v.H. für Nahrungsmittel und 35 v.H. für gewerbliche

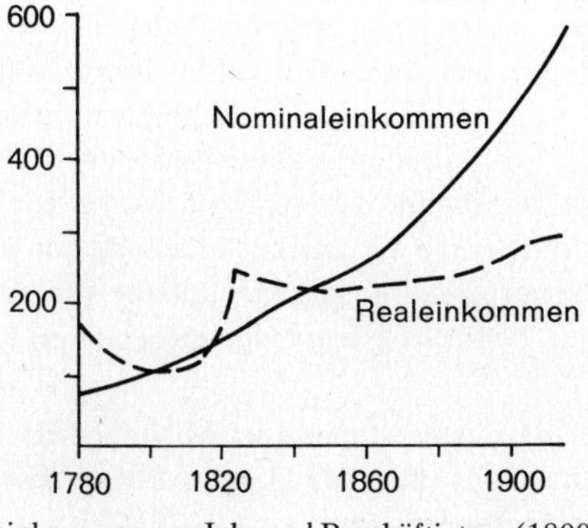

Abb. 7: Arbeitseinkommen pro Jahr und Beschäftigtem (1800 = 100)

Produkte, einschließlich Wohnungen). Nach 1823 trat ein langsamer Rückgang von 240 auf 210 Einheiten ein und dieses Niveau wurde bis etwa 1883 gehalten, um danach bis 1914 auf etwa 280 Einheiten anzusteigen. Die in der Abbildung aufgenommene vereinfachte Kurve berücksichtigt zwei Aspekte nicht:

  - Kurzfristige, sich auch über einige Jahre erstreckende Schwankungen mit erheblichen Einbrüchen bewirkten wegen des allgemein sehr niedrigen Einkommensniveaus krisenhafte Erscheinungen in der sozialen Lage umfangreicher Bevölkerungsgruppen.
  - Die Einkommenslage der von gewerblicher Tätigkeit lebenden Bevölkerung war in der Zeit von 1825 bis 1855 noch schlechter als es sich aus der Abbildung ergibt, da in dieser Zeit Arbeitslosigkeit und Unterbeschäftigung weit verbreitet waren und sich deshalb mehr Menschen vom Arbeitseinkommen einer Person ernähren mußten.

- Die *Grundrenteneinkommen* waren von der Entwicklung der Agrarpreise abhängig und nahmen zunächst nach dem Anstieg bis zum Ende der Napoleonischen Kriege bis 1820 stark zu. In den folgenden vier Jahren war durch eine Reihe von guten Ernten ein Rückgang der Agrarpreise und damit der Grundrenten auf weniger als die Hälfte zu beobachten, um dann von 1825 bis in die 70er Jahre eine langfristig ansteigende Tendenz aufzuweisen (sog. Goldene Jahre der Landwirtschaft). Das Überangebot an Agrarprodukten auf dem Weltmarkt führte danach zu einer Stagnation (vgl. Abbildung 47, S. 222) mit vorübergehendem Rückgang der Grundrenten. – Diese für landwirtschaftlich genutzte Grundstücke geltende Entwicklung wurde vor allem seit den 70er Jahren durch eine erhebliche Anhebung der Einkommen aus bebauten Grundstücken im Zusammenhang mit der zunehmenden Verstädterung begleitet (steigende Nachfrage nach Bauland und Wohnungen).
- Die *Kapitaleinkommen* standen in Abhängigkeit von der Bewegung des Zinssatzes, von der Höhe des Kapitalstockes und von den Unternehmensgewinnen:

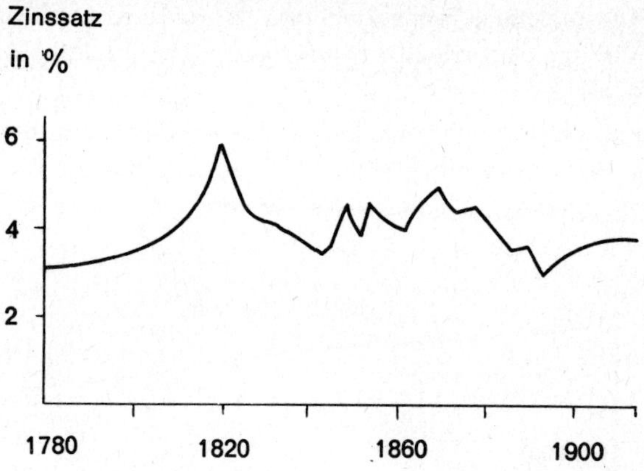

Abb. 8: Die Entwicklung des Zinssatzes für festverzinsliche Anleihen im 19. Jahrhundert

- Der Zinssatz für festverzinsliche mündelsichere Anleihen zeigte im 19. Jahrhundert die aus Abbildung 8 ersichtliche Entwicklung.
- Der Kapitalstock pro Kopf der Bevölkerung stieg auf das Dreifache, so daß selbst bei gleichbleibenden Zinssätzen (und Gewinnen aus der Kapitalnutzung) eine Verdreifachung der Kapitaleinkommen pro Kopf der Bevölkerung zu verzeichnen war.

Da die Vermehrung von Kapital- und Grundrenteneinkommen aber nur einer begrenzten Zahl von Personen zugute kam, stieg die Zahl der vermögensschwachen, hauptsächlich von Arbeitseinkommen lebenden Personen schneller an als die gesamte Bevölkerung. Die mit dieser Polarisierung zusammenhängenden sozialen Spannungen waren in zwei Perioden besonders stark:

- 1835 bis 1848: Die durchschnittlichen Arbeitseinkommen wurden durch eine weit verbreitete Arbeitslosigkeit und Unterbeschäftigung niedrig gehalten, da die Industrie für eine Entlastung des Arbeitsmarktes noch zuwenig entwickelt war.
- 1873 bis 1895: Die zunehmende Verstädterung machte ein höheres Pro-Kopf-Einkommen erforderlich. Die stagnierenden oder

nur leicht steigenden realen Lohneinkommen konnten die mit der Verstädterung verbundenen zusätzlichen Lebenshaltungskosten nicht ausgleichen.

Auf Grund dieser unterschiedlichen Entwicklung der einzelnen Einkommensarten verminderte sich im langen Trend der Anteil des Arbeitseinkommens am Volkseinkommen, vgl. Abbildung 9.

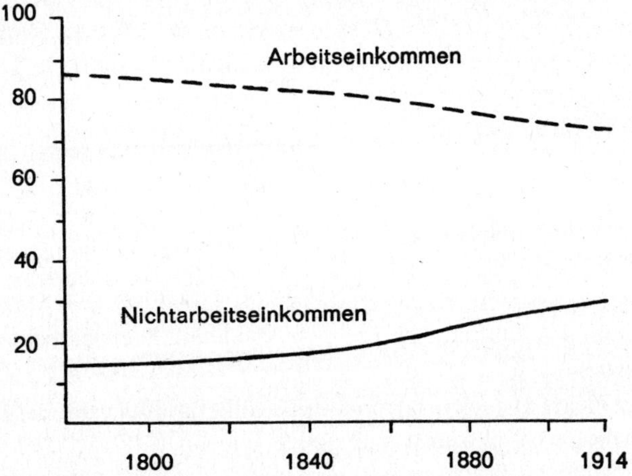

Abb. 9: Die Verteilung des Volkseinkommens auf Arbeits- und Nichtarbeitseinkommen im 19. Jahrhundert in v.H. des gesamten Volkseinkommens

In Preisen von 1913 stiegen die einzelnen Volkseinkommensanteile (in Mrd. Mark):

	1780/1800	1910/1913
Nichtarbeitseinkommen	0,8	13,3
Arbeitseinkommen	4,5	32,0

Auch die Arbeitseinkommen stiegen damit real pro Kopf der Bevölkerung um etwa 137 v.H., die Kapitaleinkommen jedoch um 450 v.H.

7. Die mit der Industrialisierung verbundene *Urbanisierung* wurde durch zwei in engem Zusammenhang stehende Faktoren bewirkt:

- Die Erhöhung der *Bevölkerungsdichte* von

  1780 = 38 Menschen je qkm auf
  1914 = 125 Menschen je qkm.

- Die *Konzentration* des Bevölkerungszuwachses in den neuen industriellen Zentren wurde
  - begünstigt durch den *Großbetrieb*, die besondere Form der industriellen Produktionsweise, und
  - ermöglicht durch das *Eisenbahnsystem*, die Voraussetzung zur Versorgung von Menschen und Wirtschaft in größeren Städten aus weiteren Entfernungen.

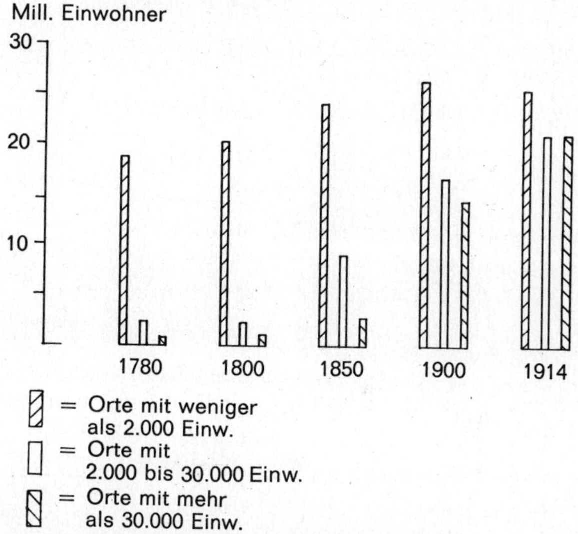

Abb. 10: Die Urbanisierung des Bevölkerungszuwachses

Das Schaubild zeigt eindeutig, daß der Bevölkerungszuwachs im Laufe des 19. Jahrhunderts vor allem eine Vermehrung der städtischen Bevölkerung brachte. Die Städte mit mehr als 30.000 Einwohnern bestimmten dabei das Bild der Urbanisierung insbesondere in der Zeit seit den 70er und 80er Jahren des 19. Jahrhunderts (Errichtung von Hinterhofgebäuden in allen größeren Städten Europas).

Die Verstädterung wurde begleitet von einer *Verringerung* des Anteiles der *Bevölkerung mit Bodennutzung* als Haupterwerbszweig oder als nebenerwerbliche Basis der Selbstversorgung. Die Vermehrung der über den Markt und damit unter Verwendung von Arbeitseinkommen zu erwerbenden Nahrungsmittelmengen verschlechterte den Lebensstandard breiter Schichten der neuen Stadtbevölkerung trotz der Zunahme der realen Einkommen gerade in dieser Zeit. Der Rückgang der Bevölkerungsanteile mit Bodennutzung ist in etwa identisch mit dem Rückgang des Anteiles der in Orten mit weniger als 2.000 Einwohnern lebenden Menschen.

8. Die *soziale Frage* wurde nicht nur durch
– die *Einkommensentwicklung* der abhängigen Beschäftigten und durch
– die *Urbanisierung* bewirkt, sondern auch durch

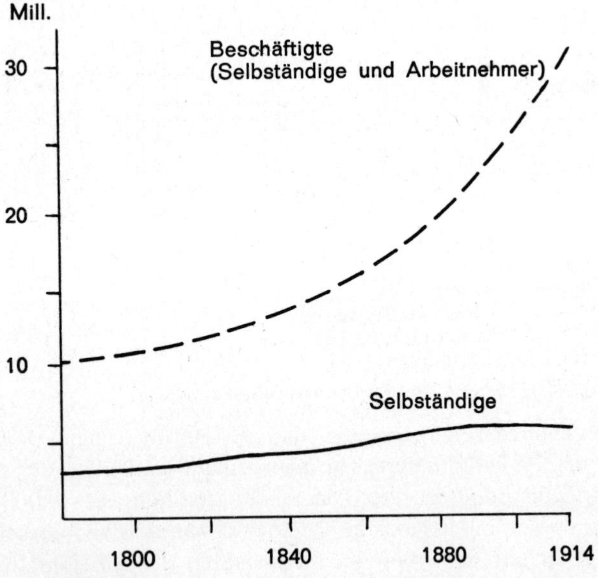

Abb. 11: Zahl der Selbständigen und der Beschäftigten insgesamt im 19. Jahrhundert in Deutschland

- *das zunehmende Gewicht der Arbeitnehmer*, gemessen an der Gesamtzahl der Beschäftigten, vgl. Schaubild.

Während bis in die 60er und 70er Jahre die Zunahme der Zahl der Arbeitnehmer (vor allem der Industriearbeiter) noch relativ langsam und fast parallel zur Bevölkerungsvermehrung verlief, setzte seit den 80er Jahren eine ausgesprochene „Proletarisierung" des Bevölkerungszuwachses ein, d. h. die Zahl der Selbständigen stagnierte bei etwa 5,5 Millionen und die Zahl der Arbeitnehmer stieg um etwa 80 v.H. von 14,1 auf 25,4 Millionen.
Die damit auftauchenden sozialen Probleme lagen
- in den niedrigen Einkommen,
- in der Abhängigkeit von einer regelmäßig fließenden Einkommensquelle (Arbeitsverhältnis),
- in der Konzentration der Arbeitnehmer in den Städten, d. h. in der Kumulierung der Urbanisierung und der Proletarisierung,
- in der Verringerung der Zahl der mithelfenden Familienangehörigen und schließlich
- in der allgemeinen Herauslösung der Menschen aus den (auch in Notfällen zur Unterstützung bereiten) Primärgruppen: aus der Großfamilie, aus der Nachbarschaft und aus der kleinen, überschaubaren Gemeinde.

Die Industrialisierung und die soziale Frage standen in unmittelbarem Zusammenhang; sie waren die zentralen Probleme des 19. Jahrhunderts.

Der Aufbruch zur Industrialisierung (1780/1800 bis 1835)

Die Übergangsphase von der vorindustriellen Zeit zur vollen Ingangsetzung des Industrialisierungsprozesses zog sich über mehrere Jahrzehnte hin. Dabei ergaben sich in den einzelnen Ländern erhebliche zeitliche Unterschiede:

- England: 1750 bis 1790
- Frankreich: 1780 bis 1820
- Belgien: 1790 bis 1820
- Deutschland: 1795 bis 1835
- USA: 1800 bis 1840
- Rußland: 1850 bis 1880
- Japan: 1860 bis 1880

Treibende Kräfte für die Industrialisierung in Deutschland und teilweise auch in anderen Ländern sind gewesen:

1. Die eine Weiterentwicklung *beengenden Produktionsverhältnisse* im gewerblichen (Handwerk, Verlag) und im landwirtschaftlichen (feudale Abhängigkeiten) Sektor.
2. Das sich verstärkende Wachstum der *Bevölkerungszahl* konnte wirtschaftlich (Ernährung und Einkommen) nur durch eine Änderung der Produktionsverhältnisse abgesichert werden.

Beide Komponenten waren zwar in der tatsächlichen Entwicklung durch starke Wechselbeziehungen miteinander verbunden. Jedoch wäre auch ohne ein Anwachsen der Bevölkerungszahl eine Weiterentwicklung der Produktionsverhältnisse eingetreten, wenn vermutlich auch mit einer geringeren Intensität, so daß man dem ersten Faktor den entscheidenden Einfluß zusprechen kann. Marxistische Wirtschaftshistoriker unterscheiden daher zwischen den entscheidenden *gesellschaftlichen* und den nur flankierenden *natürlichen Faktoren.*

Die durch das Bevölkerungswachstum entstehende Zwangslage bei fehlender Weiterentwicklung der Produktionsverhältnisse wird

deutlich in den von *Turgot* 1768 erstmals dargelegten Gedanken, die als *Gesetz vom abnehmenden Ertragszuwachs* bezeichnet werden: Unter Beibehaltung der Produktionsmethoden wird bei stärkerem Einsatz von Arbeit je Flächeneinheit ein geringerer Ertragszuwachs erzielt, so daß die gesamte Arbeitsproduktivität der Landwirtschaft zurückgeht. Malthus formulierte unter diesem Eindruck seine Bevölkerungslehre: Die Bevölkerungszahl steigt in geometrischer Reihe, die Agrarproduktion in arithmetischer Reihe, d. h. langsamer. Die Menschheit steuert auf eine Hungerperiode hin.
Eine Entwicklungsrichtung wiesen vorhandene und aufkommende *liberale Ideen*:

- Der bisher in fast allen Bereichen des Lebens in Abhängigkeiten verstrickte Mensch sollte zum freien und gleichberechtigten *Staatsbürger* werden.
- Der Staat sollte die Abhängigkeiten in der Wirtschaft beseitigen (Bauernbefreiung, Gewerbefreiheit) und sich aller Eingriffe in den Ablauf und in die Gestaltung der Wirtschaft enthalten („*Nachtwächterstaat*“). Es würden sich dann die besten, weil (vom Ergebnis der Produktion her gesehen) optimalen Produktionsverhältnisse entwickeln.

Die *französische Revolution* und die Ausdehnung der Napoleonischen Gewaltherrschaft in Mitteleuropa haben beschleunigend gewirkt:

- Das liberale Gedankengut wurde zwar mit einer spektakulären (nichtliberalen) Aktion verbunden (Napoleon).
- Die alten Herrschaftsstrukturen verloren aber ihre Unantastbarkeit.

Diese wenigen Sätze können jedoch nur den Kernaspekt

- einer Vielzahl von Ideen und Ansichten und
- einer Vielzahl von Aktionen und Gestaltungsversuchen

andeuten, die unter den Begriff Liberalismus eingeordnet werden und die am Ende des 18. Jahrhunderts und im beginnenden 19. Jahrhundert mehr oder weniger wirksam geworden sind.

1. Die Entwicklung der Landwirtschaft und der ländlichen Gesellschaft

In der Zeit von 1780 bis 1835 war das Hauptereignis im ländlichen Bereich die sog. *Bauernbefreiung*. Die wichtigsten, zum überwiegengenden Teil mit der Bauernbefreiung verbundenen oder wenigstens von ihr begünstigten Erscheinungen waren:

- Die *Änderung der Agrarverfassung* und damit insbesondere der ländlichen Sozialstruktur durch die als Bauernbefreiung bezeichneten Reformen.
- Die *Weiterentwicklung der landwirtschaflichen Produktionsverhältnisse* und die Erhöhung und Verbesserung der landwirtschaftlichen *Produktion.*
- Die mit diesen beiden Wandlungen zusammenhängende Entwicklung der *Ertragslage* in der Landwirtschaft und der *Einkommenslage* der landwirtschaftlichen Bevölkerung.

a) Die Bauernbefreiung

Begriff und Inhalt der Bauernbefreiung

Unter Bauernbefreiung versteht man die Aufhebung und Abschaffung der Abhängigkeitsverhältnisse, denen die bäuerliche Bevölkerung durch das den größten Teil der ländlichen Bereiche erfassende Feudalsystem unterworfen war und auf Grund derer von den Bauern Leistungen unterschiedlicher Art und Höhe gefordert werden konnten und wurden. Diese Abhängigkeitsverhältnisse hatten sich im Laufe von etwa einem Jahrtausend als wichtiger Bestandteil der gesellschaftlichen Ordnung des Feudalismus (Lehnswesen) entwickelt. Im einzelnen gehörten dazu:

Rechtliche Bindungen:

- *Personenrechtliche* Abhängigkeitsverhältnisse waren aus der Leib-, der Munt- oder der Schutzherrschaft entstanden. Sie brachten dem Bauern und seinen Familienangehörigen die persönliche Unfreiheit bis hin zur Beschränkung der Freizügigkeit (Eigenbehörigkeit, Erbuntertänigkeit und andere Bezeichnungen).

– Das *grundherrliche* Abhängigkeitsverhältnis beschränkte die Verfügungsgewalt der Bauern über den Boden durch Rechtsgeschäfte unter Lebenden oder auch von Todes wegen (fehlende Testierfreiheit).

  Das *Nutzungsrecht* gehörte:
  – Der Bauernfamilie (Erbrecht) oder
  – dem einzelnen Bauern
    – auf Zeit (z. B. für 6 Jahre oder bis auf Widerruf) oder
    – auf Lebenszeit.

  Diesem dominium utile (Nutzungsrecht) stand das dominium directum (Obereigentum) des Grundherrn gegenüber.

– *Hoheitliche Rechte* waren zum überwiegenden Teil nicht beim Landesherrn, sondern bei den Inhabern von grund- und leibherrlichen Rechten zu finden, so daß auf diese Weise die Abhängigkeit der Bauern von den kleinen Feudalherren verstärkt wurde:
  – Die *Polizeigewalt* als Grundlage der Verwaltung machte die Bauern zu „mediaten“, d. h. nur mittelbaren Untertanen des Landesfürsten. Die Stände (Adel, Geistlichkeit und Städte) vermittelten das landesherrliche Rechtsverhältnis.
  – Die *Patrimonialgerichtsbarkeit,* beschränkt auf Ordnungswidrigkeiten und kleine Straffälle (Polizeigerichtsbarkeit und niedrige Gerichtsbarkeit), ferner als höhere Gerichtsbarkeit auch Kriminalfälle umfassend.

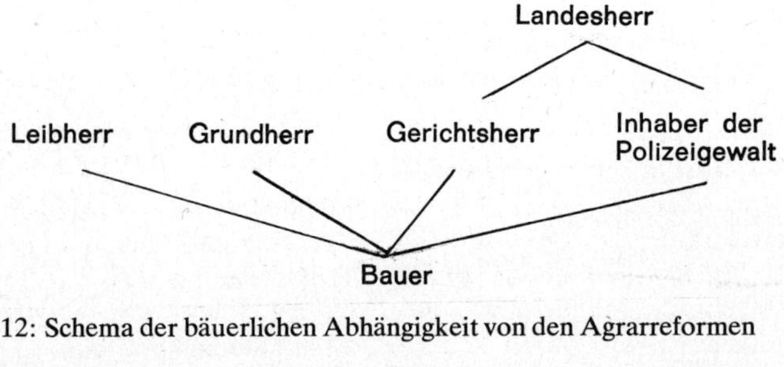

Abb. 12: Schema der bäuerlichen Abhängigkeit von den Agrarreformen

Diese rechtlichen Bindungen konnten in einer Hand vereinigt sein (Regelfall der dadurch und durch die territoriale Geschlossenheit zur *Gutsherrschaft* gewordenen und in den Gebieten östlich der Elbe und des Böhmerwaldes vorherrschenden Art der Grundherrschaft); sie konnten aber auch zu verschiedenen Herren bestehen (in West- und Süddeutschland vorherrschende Form). Im Domänenbereich war der Landesherr zugleich Grundherr, der Bauer dadurch unmittelbarer („immediater") Untertan.

Wirtschaftliche Verflechtungen und Verpflichtungen:

Die Verknüpfung mit dem *herrschaftlichen Betrieb oder Haushalt:*

- Die Leistung von *Hand- und Spanndiensten* für den herrschaftlichen Berechtigten führte dazu, daß Arbeitskräfte, Zugtiere und Geräte des herrschaftlichen Betriebes auf den Bauernhöfen gehalten und unterhalten wurden.
- Auf Grund des sog. *Gesindezwangsdienstes* hatten die Bauernkinder im herrschaftlichen Betrieb oder Haushalt zu arbeiten. In abgeschwächter Form bestand diese Einrichtung als Vormietrecht, d. h. wenn sich die Bauernkinder bei fremden Leuten verdingen wollten, hatte die Herrschaft ein Vorrecht.
- *Naturalleistungen* (Getreide, tierische Produkte, Flachs usw.) befreiten die herrschaftliche Wirtschaft von der Notwendigkeit, diese Waren über den Markt gegen Geld zu erwerben oder erhöhten die über den Markt verkaufbaren Mengen der Produkte aus dem herrschaftlichen Betrieb (Marktquote).

Die Verflechtung von herrschaftlichem Betrieb und Bauernhof war in der Gutsherrschaft besonders stark, so daß man hier von einem Teilbetriebscharakter beider Einrichtungen ausgeht (Heitz).

Die Einfügung der einzelnen Bauernhöfe in die *Flurgemeinschaft:*

- Die *Gemengelage,* d. h. die meistens mit sehr kleinen Feldstücken verbundene enge Verschachtelung der einzelnen Äcker in der Feldmark (ein Hof von 10 ha hatte nicht selten 30 und mehr Ackerstücke), führte dazu, daß größere Teile der Gemarkung in gleicher Weise bearbeitet und genutzt werden mußten (Flurzwang), da z. B. nicht alle Grundstücke eine eigene Zufahrt hatten.
- Die gemeinsame Nutzung des Dauergrünlandes und der brachliegenden Ackerstücke einer Gemarkung hatte eine *Einschränkung der Viehhaltung* zur Folge, da für den Anbau von Früchten für die Stallfütterung keine Flächen zur Verfügung standen.

Die gesellschaftliche Erstarrung:

Das in den ländlichen Bereichen vorherrschende Feudalsystem bewirkte eine starke *Beeinträchtigung*

- *der gesellschaftlichen* und
- *der beruflichen Mobilität.*

Diese Einengung traf zwar alle Bewohner des Landes – ein Adliger durfte kein Handwerk und keinen Handel betreiben –, jedoch die Nichtprivilegierten mehr als die Bevorrechtigen (Adel). Die gesellschaftliche Immobilität war dabei im wesentlichen eine Auswirkung

- der eingeschränkten Freizügigkeit,
- der eingeschränkten Berufswahlmöglichkeit,
- der für eine Heirat erforderlichen Genehmigung durch die Herrschaft,
- der Beschränkungen in der Bildungssphäre und
- der Einengung der bäuerlichen Einkommen auf Grund der umfangreichen Verpflichtung zu Transferleistungen (Abgaben und Dienste).

Die gesellschaftliche Erstarrung ist also in erster Linie eine Folge

- der rechtlichen Abhängigkeiten und
- der wirtschaftlichen Verpflichtungen.

Der *Begriff „Bauernbefreiung"* für die Beseitigung der genannten Abhängigkeiten und Verpflichtungen war und ist nicht allgemein üblich:

- Die *Zeitgenossen* der „Befreiungs-"Vorgänge sprachen von Regulierung des gutsherrlich-bäuerlichen Abhängigkeitsverhältnisses, von Ablösungen usw.
- Der Begriff *„Bauernbefreiung"* ist erst durch die Veröffentlichung des Buches ‚Die Bauern-Befreiung und der Ursprung der Landarbeiter in den älteren Theilen Preußens', 2 Teile, Leipzig 1887, *von G. F. Knapp* eingeführt worden. Er ist heute nicht unumstritten.
- Die *marxistischen Wirtschaftshistoriker* lehnen die Bezeichnung „Bauernbefreiung" ab und sprechen lediglich von Agrarreformen. Als Begründung wird angeführt, daß erst der Übergang zu den landwirtschaftlichen Produktionsgenossenschaften (LPG) ab 1952

(in der DDR) die „endgültige Bauernbefreiung" gebracht habe, weil erst damit die in der kapitalistischen wie auch schon in der feudalistischen Gesellschaftsformation vorhandene Ausbeutung überwunden sei. Durch die Agrarreformen trat an die Stelle der feudalistischen Ausbeutung (Abgaben und Dienste) die kapitalistische auf den größeren Bauernhöfen und auf den Gutshöfen (Lohnarbeit). Die Kleinbauern unterlagen als Teil der Gruppe der sog. kleinen Warenproduzenten der indirekten Ausbeutung.

Im wesentlichen wird es auf die Definition „Befreiung" ankommen, ob man den Vorgang der Beseitigung der aufgezählten Abhängigkeiten und Verpflichtungen als Bauernbefreiung bezeichnen kann. Die Einfügung des einzelnen in eine Gesellschafts- und Wirtschaftsordnung ist meistens mit Beschränkungen der persönlichen Bewegungsfreiheit verbunden, so daß der Maßstab für diese Beeinträchtigungen entscheidend für die Beurteilung ist.

Die bewegenden Kräfte der Bauernbefreiung

- Die überkommene *Agrarverfassung* behinderte eine allgemeine Erhöhung der Nahrungsmittelproduktion, die wegen der Bevölkerungszunahme erforderlich wurde. Die in der zweiten Hälfte des 18. Jahrhunderts steigenden Agrarpreise machten dies deutlich. *Neue Produktionsmethoden* (z. B. Bebauung der Brache, Abweichen von der ortsüblichen Fruchtfolge, Stallfütterung der Tiere auch im Sommer) konnten vor allem *in den Bauernwirtschaften nicht* oder nur unvollständig angewendet werden.
- Soweit die grundherrlichen Eigenländereien (*Gutsflächen*) nicht mit Bauernländereien im Gemenge lagen, konnten die neuen Produktionsmethoden hier auch ohne Reformen angewendet werden. Jedoch war dabei der Übergang von der vorherrschenden *Fronarbeit zur Lohnarbeit* erforderlich, da diese
  - kostengünstiger und
  - qualitativ besser war.
- Der absolutistisch oder ständisch organisierte *Staat* versprach sich von den Reformen folgende Vorteile:
  - Eine *kurzfristige* zusätzliche *Einnahmequelle* durch die Ablösungszahlungen. Diese Mittel wurden vor allem für die Besei-

  tigung der hohen Verschuldung infolge der Aufwendungen in den Napoleonischen Kriegen benötigt (E. Klein, V. Gropp).
  - Eine *langfristige* Anhebung der *Staatseinnahmen* durch eine Zunahme des allgemeinen Volkswohlstandes.
  - Eine *Verringerung der Macht des Adels* (oder der Stände allgemein) durch die Immediatisierung der bisher ständischen Hintersassen (Abbau der ständischen Hoheitsrechte).
- *Liberale Ideen*: Vor allem verbreitet in der Wissenschaft und bei den Verwaltungsbeamten (in Preußen insbesondere durch Ch. J. Kraus-Königsberg). Die sehr differenzierten geistigen Strömungen brachten zahlreiche Anregungen und schufen den Hintergrund für die Neugestaltung der ländlichen Lebensverhältnisse.

Die Durchführung der Bauernbefreiung

Die *Reformen* enthielten meistens folgende *fünf Schritte*:

1. Die Aufhebung der persönlichen Bindungen.
2. Die Umwandlung der Dienste und der anderen Naturalleistungen in Geldleistungen.
3. Die Verleihung des Eigentums an Boden, Gebäuden und Inventar an die Bauern, verbunden mit einer Aufhebung der bisherigen Verpflichtungen und der Schaffung neuer Leistungspflichten in Form der Ablösungen.
4. Die Auflösung der Gemeinheiten (Allmenden usw.) und die Beseitigung der Gemengelage (Separation).
5. Die Aufhebung der ständischen Patrimonialgerichtsbarkeit und der Polizeigewalt.

Nicht überall wurden die Reformen in dieser Reihenfolge durchgeführt. Die Zusammenfassung einzelner Schritte war ebenso möglich wie eine andere Reihenfolge.

Die *zeitliche Einordnung* der Reformmaßnahmen:

- Die *ersten Anfänge* der Bauernbefreiung lagen an der Wende vom 17. zum 18. Jahrhundert:
  - Beginn der Verkoppelungen in Schleswig-Holstein.
  - Bemühungen zur Verleihung der „bürgerlichen Freiheit“ in Ostpreußen.

Während die Verkoppelungen in Schleswig-Holstein tatsächlich in Gang kamen, waren die Vorstellungen über den Weg und das Ziel der preußischen Maßnahmen zu ungenau, um Erfolg zu haben. Das Aufbringen der Ablösungszahlungen durch die Bauern war ein Haupthindernis. Daher scheiterte dieser Versuch ebenso wie weitere Ansätze in den Jahren 1708, 1719, 1722 und später.

- Die *letzten Ausläufer* der Reformmaßnahmen reichten bis ins 20. Jahrhundert:
  - Ablösungszahlungen und
  - Aufhebung der Gemengelage (Flurbereinigung).
- Die Zeit der *größten Intensität* der Reformmaßnahmen lag zwischen *1765 und 1850*. Die staatliche Vielfalt in Mitteleuropa und die fortwährenden Gebietsänderungen bedingten ein ebenso buntscheckiges Bild in der Gesetzgebung wie in der tatsächlichen Durchführung. Die fünf schon genannten Schritte der Reformen lassen sich in groben Zügen zeitlich und in der sachlichen Abwicklung folgendermaßen einordnen:

1. Die *Aufhebung der persönlichen Bindungen* (Freizügigkeitsbeschränkungen, Gesindezwangsdienste) erfolgte im allgemeinen im letzten Drittel des 18. Jahrhunderts durch Nichtgeltendmachen. Mit der Bevölkerungszunahme waren Arbeitskräfte im Überfluß vorhanden, so daß die bisherigen Berechtigten nicht mehr auf Zwangsdienste angewiesen waren.

Bald nach dem Siebenjährigen Krieg (1763) begann man daher auch die Gesindezwangsdienste formell aufzuheben. An der Wende zum 19. Jahrhundert setzte dann die Beseitigung der Freizügigkeitsbeschränkungen in stärkerem Maße ein (Aufhebung der „Leibeigenschaft“ in Baden 1783). Das Oktober-Edikt aus dem Jahre 1807 (9.X.) hob in Preußen mit sofortiger Wirkung bei sog. besseren, d. h. erblichen Besitzrechten und ab 11.XI. 1810 bei den übrigen, d. h. nichterblichen Besitzrechten die personenrechtlichen Beschränkungen (Erbuntertänigkeit) auf (Reichsfreiherr vom Stein legte den von ihm beim Amtsantritt vorgefundenen Gesetzentwurf dem König zur Zustimmung vor). Mecklenburg folgte in Deutschland als letztes Land im Jahre 1820.

Auch in anderen Ländern Europas lassen sich die entsprechenden gesetzlichen Maßnahmen in diese Zeit einordnen: Österreich 1781, Ungarn 1785 (teilweise in Österreich und in Ungarn zunächst wieder rückgängig gemacht), Frankreich 1789, Polen 1807, Rußland 1861.

Ein großer Teil der Bauern war aber in allen Ländern Europas bereits vor diesen Reformen frei. Selbst in den ostelbischen Gebieten Deutschlands, in Polen, in den baltischen Ländern und in Rußland zählten meistens nur etwa zwei Drittel der Bauernfamilien und weniger als ein Fünftel der gesamten Bevölkerung zu dem betroffenen Bevölkerungskreis.

2. Die *Umwandlung der Dienste und der naturalen Abgaben* in Geldleistungen begann schon wesentlich früher. Bei den Diensten stand der Vorgang in Abhängigkeit

- von dem Verhältnis der Zahl der Dienstpflichtigen zu dem Bedarf der Herrschaft an Dienstleistungen,
- ferner von dem Angebot an freien Arbeitskräften auf dem Arbeitsmarkt und damit von den Lohnkosten.

Vereinzelt begannen die Umwandlungen der Dienste in Geldleistungen bereits gegen Ende des 17. Jahrhunderts (Hessen, Süddeutschland), in den ostelbischen Gebieten meistens erst im letzten Drittel des 18. Jahrhunderts. Neben einigen Dienstbefreiungen auch bei den Bauern des Adels vor 1807 (z. B. Mark Brandenburg etwa 3 bis 5 v.H. der Bauern des Adels) war dieser Prozeß bei den preußischen Domänenbauern 1805 bereits etwa zur Hälfte abgeschlossen.

Auch in Österreich und Ungarn waren entsprechende Regelungen an der Wende zum 19. Jahrhundert zu finden, während das sog. Robotsystem in Rußland und in Polen bis in die sechziger Jahre des 19. Jahrhunderts fast unangetastet blieb.

Die Umwandlung der naturalen Abgaben in Geldleistungen wurde im allgemeinen im Zusammenhang mit der kameralistischen Wirtschaftspolitik vom Landesherrn, aber auch vom Adel bereits im 18. Jahrhundert weitgehend durchgeführt, so daß durch die Reformen des beginnenden 19. Jahrhunderts hier keine wesentlichen Änderungen mehr bewirkt zu werden brauchten.

Die von marxistischen Wirtschaftshistorikern über fast ein Jahrtausend gesehene Entwicklung der bäuerlichen Lasten

- von Dienstleistungen (Arbeitsrente)
- über naturale Abgaben (Produktrente)
- zu monetären Abgaben (Geldrente)

wurde durch eine starke Differenzierung der tatsächlichen Entwicklung meistens überdeckt.

3. Die *Verleihung des Eigentums*, verbunden mit einer Ablösung der Leistungen, ist der problematischste Teil der Reformen. Dem Vorgang lagen naturrechtliche Vorstellungen zu Grunde: Die Freiheit des einzelnen ist nur dann grundlegend gesichert, wenn eine Eigentumssphäre (Eigentum als absolutes Recht) besteht, in die kein anderer eindringen kann. Der nur begrenzt zur Verfügung stehende Boden verhinderte aber eine allgemeine Verbreitung des Eigentums. Im übrigen bewirkten die Reformen eine Verminderung des Anteiles der Familien mit Bodennutzungsrechten. Am Ende des 18. Jahrhunderts hatten etwa 85 v.H. aller Familien in Mitteleuropa ein – wenn meistens auch schwaches – Bodennutzungsrecht. Der Auskauf kleiner Besitzstellen und die Vermehrung der Bevölkerung bewirkten, daß dieser Anteil bis zur Mitte des 19. Jahrhunderts auf etwa 60 v.H. absank.

Bei der Ablösung der herrschaftlichen Verpflichtungen ging man im wesentlichen folgende Wege:

- Entweder wurde das gemeinsame Eigentum (dominium directum und dominium utile) von Herrschaft und Bauer an der gesamten Fläche in ein getrenntes Eigentum an getrennten Flächen aufgeteilt. Die stärkere Position eines bisherigen bäuerlichen Erbrechtes wurde dadurch berücksichtigt, daß zwei Drittel der Fläche dem Bauern verblieben, bei fehlendem Erbrecht jedoch nur die Hälfte. In beiden Fällen wurden die Bauernhöfe wirtschaftlich erheblich geschwächt.
- Oder die bisherigen Geldleistungen wurden mit einem Multiplikator (zwischen 18 und 25) kapitalisiert und die so errechnete Ablösungssumme war von dem Bauern zu verzinsen und zu amortisieren. Das dabei zu bewältigende Problem war, wie der einzelne

Bauer die so meistens erhöhte Belastung tragen konnte, zumal da die 20er Jahre des 19. Jahrhunderts extrem niedrige Getreidepreise aufwiesen. In Ostpreußen waren z. B. die geldlichen Abgaben der königlichen Dienstbauern durch die Dienstablösungen bereits auf das Doppelte gestiegen. Die Eigentumsverleihung führte zu einer weiteren Erhöhung um etwa 25 v.H., so daß die Bauern nach der Bauernbefreiung zwar keine Dienste mehr zu leisten hatten und Eigentümer des genutzten Bodens waren. Ihre Belastung mit Abgaben war aber von 100 über 200 auf 250 Einheiten gestiegen, d. h. auf das 2,5fache und teilweise sogar noch mehr. Erst nach der Amortisation der Ablösungsverpflichtungen, d. h. in der Regel nach 24 bis 50 Jahren, verminderte sich die Belastung auf die öffentlich-rechtlichen Leistungen (Steuern), d. h. auf etwa ein Viertel. Abbildung 13 gibt schematisch die Belastungsänderungen durch die einzelnen Maßnahmen der Agrarreformen wieder.

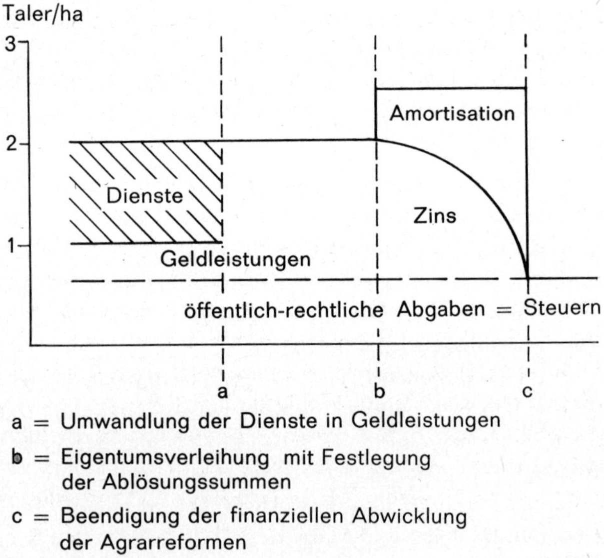

Abb. 13: Zeitlicher Ablauf der Umwandlung der Feudalrente in Ablösungszahlungen und Steuern (schematisiert)

Nach vollständiger Ablösung der Feudalrente hatten die Bauern lediglich noch Steuern zu leisten.

Die Ablösungszahlungen waren auch in *anderen Ländern* nicht unproblematisch, da sie die wirtschaftliche Beweglichkeit der Bauern und damit die Finanzierungsmöglichkeiten neuer Produktionswege erheblich einschränkten, so daß die eigentlichen Reformmaßnahmen nicht voll wirksam wurden. Wie in Deutschland so wurden durch diese Belastungen auch in *Rußland* nach den dortigen Reformen des Jahres 1861 eine größere Zahl von Landbewohnern zum Verkauf der Höfe gezwungen. Vor allem die kleinen Landbesitzer mit geringen oder fehlenden Marktquoten gerieten mit den Ablösungszahlungen in Verzug. – Selbst die *französische* Revolution brachte nicht bereits 1789 eine Aufhebung der bisherigen Lasten. Diese wurden vielmehr in Ablösungen umgewandelt und erst 1793, als die überwiegende Mehrzahl der kleinen Höfe in finanzielle Schwierigkeiten geriet, wurden durch ein Dekret des Konventes alle Leistungspflichten ohne Entschädigung aufgehoben.

In *Japan* ging man einen anderen Weg. Nach 1868 (Meji-Reformen) blieben die Bauern Pächter, so daß hier das Problem der Ablösungen (verbunden mit der Eigentumsübertragung) entfiel. 1945 wurde dann das Eigentum ohne Entschädigung auf die Bauern übertragen.

4. Die *Auflösung der Gemeinheiten* und der Beseitigung der Gemengelage (*Separation*) waren zwar nicht unmittelbar mit den eigentlich als Bauernbefreiung bezeichneten Reformen verbunden. Sie bildeten aber eine wesentliche Voraussetzung für die Produktionssteigerungen des 19. Jahrhunderts. Die Überführung der bisher gemeinschaftlich genutzten Flächen (Allmenden, Gemeinheiten usw.) in individuelle Nutzung durch Aufteilung beseitigte auch die herrschaftlichen Huterechte an den bäuerlichen Nutzflächen.

Im 18. Jahrhundert waren es einzelne Verfahren und Verfahrensvorschriften, die zu Gemeinheitsteilungen führten (z. B. Hannover: Verordnung vom 22. XI. 1768; Ostpreußen: Verordnung vom 27. XII. 1770; im Gebiet des französischen Rechts: Code Civil Art. 815). Mit dem 19. Jahrhundert vermehrten sich die entsprechenden Gesetze, so daß nunmehr ein breiter Strom an solchen Teilungen stattfinden konnte (z. B. Lüneburger Gemeinheitsteilungsordnung vom 25. VI. 1802). Die Separationen waren meistens mit den Gemeinheitsteilungen verbunden. Sie brachten die Zusammenlegung der Nutzflächen der einzelnen Höfe, die Beseitigung der Überfahrts- und der Weiderechte, so daß die Bauern nunmehr intensiver und ohne Rücksicht auf die Nachbarn ihr Ackerland nutzen konnten.

5. Die *Aufhebung der Patrimonialgerichtsbarkeit und der Polizeigewalt* bildete im allgemeinen den formalen Abschluß der Bauernbefreiung, auch wenn die Ablösungszahlungen noch einige Jahrzehnte länger liefen. In den meisten deutschen Ländern erfolgte dieser fünfte Schritt der Reformen erst in der Mitte des 19. Jahrhunderts und später. In Preußen, Bayern, Württemberg und einigen anderen Ländern kam der Anstoß zur Beseitigung der adligen Patrimonialgerichte durch die Ereignisse des Jahres 1848 (z. B. Preußen: Verordnung vom 2. I. 1849 und Gesetz vom 26. IV. 1851). Die Polizeigewalt wurde in Preußen sogar erst 1872 abgeschafft, während die „selbständigen Gutsbezirke“ als letzte Rudimente der ehemaligen Gutsherrschaft noch bis nach dem Ersten Weltkrieg bestehen blieben.

Die Auswirkungen der Bauernbefreiung

Die wirtschaftlichen und sozialen Folgen der Bauernbefreiung waren recht unterschiedlich:

- Die Schaffung der Voraussetzungen für eine *Ausdehnung der landwirtschaftlichen Produktion:*
  - Die *individuelle Nutzung* der bisherigen Gemeinheitsländereien, die Bebauung der Brache und die Urbarmachung bisher nicht genutzten Bodens führte zu einer Verdoppelung der jährlich genutzten Ackerfläche von 1800 bis 1860, vor allem nach 1835.
  - Die Veränderungen in den *Produktionsmethoden*, d. h. der Übergang von der einfachen zur verbesserten Dreifelderwirtschaft, zur Fruchtwechselwirtschaft oder zu anderen Fruchtfolgesystemen, insbesondere zur Wechselwirtschaft (einige Jahre Ackernutzung werden durch einige Jahre Weidenutzung abgelöst), brachte eine Erhöhung der Produktivität je bebauter Flächeneinheit.

	Dreifelderwirtschaft		*Fruchtwechselwirtschaft*
	einfache	*verbesserte*	
1. Jahr	Wintergetreide	Wintergetreide	Getreide
2. Jahr	Sommergetreide	Sommergetreide	Blattfrucht
3. Jahr	Brache	Blattfrucht	Getreide
4. Jahr	Wintergetreide	Wintergetreide	Blattfrucht
usw.		usw.	usw.

  - Der Übergang zur *Sommerstallhaltung* in der Viehwirtschaft mit kontrollierter und intensiverer Fütterung brachte höhere Leistungen je Tier.
  - Zugleich *verminderte* aber die Beseitigung der gemeinen Weiden die *Viehhaltungs*möglichkeiten *der kleinen Landbesitzer.*
- Die *Aufhebung des* bisher bestehenden *Bauernschutzes* (Schutz vor Aufkauf durch Grundherrn; Remissionen, d. h. Erlaß der Abgaben und Dienste bei Mißernten und Seuchen) brachte einen geschätzten Verlust an bäuerlichen und unterbäuerlichen selbständigen Stellen durch Verkauf und durch Zwangsversteigerung von etwa 30.000 bis 40.000 Bauernhöfen und 70.000 bis 80.000 nichtspannfähigen Besitzstellen allein in den östlichen Provinzen Preußens (= 12 bis 15 v.H. der ländlichen Besitzstellen). Die bäuerliche Illiquidität wurde zu einem beträchtlichen Teil durch das Zusammentreffen hoher Ablösungsforderungen und niedriger Agrarpreise in den zwanziger Jahren des 19. Jahrhunderts hervorgerufen. Das Fehlen von Kreditinstitutionen machte sich hier besonders bemerkbar. Erst zur Mitte des 19. Jahrhunderts wurden in Sachsen, Hessen, Preußen und anderen Ländern Regulierungsbanken geschaffen. Über die *Verluste an Bauernland* bestehen in der Literatur unterschiedliche Meinungen. Berücksichtigt man, daß auch die Gemeinheitsflächen ein Teil der bäuerlichen Nutzflächen gewesen sind, wird man die Landverluste etwa auf
  - 5 v.H. der individuellen Nutzflächen und
  - 25 v.H. der Gesamtnutzflächen

  veranschlagen können. Dabei sind die Verluste eingetreten
  - durch die Teilungen der Gemeinheiten, an denen auch die Grundherren berechtigt waren,

  - durch Landabtretungen (statt Ablösungen), was aber meistens überschätzt wird (wie z. B. Harnisch für die märkische Herrschaft Boitzenburg mit 10 v.H. des Ackerlandes nachweist),
  - durch Aufkauf seitens der Ablösungsberechtigten.

  Der Verzicht auf teilweise Landabtretungen hatte auf Grund der dadurch bewirkten hohen Belastung mit Ablösungszahlungen manchmal sogar eher den Verlust des ganzen Hofes zur Folge.

- Die Änderungen in der *ländlichen Sozialstruktur* erfolgten in erster Linie:
  - Durch eine *Verstärkung der* schon mit dem Bevölkerungswachstum in der zweiten Hälfte des 18. Jahrhunderts angewachsenen *landlosen und landarmen Gruppen* (ländliches Proletariat, Landarbeiter), in marxistischer Terminologie die Trennung der Produzenten von den Produktionsmitteln.
  - Durch die *Freisetzung von* zahlreichen *Arbeitskräften,* vor allem des Bevölkerungszuwachses, für andere Wirtschaftsbereiche (Industrialisierung, Auswanderung).
  - Durch die *stärkere Differenzierung der bäuerlichen Gruppen,* da
    - die unterschiedliche Ausgangsbasis (mit Ablösungslasten und Produktionskapazität des einzelnen Hofes) und
    - die unterschiedliche Leistung des einzelnen Bauern
    - verbunden mit der Mobilität des Bodeneigentums

    den Bodenverkehr auch unter den Bauern stark förderte.

b) Die Entwicklung der landwirtschaftlichen Produktionsverhältnisse und der landwirtschaftlichen Produktion

Die treibenden Kräfte

Zum Teil wurden die *Veränderungen in der landwirtschaftlichen Produktion* bereits als Auswirkungen der Bauernbefreiung genannt. Im Prinzip lassen sie sich auf zwei Faktoren zurückführen:
- Auf die sich wandelnden *Produktionsverhältnisse.*
- Auf die zunehmende Bevölkerungszahl und die dadurch *steigende Nachfrage nach Nahrungsmitteln.*

Antreibende Kräfte sind dabei vor allem auch die von den englischen landwirtschaftlichen Verhältnissen angeregten *Pioniere des*

Landbaues gewesen; z. B. Albrecht Thaer mit seiner vierbändigen „Einleitung zur Kenntnis der englischen Landwirtschaft", 1798 bis 1804; Schubart von Kleefeld; Caspar von Voight. Die Maßnahmen zur Verbesserung der Agrarproduktion hatten bereits in anderen europäischen Ländern Vorläufer:

- In den Niederlanden begann im 16. Jahrhundert eine vergleichbare Intensivierung der Bodennutzung auf Grund der zunehmenden Bevölkerungsdichte und steigender Agrarpreise.
- In England sind dadurch entsprechende Bemühungen seit dem 17. Jahrhundert angeregt worden, obgleich England noch bis zur Mitte des 18. Jahrhunderts Getreideexportland war, d. h. die Intensivierung der anderen landwirtschaftlichen Produktionszweige auf die inländische Nachfrage zurückzuführen ist.
- In der zweiten Hälfte des 18. Jahrhunderts finden sich dann zunehmend Verbindungen von England nach Deutschland.

Ausmaß und Art der Produktionsausdehnung

Im ersten Drittel des 19. Jahrhunderts wurde auf Grund veränderter Produktionsweisen die landwirtschaftliche Produktion in Deutschland erheblich ausgedehnt. Genaue Zahlenangaben hierfür gibt es allerdings nicht. Geht man davon aus, daß die Bevölkerungszahl von 23 auf 31 Mill., d. h. um etwa 35 v.H. anstieg und daß die Ernährungssituation sich quantitativ nicht wesentlich veränderte, dann kann man eine entsprechende Steigerung der gesamten Nahrungsmittelproduktion annehmen. Die niedrigen Agrarpreise in den zwanziger Jahren lassen sogar den Schluß zu, daß wenigstens in dieser Zeit ein Überangebot an Agrarprodukten vorhanden war, das z. T. auch nicht exportiert werden konnte. Die Erhöhung der landwirtschaftlichen Produktion hatte verschiedene Ursachen:

- Die *jährlich als Ackerland genutzte Fläche* nahm aus den drei schon genannten Quellen (Gemeinheitsteilungen, Bebauung der Brache, Kultivierung von Ödland) um etwa 20 v.H. zu. Da die Gemeinheitsteilungen und andere Folgen der Bauernbefreiung erst nach den Napoleonischen Kriegen voll zur Wirkung kamen, war das Ackerland bis 1835 nicht mehr als etwa um ein Viertel vermehrt worden.

- Die *Getreideerträge* je Flächeneinheit nahmen zugleich um etwa 10 v.H. zu. Die Napoleonische Zeit brachte zwar erhebliche Rückschläge und damit eine Unterbrechung der Entwicklung. Insgesamt wurden aber die in den letzten Jahrzehnten des 18. Jahrhunderts begonnenen Bestrebungen fortgesetzt. Drei Faktoren bewirkten insbesondere die Steigerung der Getreideerträge:
  - Die sorgfältigere Bebauung des Bodens (z. B. durch tieferes Pflügen).
  - Die günstige Vorfruchtwirkung des meistens mit Blattfrüchten genutzten Brachfeldes für das im nächsten Jahr folgende Getreide.
  - Die bessere Versorgung mit Dung auf Grund der sich auch im Sommer durchsetzenden Stallhaltung.
- Die Ausdehnung des *Blattfruchtanbaues* sowohl zur menschlichen als auch zur tierischen Ernährung: Kartoffeln, Kohl, Klee und anderer Gewächse.

Ob mit diesen Ertragssteigerungen eine bessere Ernährung der Bevölkerung bewirkt wurde oder wenigstens der schon nicht hohe Standard vom Ende des 18. Jahrhunderts gehalten werden konnte, ist zweifelhaft. Der Export von Nahrungsmitteln und die niedrigen Preise in den zwanziger Jahren wurden von einer allgemeinen Einkommensschwäche der Lohnarbeiter begleitet. Breite Bevölkerungskreise, vor allem kleine Landbesitzer, konnten mit Kartoffeln und Kohl anstelle von Getreide den Hunger eher stillen. Erträge von etwa 80 dz Kartoffeln (= 7.200 kcal) oder 8 dz Getreide (= 2.000 kcal) je Hektar machen dies deutlich. Weißkohl erbrachte bei etwa 250 dz Ertrag je Hektar 6.300 kcal oder als Sauerkraut verarbeitet 5.000 kcal, so daß die Kartoffel gegenüber dem Kohl zunehmend an Bedeutung als Sättigungsmittel gewann, ohne allerdings den Kohlanbau und damit die Produktion von Sauerkraut (die gebräuchlichste Konservierungsmöglichkeit von Kohl) wesentlich einzuschränken.

In den *Ernährungsgewohnheiten* kann man daher unterscheiden:

- Bis etwa *1770* war das *Getreide* das wichtigste Nahrungsmittel.
- Mit den steigenden Getreidepreisen und der zunehmenden Verbreitung der einkommensschwachen Gruppen ging man verstärkt zum Verzehr von frischem und gesäuertem *Weißkohl*

über. Eine Folge davon ist die Bezeichnung der Deutschen als Sauerkrautesser.

– Der „Kohlstandard“ wurde dann *im ersten Drittel des 19. Jahrhunderts* zunehmend durch einen *„Kartoffelstandard“* ergänzt, so daß um 1835 Kartoffelkrankheiten zu Hungersnöten und ansteigenden Auswandererwellen nicht nur in Deutschland führten (vor allem auch in Irland).

– Eine Gegenüberstellung der geschätzten Zusammensetzung der menschlichen Nahrung in Deutschland um 1800 und um 1850 mag zugleich die Entwicklungstendenz der Bodennutzung zeigen, vgl. Tabelle 3.

Tab. 3: Veränderungen in der Zusammensetzung der Ernährung von 1800 bis 1850 in v.H. des Gesamtkalorienverzehrs

	Herkunft der Kalorien pro Person in v.H.		
Nahrungsmittel	1800	1835	1850
Getreide	52	44	44
Kartoffeln	8	26	28
Kohl und Gemüse	25	19	17
Tierische Produkte	15	11	11
Zusammen	100	100	100

– Der Rückgang der *tierischen Produktion* in ihrer Bedeutung für die menschliche Ernährung wurde durch folgende Entwicklungen hervorgerufen:
  – Die Verluste der Napoleonischen Zeit konnten gerade in der Viehwirtschaft nur langsam wieder ausgeglichen werden, so daß 1815 sogar ein niedrigerer Gesamttierbestand vorhanden war als 1800 (in Ostpreußen z. B. etwa 25 v.H. weniger).
  – Danach stieg zwar die Tierzahl schneller an als die Bevölkerungszahl, aber erst etwa 1825 wurde das Niveau von 1800 wieder erreicht.

- Der Rückgang der Viehhaltung auf den kleinen Höfen infolge der Gemeinheitsteilungen wurde durch die Zunahme auf den größeren Höfen und vor allem durch eine Steigerung der Erträge pro Tier ausgeglichen. Das zugleich aber starke Anwachsen der Bevölkerung brachte in den dreißiger Jahren keine Entlastung des Marktes, jedenfalls nicht so, daß nunmehr auch für die unteren Einkommensschichten die Möglichkeit bestanden hätte, tierische Produkte in größerem Maße zu kaufen.

Im Ergebnis kann man also sagen, daß bei einem Vergleich mit der Zeit um 1800 bis 1835 und auch bis 1850 die tierische Produktion vor allem durch eine Steigerung der Leistungen je Tier und später zusätzlich durch eine höhere Tierzahl zugenommen hat, daß das Wachstum aber zunächst hinter der steigenden Bevölkerungszahl zurückblieb.

c) Die Ertragslage der Landwirtschaft und die Einkommenslage der landwirtschaftlichen Bevölkerung

Bestimmend für die Ertragslage der Landwirtschaft und die Einkommenslage der landwirtschaftlichen Bevölkerung waren:

- Die bereits dargestellte Entwicklung der naturalen Erträge.
- Die Entwicklung der Erlöse, die wiederum abhängig waren von
  - der Marktquote und
  - den Marktpreisen.
- Die Zahl der von der Landwirtschaft lebenden Menschen.
- Die Betriebsgrößenstruktur und damit die Verteilung der Agrareinkommen auf die einzelnen Gruppen der landwirtschaftlichen Bevölkerung.
- Die Belastungen der Landwirtschaft und die dadurch bewirkte Kürzung der Einkommen.

Unter Berücksichtigung dieser Gesichtspunkte läßt sich unterscheiden:

- Die Situation in der Landwirtschaft insgesamt.
- Die Entwicklung bei einzelnen Gruppen.

Die Gesamtsituation der Landwirtschaft

- Am Ende des 18. und Anfang des 19. Jahrhunderts waren die Agrareinkommen erheblich angestiegen, weil langfristig über mehrere Jahrzehnte
  - sowohl das Produktionsvolumen der Landwirtschaft
  - als auch die Agrarpreise

  zugenommen hatten.
- In den Napoleonischen Jahren von 1803 bis 1815 gab es zwar erhebliche Preisschwankungen. Die Lage der Landwirtschaft war allgemein schlecht, da
  - durch den Krieg erhebliche Produktionsausfälle eintraten und
  - für den Krieg hohe Kontributionen von der ländlichen Bevölkerung aufzubringen waren.
- Die ersten Nachkriegsjahre waren vom Wiederaufbau der Produktionskapazitäten bestimmt und brachten mit ihren hohen Agrarpreisen infolge niedriger Ernten eine Verbesserung der Einkommenslage der Landwirtschaft, allerdings in Abhängigkeit von der jeweiligen Marktquote.
- Ab 1818 sanken jedoch die Agrarpreise infolge einiger guter Ernten und englischer Einfuhrzölle bis 1824/25 auf weniger als ein Drittel der – allerdings überhöhten – Preise von 1817. In diese Zeit fielen die ersten größeren Ablösungsverpflichtungen der Bauern, so daß eine ganze Reihe von ihnen zwangsweise die Höfe verkaufen mußte.
- Ab 1827/1830 war wieder ein Preisniveau erreicht, daß man als kostendeckend für die Landwirtschaft bezeichnen kann, zumal da nunmehr die Preise für gewerbliche Produkte und damit auch für landwirtschaftliche Betriebsmittel zu sinken begannen.
- Daher konnte auch der kurzfristige Preisrückgang Mitte der 30er Jahre die landwirtschaftlichen Einkommen nicht existenzgefährdend reduzieren.

Die Landwirtschaft hatte also *im ersten Drittel des 19. Jahrhunderts zwei Krisensituationen* durchzustehen:

- Die Zerstörungen durch die Napoleonischen Kriege, die z. B. die Bauern des Dorfes Grumbkow in Hinterpommern wirtschaftlich so sehr ruinierten, daß sie ihre Höfe verloren.

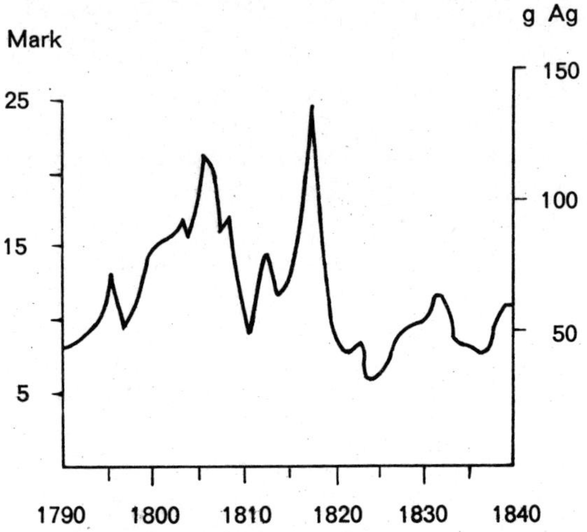

Abb. 14: Getreidepreisentwicklung in der Zeit von 1790 bis 1840 in Gramm Silber je 100 kg (2/3 Roggen, 1/3 Weizen)

– Die niedrigen Agrarpreise der zwanziger Jahre, die viele Bauern (und Gutsbesitzer) zum Verkauf der Höfe zwangen.

Die Entwicklung bei einzelnen ländlichen Gruppen

Die einzelnen Gruppen der von der Landwirtschaft lebenden Menschen wurden unterschiedlich durch die obengenannten Faktoren beeinflußt:

– Die Napoleonischen Kriege und die niedrigen Agrarpreise trafen alle ländlichen Gruppen.
– Die ersten Jahre nach den Kriegen (1816 und 1817) mit hohen Agrarpreisen kamen den größeren Betrieben eher zugute als den kleineren Besitzern, da deren Marktquote geringer war, so daß diese im Vergleich zur Ernteminderung überproportional geschmälert wurde. Die unelastische Nachfrage nach Nahrungsmitteln ließ die Preise mehr schwanken als die Änderungen in den angebotenen Mengen, so daß die Großbetriebe ihre Mengenverluste durch den höheren Preis mehr als kompensiert sahen.
– Die Steigerung der naturalen Erträge brachte langfristig gesehen

den größeren Betrieben (Gutshöfen) mehr Vorteile, da sie zunächst weniger gebunden waren als die Bauernhöfe und daher eher eine Verbesserung der Anbaumethoden durchführen konnten.

- Die Zahl der von der Landwirtschaft lebenden Menschen nahm im ersten Drittel des 19. Jahrhunderts von etwa 14 bis 15 Millionen auf etwa 17 bis 18 Millionen zu. Die größeren, zur Lohnarbeit übergehenden Betriebe hatten dabei je Flächeneinheit nur diejenigen Personen mit Einkommen zu versehen, die auf dem Hofe arbeiteten. Die kleineren Stellen, vor allem die Betriebe mit weniger als 8 Hektar waren dagegen gezwungen, auch den Teil der Bauernfamilie mitzuversorgen, der eigentlich auf dem Hofe nicht voll beschäftigt wurde, aber auch außerhalb der Landwirtschaft kein ausreichendes Einkommen finden konnte.
- Auf die negativen Folgen des Zusammentreffens von Ablösungsverpflichtungen und niedrigen Agrarpreisen in den zwanziger Jahren wurde schon hingewiesen. Die Gutshöfe waren hiervon nicht betroffen, ja die Gutsbesitzer als Ablösungsberechtigte hatten davon sogar einige Vorteile:
  - Die Ablösungszahlungen glichen die niedrigen Agrarpreise der Gutsbetriebe aus.
  - Da die Gutsbesitzer die Hauptberechtigten der Ablösungszahlungen waren, konnten sie bei einer Zwangsversteigerung der Bauernhöfe als Hauptgläubiger mit geringen Mitteln oder sogar ohne Barzahlung die Bauernhöfe erwerben (R. Stein für Ostpreußen).
- Das Ausmaß, in dem die ländliche Bevölkerung von dieser Entwicklung der Einkommen betroffen wurde, zeigt eine Übersicht der Betriebsgrößen (Abb. 15).

Daraus ergibt sich:

- Die Höfe mit weniger als 5 Hektar Nutzfläche umfaßten mit 63 v.H. aller Höfe den größten Teil der landbesitzenden Familien.
- 62 v.H. der Nutzfläche wurde von bäuerlichen Höfen mit 5 bis 50 Hektar je Hof bewirtschaftet. Deutschland war damit in landwirtschaftlicher Hinsicht um 1800 ein Bauernland.

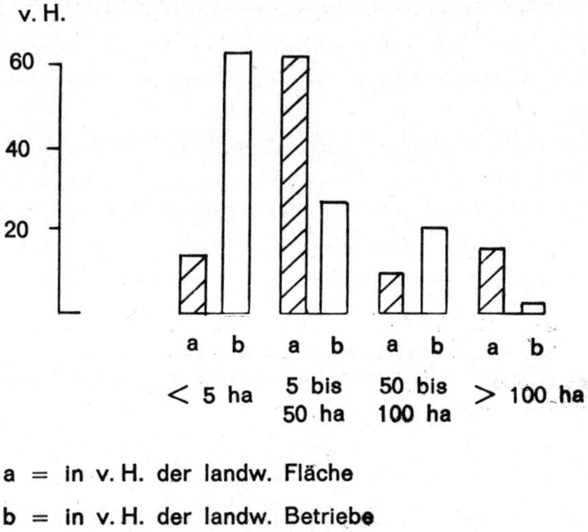

Abb. 15: Nutzfläche der einzelnen Betriebsgrößengruppen

Der in dem Schaubild zusammengefaßte Durchschnitt ganz Deutschlands setzte sich aus regional unterschiedlichen Ergebnissen zusammen:

– In Ostdeutschland („Ostelbien") war der Anteil der von Rittergütern, d. h. von Höfen mit allgemein mehr als 100 ha, bewirtschafteten Fläche etwa doppelt so hoch wie in ganz Deutschland, und zwar bei gleichzeitig niedrigen Anteilen der beiden kleinsten Betriebsgrößengruppen (< 50 ha).
– In Westdeutschland und in Süddeutschland lag der Anteil der größeren Güter bei weniger als 3 v.H., so daß hier die beiden kleineren Gruppen einen überdurchschnittlichen Anteil an der landwirtschaftlichen Nutzfläche besaßen.
– Nordwestdeutschland, d. h. weite Teile Westfalens und Niedersachsens, hatte sowohl einen niedrigen Anteil der Höfe mit mehr als 100 ha als auch der kleineren Höfe. Der mittel- und großbäuerliche Hof mit 10 bis 100 ha beherrschte hier das Bild.
– Im Ergebnis kann man davon ausgehen, daß der größte Teil der

landwirtschaftlichen Bevölkerung im ersten Drittel des 19. Jahrhunderts ein sehr niedriges Einkommen besaß:

- Weil die je Familie zur Verfügung stehende Fläche zu klein war,
- weil die Ablösungsverpflichtungen die Einkommen der Bauern schmälerten und
- weil die niedrigen Agrarpreise (oder die niedrige Marktquote bei schlechten Ernten und hohen Preisen) die monetären Erträge auf einem niedrigen Niveau je Familie festlegten.

2. Struktur und Produktionsverhältnisse im sekundären Sektor

Im gewerblichen Sektor war die Entwicklung im ersten Drittel des 19. Jahrhunderts gekennzeichnet durch

- die noch immer vorherrschende *vorindustrielle Produktionsweise* und
- ein *Überangebot an Arbeitskräften.*

Da sich aber bereits eine Vielzahl von einzelnen Wandlungen in der Produktionstechnik und in der Produktionsrichtung anbahnte, kann man diese Zeit als die Vorbereitungsphase für die Industrialisierung bezeichnen. Dieser grundsätzliche Umbruch wird auch durch die beginnenden Veränderungen der Wirtschaftsverfassung deutlich. Die Einführung der Gewerbefreiheit stand daher – wie in der Landwirtschaft die Bauernbefreiung – im Mittelpunkt der Entwicklung des wirtschaftlichen Rahmens vom ausgehenden 18. zum beginnenden 19. Jahrhundert, wenn auch die Reformen der Gewerbeverfassung nicht so starke Kräfte freimachen konnten wie die der Agrarverfassung.

a) Die Einführung der Gewerbefreiheit

Begriff und Inhalt der Gewerbefreiheit

Da im gewerblichen Bereich im allgemeinen herrschaftliche Bindungen und Beschränkungen fehlten, war die Einführung der Gewerbefreiheit weit mehr als die Agrarreformen auf die Produktions-

sphäre ausgerichtet. Hinzu kam, daß ein für die Landwirtschaft unentbehrliches und bereits im 19. Jahrhundert in Mitteleuropa knappes Produktionsmittel, nämlich der Boden, für die gewerbliche Produktion nur in sehr geringem Maße benötigt wurde.
Gewerbefreiheit bedeutet grundsätzlich:

> *(1) Jedermann* kann *(2) in jedem Umfang (3) jeden Produktionszweig (4) mit jeder Produktionstechnik* eröffnen und betreiben.

Das ist allerdings nur die rechtliche Seite. Ob auch wirtschaftlich, d. h. von der Ausstattung mit Kapital, Arbeits- und Betriebsmitteln, ferner vom Absatz her gesehen, alle Voraussetzungen für die gewerbliche Produktion bestanden haben, ist hierbei nicht berücksichtigt.
Durch die Einführung der Gewerbefreiheit wurden folgende Beschränkungen aufgehoben:

- *Ständische (Herkunfts-)Beschränkungen,* d. h. auch ein Adliger oder ein Bauer konnte die gewerbliche Produktion für den Markt beginnen.
- *Vorbildungsbeschränkungen,* d. h. es wurde keine fachliche Ausbildung (Lehrzeit, Gesellenzeit) mehr gefordert.
- *Staatliche, kommunale oder Zunftbeschränkungen*, d. h. es war nicht mehr die Genehmigung der entsprechenden Behörden und Institutionen erforderlich.
- *Kapazitätsbeschränkungen*, d. h. es gab keine Begrenzung des Produktionsvolumens oder der Beschäftigtenzahl.
- Beschränkungen der *Produktionsweise*, d. h. der Gewerbetreibende konnte jede Technik anwenden.

Die Einführung der Gewerbefreiheit war verbunden mit

- der Aufhebung der Zünfte in der alten Form und der Überlassung nur weniger nicht die Produktionssphäre berührender Aufgaben an neue handwerkliche Vereinigungen (z. B. soziale Hilfen),
- der Aufhebung der Qualitätsgarantien durch Zünfte oder auch durch den Staat (z. B. in Form der Leggen) und
- der Einführung der vollen Konkurrenz zwischen den einzelnen Produzenten.

Die *Abstufungen der Einschränkungen* und Beengung der gewerblichen Produktion in den einzelnen deutschen Staaten bis zu einer einheitlichen Regelung in der zweiten Hälfte des 19. Jahrhunderts (1869 bis 1872) lassen sich folgendermaßen systematisieren:

1. Es bestand ein *numerus clausus,* meistens von den *Zünften* überwacht, für die Eröffnung eines Gewerbebetriebes. Im Grundsatz war dies der Zustand in den meisten Gebieten Deutschlands vor der Einführung der Gewerbefreiheit.
2. Eine staatliche oder städtische Behörde hatte zu entscheiden, wer einen Gewerbebetrieb eröffnen durfte: Es handelte sich hierbei um ein *Konzessionssystem* mit einem *willkürlichen* Entscheidungsspielraum.
3. Die Zulassung (*Konzession*) wurde von bestimmten *Qualifikationen* abhängig gemacht, mußte aber bei Vorliegen dieser Bedingungen gewährt werden. Hierbei handelte es sich um:
   - eine fachliche Qualifikation (Ausbildung) oder um
   - eine persönliche Eigenschaft (Zuverlässigkeit usw.).
4. Jedermann konnte einen *Gewerbebetrieb* eröffnen, er mußte ihn aber *anmelden* (meistens wegen der Feststellung der Steuerpflicht).
5. *Völlige Gewerbefreiheit* bestand erst dann, wenn auch kein Zwang zur Anmeldung mehr vorhanden war.

Im Prinzip bewegten sich die Bemühungen um die Einführung der Gewerbefreiheit in dem Bereich von Ziff. 1 nach Ziff. 4. Dabei spielte vor allem auch die mehr oder weniger strenge Handhabung des Konzessionssystems eine wichtige Rolle. So wies ein bayerischer Gemeindebeamter (offensichtlich mit Stolz) in den 50er Jahren darauf hin, daß er von 1.100 Anträgen auf Eröffnung eines Betriebes innerhalb von 15 Monaten 900 abgelehnt hatte.

Die bewegenden Kräfte für die Einführung der Gewerbefreiheit

- Die *gewerbliche Produktion* war *in* den vorhandenen Grenzen (*Handwerk, Zunft*) *nicht mehr entwicklungsfähig*. Der Übergang zu neuen Produktionstechniken (Industrialisierung) schien nur bei Beseitigung der durch die Zünfte gesetzten Grenzen möglich.

- Die als liberale Ideen bezeichneten viefältigen geistigen Strömungen waren wie bei der Bauernbefreiung auch hier ein vor allem den Gesetzgeber anregender und richtungsweisender Faktor.

Die Darstellung der Auswirkungen der Gewerbefreiheit wird allerdings zeigen, daß die bis zum Beginn des 19. Jahrhunderts bestehenden Grenzen der gewerblichen Produktion nicht überschätzt werden dürfen.

Die Durchführung der Gewerbefreiheit

Als *Beginn* der Einführung der Gewerbefreiheit wird häufig der *Reichsschluß von 1731* (Reichszunftordnung) genannt. Die wichtigsten Regelungen dieses Gesetzes waren:

- Die *Zulassung zum Gewerbe* allgemein und zu den zunftmäßig geordneten Gewerben im besonderen sollte *erleichtert* werden.
- Die *außerhalb der Zünfte* produzierenden Gewerbetreibenden sollten *vor Diskriminierungen* („Schelten“ und „Verrufen“) *geschützt* werden.

Einen grundsätzlichen Erfolg hatte diese Gesetzgebung des Reiches nicht,

- weil die Zünfte im Prinzip nicht angetastet werden sollten und
- weil auch die wenigen, die Situation verbessernden Bestimmungen erst dann zur Anwendung kommen konnten, wenn sie von den einzelnen Territorien in die eigene Gesetzgebung aufgenommen wurden.

Eine ganze Reihe von Kameralisten forderte in den nächsten Jahrzehnten die Verringerung der Macht der Zünfte: „Die Innungen und Zünfte sind der Geschicklichkeit und dem Nahrungsstande mehr hinderlich als beförderlich“ (J. H. G. v. Justi). Andere Kameralisten waren jedoch entgegengesetzter Meinung (z. B. J. Beckmann).

Die Befreiungsgesetzgebung setzte in den einzelnen deutschen Staaten erst im 19. Jahrhundert sein. Das Allgemeine Preußische Landrecht von 1794 z. B. bestimmte lediglich, daß die Neubildung und die Umwandlung von bestehenden Zünften der königlichen Genehmigung bedürfe. Die Handhabung dieser Genehmigungsverfahren konnte nicht als Erleichterung angesehen werden.

Die *Anfänge* sind zeitlich etwa folgendermaßen einzuordnen:

- Das Oktoberedikt (Bauernbefreiung) von *1807* sprach *in Preußen* generell die Gewerbefreiheit aus. Eine Aufhebung einzelner Zünfte begann zwar bereits 1806. Eine allgemeine Regelung mit Auswirkungen auf den Einzelfall brachte aber erst das Steueredikt vom 2. Nov. 1810 (Hardenberg). Danach sollte die Eröffnung eines Gewerbebetriebes allein von der Lösung eines Steuerscheines abhängig sein.
- In den *unter französischen Einfluß kommenden Gebieten* wurde die Gewerbefreiheit ebenfalls schon recht bald eingeführt:
  - In den linksrheinischen Gebieten, mit deren Einverleibung in den französischen Staat (d. h. bis 1795; Pfalz 1791).
  - Königreich Westfalen 5. Aug. 1808.
  - Großherzogtum Berg 31. März 1809.

Die *letzten deutschen Länder* von Bedeutung waren Sachsen (1861), Baden (1862), Württemberg (1862) und Bayern (1868).

Im allgemeinen wurden aber auch in diesen Ländern bereits vorher die Zunftbestimmungen gelockert. Nicht selten wechselten Jahre mit einer liberaleren Politik mit solchen einer strengeren (z. B. unterschiedliche und in der Richtung wechselnde Einflüsse in Bayern: 1799 bis 1818; 1818 bis 1830; 1830 bis 1850; 1850 bis 1868).

Auch bei einer sehr großzügigen Liberalisierung der Gewerbezulassung bestanden *für einige Berufe weiterhin Beschränkungen*:

- Die *fachliche Vorbildung* war z. B. von Bedeutung bei Ärzten, Apothekern, Bauunternehmern, Schiffern (*Approbation*).
- Die *Zuverlässigkeit* war u. a. von Bedeutung bei Schlossern, Schaustellern, Schank- und Gastwirten (polizeiliche *Konzession*).

Eine *einheitliche Regelung* für die Länder des Norddeutschen Bundes brachte die Gewerbeordnung vom 21. Juni 1869, der sich die süddeutschen Länder *bis 1872* anschlossen. Sie lehnte sich im wesentlichen an die preußische Regelung (Gewerbeordnung vom 17. Jan. 1845 und spätere Änderungen) an und basierte auf dem Prinzip, möglichst weitgehend die Beschränkungen zur Eröffnung eines Gewerbebetriebes zu beseitigen. Mit dem Hinweis auf die „Einführung der Freizügigkeit“ wurde in den „Motiven“ auch der Wegfall der Prüfungspflicht begründet. Approbationen und Konzessionen wurden wie schon in der preußischen Regelung auf eine kleine Gruppe von Gewerbetreibenden beschränkt.

In *anderen Ländern Europas* begannen die Bestrebungen, die Gewerbefreiheit einzuführen, ebenfalls im 18. Jahrhundert. Die Auseinandersetzungen darüber erstreckten sich wie in zahlreichen deutschen Ländern bis weit in die zweite Hälfte des 19. Jahrhunderts:

- In *England* wurde die Gewerbefreiheit zwar erst *1814* durch eine formelle Aufhebung der Zünfte eingeführt. Jedoch war auch außerhalb der Zünfte bereits eine ausgedehnte gewerbliche (handwerkliche) Produktion vorhanden. Weiterhin wurde das Konzessionssystem für Verlagsgewerbe, Manufaktur und Bergbau schon im 18. Jahrhundert sehr großzügig gehandhabt.
- In *Frankreich* war es Turgot, der im Jahre *1776* die Zünfte aufheben ließ. Auch hier wurden aber mit der großzügigen Konzessionierung von Verlag und Manufaktur bereits vorher wichtige Voraussetzungen für den Aufbau einer umfangreichen gewerblichen, aber nicht in Zünften organisierten Produktion geschaffen. Soweit nach 1776 noch Produktionsbeschränkungen im gewerblichen Sektor bestanden, wurden diese durch Necker (1781) oder infolge der französischen Revolution (*1791*) aufgehoben.
- In *Österreich* waren die ersten Bestrebungen wie bei den Agrarreformen unter Maria Theresia und vor allem unter Josef II. d. h. im 18. Jahrhundert, zu finden. Die Liberalisierung wurde aber bald wieder rückgängig gemacht. Erst das Jahr *1860* brachte dann nach langem Hin und Her eine wenigstens teilweise Gewerbefreiheit für eine große Zahl von Berufen. Für den Regelfall (die sog. freien Gewerbe) genügte die Anmeldung, im Ausnahmefall (sog. konzessionierte Gewerbe) bedurfte es der Genehmigung zur Betriebseröffnung. Noch 1828 hatte man die Errichtung von Fabriken erheblich erschwert und dadurch vielleicht mit zur im Vergleich zu Deutschland und Frankreich bestehenden Rückständigkeit der österreichischen Industrie in den folgenden Jahrzehnten beigetragen.
- In *Rußland hatte* seit Jahrhunderten *grundsätzlich Gewerbefreiheit* bestanden. Auch die Einführung der Zünfte im 18. Jahrhundert nach westlichem Vorbild vermied deren Nachteile: Die rus-

sischen Zünfte hatten hauptsächlich soziale Aufgaben und waren nicht befugt, über die Zulassung einzelner Personen zum Gewerbebetrieb zu entscheiden. Neben der völligen Freiheit des Handwerks waren großbetriebliche Produktionen (Verlagssysteme, Manufakturen, Fabriken, Bergwerke) von Konzessionen abhängig. Da diese in dem gewerbearmen Land im allgemeinen recht großzügig erteilt wurden, bestanden keine rechtlichen Beschränkungen (abgesehen von den abhängigen Bauern, über deren berufliche Tätigkeit die Feudalherren bis 1861 zu bestimmen hatten).

In den meisten europäischen Ländern mit Zunfteinrichtungen war wie auch in den einzelnen deutschen Ländern die Einführung der Gewerbefreiheit ein langwieriger Prozeß. Die teilweise unterbrochenen und manchmal sogar rückläufigen Entwicklungen sind Ausdruck der unterschiedlichen Kräfte und Meinungen, und zwar im Gewerbe selbst, wie auch in der Wissenschaft (auf die Kameralisten wurde bereits hingewiesen):

- Neben einigen *fortschrittlich Gesinnten* im Handwerk und *vor allem im nichthandwerklich organisierten Gewerbe* (Manufaktur, Fabrik, Verlag, Bergbau), die die Gewerbefreiheit weitgehend befürworteten,
- gab es vor allem unter den *Handwerkern* eine weit verbreitete Bewegung, die regional in demonstrativen Versammlungen (Breslau, Hamburg usw.) und schließlich für ganz Deutschland im sog. *Handwerkerparlament* in Frankfurt a. M. (vom 15. Juli bis 18. Aug. 1848) genaue Forderungen für die künftige Handwerkerpolitik formulierten.

Die Auswirkungen der Gewerbefreiheit

Die Äußerungen in der Literatur über die Auswirkungen der Gewerbefreiheit gehen weit auseinander. Durch ungenaue Formulierungen überschneiden sie sich aber auch teilweise. Als Grund hierfür ist anzusehen:

- Die schlechte Quellenlage für die Zeit vor 1861, d. h. vor der ersten allgemeinen statistischen Aufnahme des Gewerbes auf Zollvereinsebene.

- Die Schwierigkeiten bei der Abgrenzung einzelner Gewerbeformen: Verlag-Handwerk; Manufaktur-Verlag; Handwerk-vorindustrielle Fabrik. Hinzu kommen faktische Überschneidungen und statistische Ungenauigkeiten in der Erhebung (Einordnung von Mischbetrieben und gemischten Tätigkeiten).
- Die Zahl der wirkenden Faktoren ist gerade in der Zeit des Aufbruches zur Industrialisierung zu groß gewesen, um die einzelnen Erscheinungen nach ihrer Abhängigkeit von der fehlenden oder vorhandenen Einführung der Gewerbefreiheit einwandfrei beurteilen zu können.

Begünstigt wird eine Herausarbeitung der *Auswirkungen* der Gewerbefreiheit durch die Unterschiede in der Entwicklung eng benachbarter und ähnlich strukturierter Gebiete bei verschiedener Intensität der noch bestehenden Produktionsbeschränkungen. Danach läßt sich global feststellen:

- *Kurzfristig* nahm die *Zahl der Meister* und damit der Betriebe *zu*, bei gleichzeitiger Abnahme der Gesellenzahl.
- *In einigen Gebieten verminderte* sich vorübergehend die Zahl der Handwerker, und zwar hauptsächlich dort, wo das Handwerk nicht nur für den örtlichen Absatz produzierte oder wo es – gemessen am inländischen Bedarf – überbesetzt war (Der *Reinigungseffekt* der Gewerbefreiheit nach Schmoller).
- *In ländlichen Bereichen* stieg die Zahl der Handwerker an, da jetzt die *Niederlassungsschranken* für eine ganze Anzahl von Handwerkszweigen *fielen*.

Diese im wesentlichen nur das Handwerk treffenden Veränderungen wurden durch Wandlungen auch in den anderen gewerblichen Sektoren (Verlag, Manufaktur) begleitet:

- Im *Verlags-* und im *Manufakturwesen stieg* die Zahl der *arbeitenden Frauen und Kinder*, weil diese Arbeitskräfte je Leistungseinheit geringer entlohnt zu werden brauchten.
- Vor allem im *Manufakturwesen* (vorindustrielle Fabrik) ging man verstärkt zu fortschrittlichen Produktionsverfahren durch die Einführung neuer Techniken über (*Handgerät* → *Maschine*).
- Die *Freisetzung von Arbeitskräften* aus dem Handwerk schuf eine wichtige Voraussetzung *für* die Entwicklung der *Industrie*, näm-

lich künftige Lohnarbeitskräfte (insbesondere nach marxistischer Ansicht). Der Überhang an Arbeitskräften im zweiten Drittel des 19. Jahrhunderts zeigt jedoch, daß auch ohne aus dem Handwerk kommende Menschen genügend Lohnarbeiter für die sich entwickelnde Industrie zur Verfügung standen.

Die zuletzt genannten drei Punkte waren aber tatsächlich unabhängig von der Einführung der Gewerbefreiheit, da gerade für diejenigen Gewerbearten (Verlag und Manufaktur), die als Keimzellen einer großen Zahl von Industriebetrieben in Betracht kamen, der Zunftzwang ohne Bedeutung war. Sie waren eigentlich von der Gewährung von Konzessionen abhängig und diese wurden im 18. und 19. Jahrhundert von den meisten Staaten recht großzügig vergeben, da man in einer neuen Produktionsstätte zugleich ein neues Steuerobjekt sah. Eine Behinderung und damit *Verzögerung der industriellen Entwicklung* konnte also *nur* dort eintreten, *wo*

- die neue Fabrik eine bisher von einer *Zunft* betriebenen Produktion übernehmen wollte und diese ein *Vetorecht* hiergegen *hatte*, was aber selten der Fall war, oder wo
- das *Konzessionswesen* auch ohne eine für das bestehende Handwerk drohende Konkurrenz *eng gehandhabt* wurde.

Die schnelle Zunahme der Bevölkerung und der damit verbundene Druck auf den Arbeitsmarkt hätten auch unabhängig von einer Freisetzung von Handwerkern durch die Aufhebung der Zünfte eine genügende Zahl von Arbeitskräften für die beginnende Industrialisierung bereitgestellt. Darüber hinaus war es auch nicht erforderlich, auf die für die gewerbliche Arbeit ausgebildeten Handwerker bei dem Aufbau einer Industrie zurückzugreifen, da die Zahl der in Verlag und Manufaktur, oder allgemeiner gesagt, außerhalb des Zunfthandwerks arbeitenden Menschen groß genug war, um als „industrielle Reservearmee" zu dienen.

Die Bedeutung der Gewerbefreiheit lag daher in erster Linie in der Möglichkeit für das Handwerk selbst, eine Umstrukturierung in den Produktionszweigen und -arten vorzunehmen. Bisherige, an die aufkommende Industrie verlorene Produktionsrichtungen (Bekleidung, Schuhherstellung usw.) konnten durch neue ersetzt werden (Reparaturarbeiten, Verkaufsgeschäft), so daß das Handwerk insgesamt während des ganzen 19. Jahrhunderts eine zunehmende Beschäftigtenzahl aufwies. Die Maschine nahm schließlich auch in der handwerklichen Produktion ihren Platz ein. Dies ist aber eine Entwicklung, die erst in der nächsten Periode, zur Mitte des 19. Jahrhunderts beginnend, zu beobachten ist.

b) Struktur und Produktionsverhältnisse im Gewerbe

Die *Produktionszweige* wurden von zwei Seiten beeinflußt:

- Von der Art der Nachfrage:
  - Grundbedarf
  - Gehobener und Luxusbedarf
  - Bedarf des Staates
- Von den regionalen und lokalen Besonderheiten der Produktionssphäre:
  - Rohstoffe
  - Arbeitskräfte (Eignungsgrad)
  - Unternehmer
  - Absatzmöglichkeiten

Die von der Nachfrageseite ausgehenden Einflüsse

Der *Grundbedarf* der Menschen richtete sich auf Nahrung, Kleidung und Wohnung, so daß folgende Grundhandwerker in Abhängigkeit von der Bevölkerungszahl relativ gleichmäßig verteilt in allen bewohnten Landstrichen Mitteleuropas notwendig waren:

- Nahrungshandwerker: Müller, Bäcker, Fleischer und Brauer.
- Kleidungshandwerker: Schneider und Schuhmacher.
- Bauhandwerker: Zimmerleute und Maurer.
- Hersteller von Hausgeräten: Tischler, Töpfer und Metallhandwerker.
- Hersteller von Betriebsmitteln: Schmiede, Wagner, Stellmacher, Rademacher, Böttcher, Seiler und Sattler.

Soweit für die Handwerkszweige Halbfabrikate benötigt wurden (Stoffe, Leder, Eisen, Eisenwaren), waren in die Produktion des Grundbedarfes ferner einbezogen:

- Stoffe: Spinner und Weber.
- Leder: Loh- und Weißgerber.

– Eisen und andere Metalle: Bergbau und Metallhütten (meistens am Ort der Erzfunde); Eisenwarenhersteller in der Nähe solcher Orte (Nägel, Sensen und andere leicht transportierbare Kleingeräte).

Schon der Grundbedarf brachte bei der Herstellung der Halbfabrikate eine regionale Differenzierung der gewerblichen Produktion, und zwar in Abhängigkeit von:

– Rohstoffvorkommen und
– Kostenvorteilen, die von einzelnen Unternehmern, insbesondere beim Aufbau eines ländlichen Verlagssystems zur Textilherstellung ausgenutzt wurden.

Der *gehobene Bedarf* und der *Luxusbedarf* lassen sich nicht immer scharf voneinander trennen. Sie werden daher hier als über den Grundbedarf hinausgehend zusammengefaßt, zumal da die die regionale Differenzierung der gewerblichen Produktion bewirkenden Einflüsse die gleichen gewesen sind: Ein mehr oder weniger über den Grundbedarf hinausgehendes Einkommen.
Hier waren unter anderen folgende Handwerkszweige vertreten:

– Kleidung und andere Textilien: Posamentierer, Kattunweber, Seidenwirker, Gürtler und Hutmacher.
– Schmuckgegenstände: Goldschmiede, Ziselierer, Vergolder, Elfenbeinfabrikanten und Perückenmacher.
– Haushaltsgegenstände: Zinngießer, Gobelinfabrikanten, Musikinstrumentenmacher.
– Nahrung: Konditoren, Konfitürenhersteller.
– Bauhandwerker: Maler, Steinmetzen, Bildhauer, Stukkateure, Tapetenmacher, Tapezierer.

Die Produzenten für den gehobenen und den Luxusbedarf waren hauptsächlich *in größeren Städten* (Köln, Breslau usw.) mit einer größeren Dichte an überdurchschnittlichen Einkommensbeziehern oder in *Residenzstädten* (Potsdam, Hannover, München usw.) zu finden.

Der *Bedarf des Staates* war bestimmt durch

– das Militär,
– den fürstlichen Hof und

– die staatliche Verwaltung.

Man kann hierbei folgende Gewerbezweige als Lieferanten unterscheiden:

– *Militärische Ausrüstungsgegenstände* nahmen in einigen Staaten (Preußen) bis zu 20 v.H.des Staatshaushaltes in Anspruch. Uniformen, Lederzeug (Schuhe, Pferdegeschirr und Sättel), Waffen und Fahrzeuge waren die wichtigsten nachgefragten Güter. Der größte Teil der Militärausgaben wurde allerdings für Nahrungsmittel verwendet (mehr als zwei Drittel).
– Der *Hofbedarf* bestand aus Bauwerken (Schlösser), Mobiliar und anderen Einrichtungsgegenständen, aus Schmuck und kostbarer Kleidung, aus Kutschen und Lastfahrzeugen.
– Die *staatliche Verwaltung* benötigte vor allem Papier und Schreibwerkzeuge. Sie beanspruchte den geringsten Teil, da die Verwaltungskosten in erster Linie nur Personalkosten waren.

Weitere Staatsausgaben dienten vor allem der Wirtschaftsförderung und vermehrten somit die Nachfrage aus der Wirtschaft selbst.

Zwischen den einzelnen Bedarfsgruppen bestanden erhebliche Überschneidungen. Die Differenzierung der gewerblichen Produktion stand in engem Zusammenhang mit dem Umfang der Nachfrage, die über den Grundbedarf der Bevölkerung eines Gebietes hinausging.

Die von der Produktionssphäre ausgehenden differenzierenden Einflüsse

Rohstoffe, insbesondere Bodenschätze, bewirkten bei einem geringen Wert je Gewichtseinheit die Konzentration einzelner Gewerbezweige in der Nähe der Fundorte.

– *Eisen* wurde an folgenden Plätzen gefunden und verarbeitet:
  – Beiderseits des Rheines von den Ardennen bis ins Sauerland und vom Hunsrück bis ins Bergische Land.
  – In Oberschlesien.
  – In Böhmen.
  – In der Oberpfalz.
  – In Kärnten und in der Steiermark.
  – An einigen Plätzen Schwabens.
  – In Oberösterreich.

- *Kupfer*, das je Gewichtseinheit einen höheren Wert hatte, konnte eher an einem anderen als dem Erzeugungsort verarbeitet werden:
  - Erzeugungsorte waren in Deutschland vor allem Stolberg bei Aachen und Mansfeld am Ostharz. Schweden, Ungarn und außereuropäische Gebiete lieferten den nicht durch die mitteleuropäische Produktion gedeckten Bedarf.
  - Die Verarbeitung von Kupfer erfolgte:
    - Für Geräte des täglichen Bedarfes (Kupferkessel) am Absatzort oder in dessen Nähe, da sich Kupferbarren über weite Strecken leichter transportieren ließen als relativ sperrige Kupfergeräte.
    - Für Spezialgeräte oder für Legierungen (Messing) in wenigen Zentren (Nürnberg, Stolberg-Aachen).
- *Silber* wurde am Fundort (Sachsen, Böhmen) geschmolzen und entweder dort oder an anderen Plätzen verarbeitet, besonders zu Münzen oder auch zu Tafelgeschirr.
- Damit sind die wichtigsten Metalle der vorindustriellen Zeit genannt, Zinn und Zink hatten als Legierungsmetalle (für Bronze und Messing) einige Bedeutung, waren jedoch insgesamt gesehen wenig einflußreich auf die spezielle Ausrichtung der gewerblichen Produktion.

- *Brennstoffe:*
  - Holz und Holzkohle waren die wesentlichen Brennstoffe der vorindustriellen Zeit. Waldreichtum gehörte vor allem zur Schaffung eines Hüttengewerbes (Glashütten, Porzellanherstellung, Metallhütten).
  - Kohle wurde zwar bereits weit vor dem Ende des 18. Jahrhunderts an einigen Stellen Deutschlands gefördert. Einen gewerblichen Standortvorteil konnte diese Energiequelle aber erst mit der Ende des 18. Jahrhunderts einsetzenden Erhöhung des Produktionsvolumens schaffen (Schlesien, Ruhrgebiet, Sachsen und andere kleinere Gebiete).

Arbeitskräfte als Voraussetzung einer gewerblichen Produktion kamen aus mehreren Bereichen:

- Durch eine Weiterentwicklung der vorhandenen (handwerklichen oder auch sonstigen) gewerblichen Produktion.
- Durch die Aufnahme bisher in anderen Wirtschaftsbereichen (vor allem in der Landwirtschaft) Beschäftigter (z. B. durch Aufbau eines Verlagssystems).
- Durch die Heranziehung ausländischer Arbeitskräfte (Einwanderung), was insbesondere im 18. Jahrhundert als Ausdruck der kameralistischen Wirtschaftspolitik weit verbreitet war.

Auf allen drei Wegen konnten regionale Besonderheiten für die Schaffung eines speziellen, für den überregionalen Markt produzierenden Gewerbes entstehen.

Aktive *Unternehmer* oder *Territorialherren* nutzten die mit der zunehmenden Bevölkerungszahl arbeitslosen Landbewohner ebenso wie die Einwanderung von Religionsflüchtlingen aus Frankreich zum Ausbau einer gewerblichen Produktion.

Absatzorientiert war ein Teil des so entwickelten Gewerbes vor allem bei der Befriedigung des höfischen und Militärbedarfes (Potsdam, Berlin, Karlsruhe, Dresden, Wien, Paris usw.). Aber auch eine gehäufte Nachfrage aus der Wirtschaft, wie z. B. Produkte für die Schiffsausrüstung in Emden, Hamburg oder Bremen, konnten eine spezielle Ausrichtung begünstigen.

Die Absatzmöglichkeiten über die engere Umgebung hinaus wurden noch durch eine günstige Verkehrslage verbessert, d. h. der Absatzradius erweitert. Die Nähe eines Messeortes (z. B. Leipzig für die sächsischen Baumwollgewerbe) förderte durch die Organisation des Absatzes ebenfalls spezielle Produktionszweige.

Die Struktur des sekundären Sektors

Die vorindustrielle gewerbliche Produktion war nach der Organisation gegliedert in:

- Handwerk
- Verlag (Heimarbeit)
- Manufaktur (vorindustrielle Fabrik)

Diese *einzelnen Organisationsformen* waren mehr oder weniger für bestimmte Absatzgebiete bevorzugt geeignet:

- Das *Handwerk* konnte auf Grund der hauptsächlichen Dezentralisation seiner Funktionen (Beschaffung, Produktion, Absatz) die individuellen Wünsche der örtlichen Nachfrager besser befriedigen als Verlag und Manufaktur, so daß es vor allem für den *Grundbedarf* und für den darüber hinausgehenden, aber ebenfalls *örtlich orientierten* Bedarf arbeitete.

- *Verlag und Manufaktur* produzierten größere Serien gleicher Güter, so daß hier Nachfrage aus mehreren Gebieten leichter bedient werden konnte. Diese beiden Produktionsformen waren daher eher *für den Fernhandel geeignet.* Die Entwicklung von Verlag und Manufaktur und die Ausdehnung einer relativ einheitlichen Nachfrage für einige Produkte (Tuche, Leinen, Geräte) bedingten sich dabei gegenseitig.

In der Produktionstechnik gab es zwischen den einzelnen Zweigen des Gewerbes keine wesentlichen Unterschiede, wenn man davon absieht, daß bestimmte Betriebe einen umfangreicheren Antriebsbedarf hatten (Hammerwerke, Mühlen) oder für spezielle Aufgaben aufwendige Einrichtungen benötigten (Färbergeräte, Färberwiesen, Walkemühlen, Energiespender für die Glasherstellung und für die Erzeugung von Metall und Metallprodukten).
Die Struktur des sekundären Sektors läßt sich aus Tabelle 4 ersehen.

Tabelle 4: Struktur des gewerblichen Sektors in Deutschland um 1800

Zweig	Handwerk	Verlag	Manufaktur	Zusammen
	in v.H.	in v.H.	in v.H.	in v.H.
Metall	5,6	1.0	1,0	7,6
Bau	10,4	0,0	0,0	10,4
Steine, Erden	2,9	0,0	0,2	3,1
Feinmechanik	0,7	0,1	0,1	0,9
Textil, Bekl.	8,3	41,0	3,2	52,5
Holz, Papier	8,6	1,0	0,7	10,3
Nahrung	13,4	0,0	0,0	13,4
Bergbau	0,0	0,0	1,8	1,8
Insgesamt	49,9	43,1	7,0	100,0

Die Gewerbezweige in Tabelle 4 wurden so zusammengefaßt, daß eine Betrachtung unter denselben Gesichtspunkten für das ganze 19. und auch für das 20. Jahrhundert möglich ist. Feinmechanik umfaßt so auch die optische Fabrikation, ferner später die Elektroindustrie. Unter Steine und Erden sind zusammengefaßt die eigentlichen Steine- und Erdengewerbe, ferner die Glas-, Keramik, Steingut- und Porzellanherstellung, später auch die chemische Industrie mit allen ihren Zweigen. Holz und Papier umfaßt auch das Druckergewerbe, d. h. die Weiterverarbeitung des Papiers.

Wie schon aus Abbildung 5 in der Einleitung wird auch hier deutlich, daß der gewerbliche Sektor um 1800 noch durch die dezentralisierbare und dezentralisierte Produktion in Handwerk und Verlag bestimmt war. Die Produktionstechnik war noch eine vorindustrielle.

Die *Struktur hinsichtlich der Produktionszweige* läßt sich auf folgende Grundlinien vom Bedarf und damit *von der Nachfrage* her zusammenfassen:

- Textilherstellung und -verarbeitung (Kleidung und Haushaltstextilien) mit mehr als der Hälfte aller im Gewerbe Beschäftigten.
- Baugewerbe: Bauhandwerker und Bauausstattungshandwerker (einschließlich eines Teils des Holzgewerbes: Tischler, Drechsler usw.) mit einem Zehntel und mehr der im Gewerbe Tätigen.
- Nahrungsmittelgewerbe (vor allem Müller, Bäcker, Fleischer) mit einem Achtel der im Gewerbe Beschäftigten.
- Hersteller von Hausgeräten und Produktionsmitteln: Metall- und zum Teil auch holzverarbeitende Gewerbe (Rademacher, Schmiede, Seiler, Topfflicker usw.).

Vergleicht man diese Zusammenstellung mit der oben vorgenommenen Gliederung der Bedarfsstruktur, so ergibt sich, daß mit mehr als 80 v.H. die Mehrzahl der im Gewerbe Beschäftigten für den Grundbedarf: Wohnung, Kleidung und Nahrung, ferner für die Herstellung von Geräten in Haushalt und Wirtschaft arbeitete. Dadurch war die Struktur der gewerblichen Wirtschaft bestimmt, auch wenn die Überdimensionierung des Textilsektors sehr stark von der Ausfuhr beeinflußt wurde. Das überwiegend niedrige Einkommensniveau ließ keine wesentliche Entwicklung eines Gewerbes für den gehobenen und gar für den Luxusbedarf zu, von der Konzentration an einzelnen Orten abgesehen.

Die Entwicklung im ersten Drittel des 19. Jahrhunderts hat hier zwar vor allem im Bereich der Manufakturen-Fabriken und im Bergbau eine erhebliche Ausdehnung gebracht. Der gesamte gewerbliche Sektor war aber *um 1835 noch* wie am Ende des 18. Jahrhunderts vor allem durch den überwältigenden Anteil des *Handwerks* und des *Verlags* (Heimarbeit) gekennzeichnet. Eine breite Änderung der Produktionstechnik war bislang nicht eingetreten, auch wenn eine ganze Anzahl von technischen Neuerungen inzwischen bekannt und erprobt war.

Die Produktionstechnik

Da von den vier großen, im vorhergehenden Abschnitt genannten Gewerbegruppen das Nahrungs- und das Baugewerbe unter dem Einfluß der Industrialisierung (wenigstens zunächst) keine wesentlichen technischen Änderungen aufnahmen, sind unter dem Gesichtspunkt der Wandlungen in der Produktionstechnik vor allem zu nennen:

- Die Metallherstellung und -verarbeitung,
- die Textil- und Bekleidungsgewerbe, ferner
- der Bergbau,

da dieser bei der Industrialisierung eine wichtige Rolle spielte, auch wenn die Zahl der dort Tätigen mit weniger als 2 v.H. – gemessen an der Gesamtzahl der im sekundären Sektor Beschäftigten – noch gering war.

Im *Textil- und Bekleidungsgewerbe* waren es insbesondere zwei Arbeitsgänge, die teilweise bereits im ersten Drittel des 19. Jahrhunderts mechanisiert wurden:

- Die *Garnherstellung* durch Spinnmaschinen anstelle der Spinnräder oder der noch bis an die Wende zum 19. Jahrhundert in einzelnen Teilen Deutschlands wegen der besseren Ausgeglichenheit des Garns gebrauchten Spinnrocken.
  1781 wurde in Ratingen die erste Spinnmaschine in Deutschland aufgestellt (Angaben hierzu in der Literatur teilweise abweichend). Bis 1835 hatten diese Maschinen den Baumwollbereich, teilweise auch den Wollbereich, Leinen noch weniger, in der Garnherstellung völlig geändert. Der Übergang zur Spinnmaschine (zunächst als „Jenny“ bezeichnet) hing von folgenden Faktoren ab:

  - Von der Faserart; Baumwolle ließ sich maschinell besser als Wolle und diese wiederum besser als Flachs verarbeiten.
  - Vom Arbeitseinsatz je Garnheit; je Handwebstuhl waren drei bis fünf Spinnkräfte erforderlich, so daß sich hier der Übergang zur arbeits- und damit lohnsparenden Fabrikation eher rentierte als beim Weben.
- Die *Gewebeherstellung* durch mechanische anstelle der Handwebstühle. Die Erfindug der Jacquardmaschine mit der Möglichkeit, auch komplizierte Muster herstellen zu können, durch den französischen Weber Jacquard im Jahre 1795 zeigt, daß man bereits am Ende des 18. Jahrhunderts über gute technische Möglichkeiten verfügte. Allerdings wurde die Einführung der Maschinenstühle noch bis in die zweite Hälfte des 19. Jahrhunderts in Deutschland nur zögernd durchgeführt, wenn man von der Produktion von Baumwollgeweben absieht.

Im *Bergbau* waren die technischen Neuerungen besonders von der Einführung der Dampfmaschine ausgegangen. Sie wirkten in zweierlei Richtungen:

- Auf Grund des Einsatzes von dampfkraftgetriebenen Pumpen war es möglich, auch tiefer gelegene Gruben trocken zu halten, die wichtigste Voraussetzung, um ergiebigere Schichten abzubauen.
- Auch zur Kohleförderung aus größerer Tiefe selbst wurde die Dampfmaschine benutzt.

Insgesamt wurde dadurch die Kohle verbilligt und konkurrenzfähiger gegenüber dem Holz.

Die *Metallherstellung und -verarbeitung* profitierte vor allem vom Einsatz der Kohle (und des daraus gewonnenen Kokses) beim *Verhüttungsprozeß*. 1796 wurde in Deutschland der erste Koksofen in Gleiwitz in Oberschlesien in Betrieb genommen, und zwar für die Erwärmung des Roheisens in einer Eisengießerei (nach anderen Angaben zur Erzeugung von Roheisen). Im Jahre 1804 gab es allein in Schlesien, das allerdings zu dieser Zeit noch dem rheinisch-westfälischen Gebiet technisch weit voraus war, 49 Hochöfen auf Koksbasis zur Herstellung von Roheisen. Die *Maschinenindustrie* zeigte ihre ersten Anfänge vor allem im Dampfmaschinenbau, der allerdings noch keine großen Serien kannte. Dies kam wiederum der

Experimentierfreudigkeit der meisten Fabrikanten entgegen.

Gesamtwirtschaftlich war die *Wirkung* der technischen Neuerungen noch *nicht* sehr *groß*. Der eigentliche Beitrag zu der folgenden Periode der ersten Industrialisierung lag in der Bereitstellung eines breiten Fächers erprobter Methoden und Maschinen. Eine Ausnahme bildete allein die Baumwollindustrie, die im wesentlichen beeinflußt durch die in England bereits eingeführte Technik, aber auch angeregt durch die Konkurrenz mit der englischen industriellen Produktion, zu Spinnmaschinen und zu mechanischen Webstühlen übergegangen war.

Die Gesamtentwicklung der gewerblichen Wirtschaft

Die Entwicklung der gewerblichen Produktion war im allgemeinen *von etwa 1780 bis 1835 durch eine Erhöhung* des Produktionsvolumens *gekennzeichnet*. Lediglich die Zeit der Napoleonischen Kriege brachte regional und branchenmäßig differenzierte Rückschläge. Die Zunahme der Erzeugung zeigte sich *z. B. im Bergbau* wie folgt:

- Um 1750/60 waren in Deutschland etwa 7.000 bis 10.000 Bergarbeiter mit der Förderung von 50.000 bis 80.000 t Kohle bebeschäftigt.
- Am Anfang des 19. Jahrhunderts förderten etwa 35.000 Bergarbeiter 300.000 bis 400.000 t Kohle im Jahr.
- Im folgenden Dritteljahrhundert verfünffachte sich die jährliche Kohleförderung nochmals, während die Zahl der Bergarbeiter in den Kohlegruben – als Ausdruck des technischen Fortschrittes – sich nur verdoppelte.

Der *Bergbau* ist jedoch insofern eine *Ausnahme*, weil die gesamte gewerbliche auf den Export ausgerichtete Wirtschaft zunächst durch die Napoleonischen Kriege teilweise stark zurückgeworfen wurde und erst danach wieder langsam ihre alten außereuropäischen Märkte zurückerobern konnte. Man kann daher feststellen:

- Ein *erheblicher Produktivitätsfortschritt* (je Arbeitskraft) trat nicht ein, da der überwiegende Teil des Gewerbes (Verlag und Handwerk) bis 1835 noch kaum von der vorindustriellen Produktionsweise abgegangen war.

- Eine über den *Anstieg* der Bevölkerungszahl hinausgehende Zunahme der *Produktionsvolumina* trat ebenfalls *nicht merkbar* ein, da die bisher recht einseitig auf den Textilsektor ausgerichteten Exportzweige keine neuen Gebiete größeren Umfangs erschließen konnten (englische Konkurrenz).

Begünstigt wurden durch die Napoleonischen Kriege (Kontinentalsperre usw.):

- *Gewerbezweige,* die in die *Armeelieferungen* eingeschaltet waren: Vor allem die Textilgewerbe in Sachsen, aber auch im Königreich Westfalen und im Großherzogtum Berg, ferner im linksrheinischen Gebiet.

  Zur Armeelieferung wurden besonders Tuche (Wollstoffe), weniger Leinen benötigt. Damit hatten die Wollgewerbe im Gegensatz zu den Leinengewerben einen den fehlenden Export ausgleichenden Ersatz gefunden.
- Gewerbezweige, die *linksrheinisch* lagen und dadurch unabhängig von der Belieferung der französischen Armee die Vorteile der Einbeziehung in das Kaiserreich und damit in ein einheitliches Zollgebiet genossen. Nicht wenige Textilunternehmer des Bergischen Landes verlegten einen Teil ihrer Produktion daher auf das linke Rheinufer.

Benachteiligt wurden:

- Leinengewerbe in Schlesien und in Niedersachsen.
- Seidengewerbe in Berlin und Potsdam.
- Tuchgewerbe in der Mark Brandenburg.

Bis in die Mitte der zwanziger Jahre waren die Benachteiligungen aus der Napoleonischen Zeit angenähert ausgeglichen. Nunmehr stieg die gewerbliche Produktion wertmäßig – bei sinkenden Preisen für gewerbliche Produkte – stärker an als die Bevölkerungszahl. In Preußen nahm der Ertrag der Gewerbesteuer von 1824 mit 1,6 Mill. Taler auf 1831 mit 2 Mill. Taler, d. h. um 25 v.H. bei gleichen Hebesätzen zu. Die Bevölkerung Preußens stieg im gleichen Zeitraum um etwa 9 v.H., so daß die gewerbliche Produktion um etwa 2 v.H. pro Jahr stärker zunahm. Dies war zwar ein Wachstum, das mit heutigen Werten verglichen gering war, jedoch für das 19. Jahrhundert als recht hoch anzusehen ist.

c) Die Einkommenslage der im Gewerbe Tätigen

Die in der Einleitung gebrachte Entwicklungskurve der Reallöhne gibt deutlich die Tendenz im ersten Drittel des 19. Jahrhunderts wieder:

- Während die *letzten Jahrzehnte des 18. und die ersten Jahre des 19. Jahrhunderts* einen starken Rückgang der Reallöhne um etwa 35 bis 38 v.H. brachten,
- *stiegen* diese Löhne *von 1803 bis 1824* mit einer kurzen Unterbrechung in den ersten Jahren nach den Napoleonischen Kriegen auf ein Niveau, das etwa 40 v.H. über dem des Jahres 1780 lag.
- Die *folgenden Jahre* brachten wiederum langfristig gesehen einen *Rückgang* um fast 15 v.H., beließen sie aber immer noch auf einem Niveau von etwa dem Doppelten des an der Wende zum 19. Jahrhundert bestehenden Einkommens.

Ein Vergleich der beiden Kurven der Getreidepreise (S. 56) und der Reallöhne (S. 27) zeigt, in welchem Maße die Reallöhne von der Entwicklung der Getreidepreise, oder allgemeiner gesagt, der Agrarpreise abhingen. Der größte Teil des Einkommens der im gewerblichen Sektor Beschäftigen wurde für Nahrungsmittel ausgegeben, ja mußte dafür ausgegeben werden, ein Zeichen für ein allgemein sehr niedriges Einkommensniveau. Die Realeinkommen der Lohnarbeiter des Gewerbes – und der Mehrzahl der Inhaber kleiner Betriebe, d. h. der Klein- oder Alleinmeister – waren demnach nicht so sehr von der Produktivität im gewerblichen Sektor abhängig, sondern in erster Linie

- von den Agrarpreisen und
- von der Bevölkerungszahl.

Damit bestand noch eine *Situation,* wie sie in den Jahrhunderten *vor der Industrialisierung* in Mitteleuropa *typisch* gewesen ist.

Die Einkommenslage der nicht in der Landwirtschaft arbeitenden Menschen wurde jedoch nicht nur

- von der Entwicklung der Reallöhne im gewerblichen Sektor bestimmt, sondern auch
- von der großen Zahl der nicht oder nur teilweise im Erwerbsleben stehenden Personen (Arbeitslose und Unterbeschäftigte).

3. Die Entwicklung des Dienstleistungssektors

Drei Bereiche des Dienstleistungssektors sind für die wirtschaftliche Entwicklung im ersten Drittel des 19. Jahrhunderts von besonderer Bedeutung:
- Das Verkehrswesen,
- der Handel, ferner
- das Geld- und Bankwesen.

a) Das Verkehrswesen

Drei Transportwege wurden für die Bewegung der Güter und Personen benutzt:
- Der Landtransport auf Straßen und Wegen.
- Der Binnenschiffahrtsweg auf Flüssen und Kanälen.
- Der Seeweg.

Das besondere Problem des Verkehrswesens war die Entwicklung von billigen Transportmöglichkeiten für Massengüter für die Versorgung von Wirtschaft und Menschen. Englands Industrialisierungsprozeß war durch ein ausgebautes Straßen- und Binnenschiffahrtsnetz erleichtert worden.

Der Landtransport

Der *Landtransport* stand im ersten Drittel des 19. Jahrhunderts in Deutschland unter dem Einfluß des systematischen Chaussee-Baues. Bis etwa 1780 hatte es in Mitteleuropa nur wenige und meistens nur zufällig entstandene, als Chausseen befestigte Straßen gegeben. Genannt sei die bei Vietz (östlich Küstrin) für wenige Kilometer mit den Schlackeabfällen der Vietzer Schmelze befestigte Straße von Küstrin nach Landsberg.

Gegenkräfte gegen einen Ausbau eines Netzes fester Straßen:
- Die *Bauern* hatten durch Hand- und Spanndienste die Straßen zu unterhalten. Eine Konzentration des Verkehrs auf den festen Straßen und damit eine Vermehrung der Vorspanndienste für die an dieser Straße liegenden Dörfer hätte notwendigerweise ihre Lasten erhöht.

- Die *Handwerker* für Fahrzeuge und Pferdeausrüstung, ferner das Übernachtungsgewerbe befürchteten einen Rückgang ihrer Aufträge.
- Die *Sicherheit* eines Landes schien durch schlechte, den Vormarsch fremder Truppen behindernde Wegeverhältnisse besser gewährleistet zu sein (Friedrich II. von Preußen).

Befürworter des Straßenbaues:

- Der *Handel* und die produzierende Wirtschaft, jedenfalls soweit sie durch den Bezug von Rohstoffen und anderen Waren aus nur über weite Landstrecken erreichbaren Gebieten und durch den Absatz der Produkte die Straßen benötigten.
- Einige *Territorialherren,* weil sie eine Belebung des Transithandels und damit eine Erhöhung der Zolleinnahmen erhofften.
- *Erobernde Militärs,* wie z. B. Napoleon (für fremde Länder), weil so die Truppen beweglicher wurden.

Unter einer *Chaussee* verstand man eine Straße

- mit fester Unterschicht,
- mit glatter und fester Oberschicht, anfangs Kies und Schotter, später (ab 1820) nach dem Verfahren von Macadam mit eingewalzten kleinen Steinen,
- unter Vermeidung großer Steigungen (und der damit verbundenen Notwendigkeit für Vorspann).

Die *Anfänge* des Baues befestigter Straßen lagen im allgemeinen im 18. Jahrhundert:

- Süddeutschland: Vor allem unter dem bayerischen Kurfürsten Maximilian III. Josef.
- Westdeutschland: Besonders in den gewerbereichen Gebieten zwischen Köln, Düsseldorf und Soest (märkisch-bergisches Gebiet).
- Ostdeutschland: In den letzten Jahren des 18. Jahrhunderts von Berlin ausgehend in die verschiedenen Teile der preußischen Monarchie.

Zwei unterschiedliche Gesichtspunkte waren für die Entwicklung des Straßenbaues von Bedeutung:

- Die Erleichterung des Massengutverkehrs als Nahverkehr. Hier-

bei sind vor allem die Kohletransporte im bergisch-märkischen Gebiet zu nennen.
- Die Verknüpfung der einzelnen Teile eines größeren Staates und die gleichzeitige Heranziehung des Transitverkehrs zur Verbesserung der wirtschaftlichen Situation innerhalb dieses Landes (Bayern, Preußen).

Den nächsten großen *Impuls* erhielt der Straßenbau in der *Napoleonischen Zeit*, insbesondere durch das Interesse Napoleons an befestigten Straßen als Voraussetzung für schnelle und verlustarme *Truppenbewegungen.*

Nach 1815 überwog dann wieder der *wirtschaftliche Aspekt* bei der Anlage neuer Straßen.

Die Angaben über die *Länge* der jeweils bestehenden *Straßensysteme* weichen voneinander ab, da offensichtlich die Qualität recht unterschiedlich beurteilt wird (und wurde). Aus zahlreichen Einzelangaben ergibt sich etwa folgende Entwicklung:
- Bis 1780 etwa 2.000 km.
- Bis 1800 etwa 5.000 km (meistens in West- und Süddeutschland).
- Bis 1835 etwa 25.000 km.

Ein Teil dieser Straßen war zwar befestigt, jedoch nicht als Chaussee zu bezeichnen, da lediglich die vorhandenen Straßen mit einer festen Oberschicht versehen worden waren.

Die um 1835 erreichte Straßendichte betrug damit nur etwa 40 v.H. der Eisenbahndichte von 1914; d. h. so wichtig der Straßenbau gewesen war, er darf in seinen Auswirkungen nicht überschätzt werden. Die Dichte des Straßennetzes lag in den gewerblich weiter entwickelten Gebieten erheblich über dem Durchschnitt. Nördlich der Verbindungslinie von Breslau über Berlin, Magdeburg, Hannover und Osnabrück gab es nur sehr wenige befestigte Strecken.

Die *Bedeutung* der Straßen zeigt sich an den *sinkenden Transportkosten*:
- In Westdeutschland waren teilweise die Kohlen in Säcken auf dem Pferderücken zu den Hoch- und Schmelzöfen gebracht worden. Der Bau sog. Kohlenstraßen unter dem Bergrat Reichsfreiherr vom Stein erhöhte die Transportkapazität und verminderte die Kosten erheblich.

- Die Reisegeschwindigkeit der Pferdefuhrwerke (Post- und Lastwagen) verdoppelte sich oder erhöhte sich noch mehr.
- Die Transportkosten sanken von
  - etwa 3 g Ag und mehr auf
  - 1,8 bis 2,2 g Ag je Tonnenkilometer.

  (Durch die Eisenbahn sanken die Kosten je Tonnenkilometer später sogar auf weniger als 0,2 g Ag).

Die Binnenschiffahrt

Zur Förderung der Binnenschiffahrt wurden *Flüsse* reguliert und *Kanäle* gebaut. Die Anfänge dieser Maßnahmen reichen weit in die vorindustrielle Zeit zurück. Frankreich (unter Colbert) und England hatten bereits am Ende des 18. Jahrhunderts ein gut ausgebautes Binnenschiffahrtsnetz, das die wichtigsten Gewerbegebiete miteinander verband. *Zwei Impulse* führten *in Deutschland* zum verstärkten Ausbau:

- Die *Verbindung* zwischen den Fundorten von *Eisenerz und Steinkohle* mit dem beginnenden Übergang zur Verwendung von Kohle und Koks in der Metallverhüttung.
- Die *Versorgung der gewerbereichen Gebiete* (und damit auch der größeren Städte wie Berlin) mit Nahrungsmitteln und Rohstoffen, ferner der Absatz der gewerblichen Produkte.

Wegen der hohen Kosten des Kanalbaues orientierte man sich zunächst meistens an den vorhandenen Wasserläufen, wie z. B. die Verbesserung der Schleppfahrt auf der Saar und die ab 1770 beginnenden Bemühungen zur Schiffbarmachung der Ruhr zeigen. Im Vordergrund standen dabei die Stromregulierung und der Ausbau der Leinpfade, von denen aus die Schiffe noch mit Menschen- oder Pferdekraft gezogen werden mußten. Der Kohletransport auf der Ruhr entwickelte sich folgendermaßen:

- Um 1770 Beginn der Kohletransporte.
- 1814 = 60.000 t.
- 1835 = 400.000 t (d. h. etwa die Hälfte der Förderung).

Ohne den Binnenschiffahrtsweg hätte der Kohlebergbau im Ruhrgebiet keinen so schnellen Aufschwung nehmen können. Die auf der

Ruhr transportierte Kohle kam hauptsächlich aus dem Gebiet Essen-Bochum.

Der bis zum Ende des 18. Jahrhunderts abgeschlossene Ausbau des Kanalsystems zwischen Bromberg und der Elbe hatte wesentlich zur inneren Integration der östlichen Landesteile Preußens beigetragen und vor allem durch zahlreiche Kanäle in der Mittelmark die Versorgung von Menschen und Wirtschaft einer relativ großen Stadt wie Berlin erst ermöglicht.

Wie im rheinisch-westfälischen Gewerbegebiet begann man auch im oberschlesischen Revier mit dem Ausbau der Wasserstraßen (z. B. des Gleiwitz-Kanals von der Oder bis Zabrze-Hindenburg in Anlehnung an die Klodnitz).

Insgesamt gab es in Deutschland an Binnenschiffahrtswegen:

- 1786 : 2.250 km Kanäle, kanalisierte Flüsse und Binnenseestrecken.
- 1836 : 3.000 km

Hinzu kamen zu beiden Zeitpunkten noch etwa 6.000 km schiffbare Flüsse, so daß das gesamte Binnenschiffahrtsnetz noch bis in das zweite Jahrzehnt des 19. Jahrhunderts eine größere Ausdehnung (und Bedeutung) gehabt hat als das Netz der befestigten Straßen.

Die Ladefähigkeit der Schiffe lag im allgemeinen bei weniger als 40 t.

Die Seeschiffahrt

Während sich die *Kapazität* der Binnenschiffahrt und des Landtransportes nicht angeben läßt, kann man bei der *Seeschiffahrt* hierfür die Tonnage anführen:

- 1780 = 180.000 bis 200.000 NRT
- 1800 = 200.000 NRT
- 1829 = 265.000 NRT
- 1834 = 280.000 NRT

Die Gesamtbesatzung dieser Schiffe lag bei etwa 15.000 Mann. Die Zahl der Schiffe ist in dem genannten Zeitraum kaum angestiegen, dafür hatte sich die durchschnittliche Tonnage je Schiff von 300 auf 400 NRT erhöht.

Einen entscheidenden *technischen Fortschritt* hat es im ersten Drittel des 19. Jahrhundert *nicht* gegeben. Wenn trotzdem die *Frachtraten* auf See teilweise *um 20* und mehr *v.H. zurückgegangen* sind, dann ist dies zurückzuführen auf:

- Die größere Durchschnittstonnage bei kaum geänderter Zahl der Besatzungsmitglieder je Schiff.
- Die bessere Ausnutzung durch eine Verfeinerung der Organisation (weniger Ballastfahrten und Liegezeiten).
- Den allgemeinen Konkurrenzdruck auf dem Weltfrachtenmarkt bei nicht im gleichen Maße wie die Transportkapazität steigenden Außenhandel.

Neben dem innereuropäischen Seehandel (hauptsächlich an den südlichen Küsten des Ostsee- und des Nordseegebietes von Riga bis Le Havre, außerdem mit England), wurden die Routen nach Nord- und Südamerika am stärksten befahren. Die Wege in den Indischen und in den Pazifischen Ozean traten dagegen zurück. England und die Niederlande bestritten die Fahrten nach Indien und Ostasien. Afrika war noch kaum in den internationalen Handel einbezogen.

Die geringe Bedeutung der deutschen Handelsflotte für den Welthandelsverkehr wird aus folgender Übersicht der Handelsschiffstonnage im Jahre 1835 deutlich:

Deutschland	0,28 Mill NRT
Großbritanien	2,10 Mill. NRT
Frankreich	0,86 Mill. NRT
Niederlande	0,36 Mill. NRT

Die gesamte Welt-Tonnage kann auf etwa 5 bis 6 Mill. NRT geschätzt werden. Großbritanien beherrschte bereits am Ende des 18. Jahrhunderts einen großen Teil des Weltwarentransportes und konnte seine Position in der Napoleonischen Zeit noch erheblich verbessern.

b) Der Handel

Zwei Aspekte standen bei der Entwicklung des Handels im ersten Drittel des 19. Jahrhunderts im Vordergrund:

- Die Handelspolitik, insbesondere die Entwicklung zum Zollverein.
- Die Entwicklung des Außenhandels unter dem Einfluß der in England schon weit forgeschrittenen Industrialisierung.

Die Handelspolitik

Hier sind drei Perioden zu unterscheiden:
- Die noch die ersten Jahre des neuen Jahrhunderts umfassende Periode des auslaufenden *Merkantilismus.*
- Die durch die Napoleonische Macht unterbrochene Entwicklung der Handelspolitik (z. B. Blockade von seiten Englands, *Kontinentalsperre*), aber auch der von Frankreich ausgehende Zwang zu einer bestimmten Zollpolitik in einzelnen Teilen Deutschlands.
- Die nationale und internationale *Zollpolitik* in der Zeit *von 1815 bis 1834.*

Der *Merkantilismus* hatte eine *Schutzzollpolitik* betrieben. Die einheimischen Gewerbe sollten durch einen hohen Fertigwarenzoll für Einfuhren und einen hohen Rohstoffzoll für Ausfuhren gegenüber ausländischen Produzenten geschützt werden. Schon gegen Ende des 18. Jahrhunderts zeigte sich aber für kleinere Länder und für Länder mit großem Transithandel, daß hierdurch Nachteile entstehen konnten. Vor 1805 waren daher bereits die ersten Überlegungen in Preußen angestellt worden, mit welchen Auswirkungen bei einem Übergang zum Freihandel zu rechnen wäre.

Die Zeit der *Kontinentalsperre* (von Napoleon am 21. Nov. 1806 von Berlin aus als Antwort auf eine Blockade des französischen Einflußgebietes durch England verkündet) *unterband den Handel nach Übersee* fast vollständig. In Deutschland wirkte die französische Politik noch zusätzlich dadurch, daß die *französischen* Gewerbe in ihrem Absatz gegenüber den östlich des Rheines produzierenden durch ungleiche *Zollbestimmungen* bevorzugt wurden. Die linksrheinischen (und andere) Gebiete, die dem französischen Reich zugeschlagen worden waren, gehörten zum französischen Zollgebiet, so daß einige gewerbliche Produzenten aus dem (rechtsrheinischen) bergisch-märkischen Land neue Produktionsstätten auf der anderen Rheinseite errichteten. Die in starker Abhängigkeit von Frankreich stehenden Gebiete des Rheinbundes, vor allem auch Sachsens genossen ebenfalls Zollvorteile, da man diese Länder für die Stabilisierung des Vorfeldes der eigenen Macht benötigte. Im übrigen schirmte sich Frankreich durch hohe Zölle gegenüber dem Ausland ab, setzte aber niedrige Einfuhrabgaben in diesen Ländern für französische Waren durch.

Die zahlreichen und zum Teil widersprüchlichen Äußerungen über die Entwicklung der gewerblichen, vom interregionalen Handel abhängigen Wirtschaft in der Napoleonischen Zeit sind aus diesen stark differenzierenden Einflüssen zu erklären.

Die nationale und internationale *Zollpolitik nach 1815* war durch folgende Probleme geprägt:

- Die Napoleonische Zeit hatte handelspolitisch *neue Voraussetzungen* geschaffen, da in dieser Zeit
  - die Zollgrenzen verändert worden waren und
  - außerdem in Deutschland großflächigere Staaten entstanden waren, die eher eine eigene Zollpolitik betreiben konnten.
- Nach Aufhebung der Kontinentalsperre versuchten die einzelnen Mächte, ihre *Vorkriegsmärkte* wieder zu erlangen.
- Die inländische Wirtschaft sollte durch die Handelspolitik vor Störungen bei der *Überwindung der Kriegseinflüsse* geschützt werden.
- Die durch *Adam Smith* und andere vertretene *Freihandelslehre* diente als Grundlage für entsprechende handelspolitische Maßnahmen einzelner Gruppen und Personen in Wirtschaft und Verwaltung. Die Widerstände gegen eine solche Zollpolitik waren aber erheblich, bei den Produzenten aus Wettbewerbsgründen, beim Staat wegen der Zolleinnahmen.

Das zollpolitische Verhalten der europäischen Staaten spiegelt das unterschiedliche Gewicht dieser einzelnen Probleme und die innerstaatlichen Einflüsse wieder:

England versuchte,

- durch hohe Schutzzölle die während der Kontinentalsperre vom englischen Markt abgeschnittenen Konkurrenten weiterhin fernzuhalten und über den englischen Markt auch von den eigenen Kolonien; Schutz der eigenen Textilgewerbe und anfänglich auch der Landwirtschaft;

– durch eine Förderung des Exports der eigenen gewerblichen Wirtschaft eine günstigere Ausgangsposition bei der Wiedererlangung der bisher abgeschnittenen europäischen Märkte einzunehmen.

Diese Handelspolitik wurde allerdings nicht langfristig durchgehalten. Vielmehr kamen auch in England freihändlerische Einflüsse zur Wirkung.

Frankreich, Österreich und Rußland waren ebenfalls schutzzöllnerisch eingestellt.

Preußen, als die fünfte nach dem Wiener Kongreß in Europa bestehende Großmacht, ging einen differenzierteren Weg:

– In Preußen bestand *im Inland* eine viel größere Zahl von Handelsschranken als in den Gebieten der anderen Großmächte, da das Land aus zahlreichen Teilen nach und nach zusammengewachsen war. Hinzu kam die im 18. Jahrhundert als eine wichtige Staatseinnahme sich entwickelnde Akzise, die an den Stadttoren erhoben wurde. Der größte Teil dieser inländischen *Abgabeverpflichtungen* wurde durch ein Gesetz von 1818 mit Wirkung zum 1. Januar *1819 aufgehoben.*

  In § 20 dieses Gesetzes hieß es aber ausdrücklich: „Alle wohlbegründeten Erhebungen und Leistungen, welche zur Unterhaltung der Stromschiffahrt und Flößerei, der Kanäle, Schleusen, Brücken, Fähren, Kunststraßen, Wege, Häfen, Leuchttürme, Seezeichen, Krane, Wagen, Niederlagen und andere Anstalten für die Erleichterung des Verkehrs bestimmt sind, bleiben für jetzt ausdrücklich vorbehalten" (Beseitigung der noch verbliebenen regionalen Differenzierungen durch den allgemeinen Zolltarif von 1821).

– *Nur noch* an der Landesgrenze *zum Ausland* hin sollten auf Grund dieser vom preußischen Generalsteuerdirektor Maaßen geschaffenen Handels- und Zollgesetzgebung *Abgaben* erhoben werden.
  Im einzelnen sah der Zolltarif vor:
  – Allgemein ein Gewichtszoll von 0,5 Taler je Zentner Einfuhr.
  – Rohstoffe konnten zollfrei eingeführt werden.
  – Nahrungsmittel wurden seit den 30er Jahren mit höheren Sätzen belegt. Roggen, Gerste und Buchweizen durften in die westlichen Landesteile zollfrei eingeführt werden.

  Der Zoll betrug etwa 10 v.H. des Wertes von gewerblichen und etwa 20 v.H. (teilweise 30 v.H.) des Wertes von Kolonialwaren.

Das *Gesetz von 1818* gestaltete aber nicht nur die gegenwärtigen

Zollverhältnisse. Es hatte vielmehr auch einen *in die Zukunft* weisenden Teil:

- Preußen erklärte sich bereit, *mit anderen deutschen Staaten einen Zollverband* zu bilden.
- *Mit nichtdeutschen Staaten* wollte man *Handelsverträge auf Gegenseitigkeit* hinsichtlich der Zollsätze abschließen. Dabei kam allerdings kein höherer Zollsatz als der preußische, sondern eher ein niedrigerer in Betracht.

Das Gesetz fand nicht ungeteilten Beifall in Preußen:

- Der *Handel begrüßte es*, da dadurch die Absatzkosten ermäßigt wurden und es außerdem den Handel insgesamt anregte.
- Die meisten *Gewerbetreibenden bekämpften es*, da der durchschnittliche Zollsatz von 10 v.H. weit niedriger lag als der in anderen Ländern übliche. Ihre Forderungen wurden von *Friedrich List* inspiriert und unterstützt: Die deutschen Staaten sollten (als Beginn der Nationalstaatwerdung) ein einheitliches Zollgebiet bilden, das sich nach außen durch *hohe Schutzzölle* (Erziehungs- und Anpassungszölle) gegen die internationale Konkurrenz absichert.

Die Entwicklung zum Deutschen Zollverein

- Der seit 1815 bestehende *Deutsche Bund* war nach Artikel 19 der Bundesakte auch auf eine einheitliche Regelung von Handel und Verkehr im Bundesgebiet angelegt.
- Erst als sich eine solche Entwicklung nicht abzeichnete, kam es in *Preußen* in Fortsetzung der vor 1806 begonnenen Bestrebungen zu dem *Handels- und Zollgesetz von 1818.*
- Als sich trotz dieses Ansatzpunktes keine Weiterentwicklung zeigte, gründeten zahlreiche *Kaufleute* (insbesondere auch produktionsinteressierte Verleger) aus verschiedenen Teilen Deutschlands unter dem Einfluß von *Friedrich List* während der Ostermesse in Frankfurt a.M. *1819* einen *„Deutschen Handels- und Gewerbs-Verein“* mit dem erklärten Ziel, die wirtschaftspolitischen Schranken in Deutschland aufheben zu lassen. Eine vom Deutschen Bund erwartete Reaktion unterblieb (Metternich-Politik).
- Von *1819 bis 1834* schlossen sich dann nach und nach fast alle

Staaten des Deutschen Bundes (mit Ausnahme Österreichs) der von Preußen ausgehenden Zollvereinigung an.

- *Österreich* blieb zunächst *abseits,*
  - weil es nicht einem von Preußen initiierten Zollverein beitreten wollte (aus Sorge, dadurch Preußen zu stärken),
  - selbst aber keine Zollvereinigung innerhalb des Gebietes des Deutschen Bundes schaffen konnte (und wollte).

  Später konnte sich Preußen dann gegen die Aufnahme Österreichs in den Deutschen Zollverein mit Erfolg wehren (1851, 1862).
- Allerdings erfolgte die *Bildung des Deutschen Zollvereins bis 1834 nicht reibungslos.* Im Prinzip konnte Preußen seine günstige geographische Lage und seine Beeinflussungsmöglichkeiten auf den internationalen Handel der übrigen deutschen Staaten ausspielen:
  - *Zunächst* waren die *unmittelbar benachbarten kleinen Staaten* fast völlig von dem preußischen Markt abhängig. Schwarzburg-Sondershausen machte schon im Oktober 1819 den Anfang, bald folgten Anhalt-Bernburg (1823), Anhalt-Dessau (1828), Anhalt-Köthen, Hessen-Darmstadt und andere Länder mit dem Beitritt.
  - Einige *mittlere Staaten hofften,* sich durch einen *Zusammenschluß ohne Preußen* zunächst noch dessen Einfluß entziehen zu können:
    - 1824 Württemberg und Hohenzollern
    - 1824 Baden und Hessen-Nassau
    - 1828 Württemberg, Hohenzollern und Bayern
    - 1828 Sachsen, Kurhessen, Braunschweig, Oldenburg, Hannover, Bremen, Frankfurt und einige thüringische Staaten
  - Am 22. März 1833 schlossen sich mit Wirkung vom *1. Januar 1834* Württemberg, Hohenzollern und Bayern dem Preußisch-Hessischen Zollverein an (*Deutscher Zollverein*). Sachsen und Thüringen folgten diesem Schritt noch im selben Jahr.
- Im Laufe der folgenden Jahre und Jahrzehnte kamen weitere deutsche Staaten hinzu. *Mecklenburg und Schleswig-Holstein* waren die vorletzten (*1867*). Die beiden Hansestädte *Bremen und*

Hamburg zögerten noch bis *1888*. Da Österreich nicht aufgenommen wurde, war durch den Zollverein das Ergebnis der (politischen) *Reichsgründung von 1871 bereits wirtschaftlich vorgezeichnet.*

Die tatsächlichen *Auswirkungen* des Zusammenschlusses waren:

- *Aufschwung der westlichen Industriegebiete* an Rhein und Ruhr, die bald das entsprechende oberschlesische Gebiet an Bedeutung überrundeten.
- *Erhöhung der Einfuhr* ausländischer Waren durch eine wachsende, aus der eigenen Produktion nicht mehr allein zu befriedigende Binnennachfrage (allerdings hauptsächlich nach 1850).
- *Erhöhung der Ausfuhr* einheimischer Waren durch die (mit und auf Grund der Industrialisierung) zunehmend international konkurrenzfähig werdende gewerbliche Produktion.
- Insgesamt dadurch eine Zunahme:
  - der inländischen *Produktion* und damit
  - der Palette der im Inland *angebotenen Güter*.

Bei der starken Überschneidung dieser Entwicklung mit der Industrialisierung dürfen die Auswirkungen der Zollvereinigung aber sicher nicht überbewertet werden. Auch ohne Zollverein wäre vermutlich im Wege einer vielleicht nicht so stürmischen Industrialisierung ebenfalls eine entsprechende wirtschaftliche Entwicklung eingetreten.

Die Entwicklung des Außenhandels

Nach den Napoleonischen Kriegen und insbesondere nach der Aufhebung der Kontinentalsperre war es die wichtigste Aufgabe der Wirtschaft in Deutschland gewesen, die Exporte an Fertigwaren wieder in Gang zu setzen. Vor allem das Textilgewerbe mußte sich jetzt in stärkerem Maße als zuvor mit der *englischen Konkurrenz* auseinandersetzen. Man versuchte, durch die Gründung von Handelsgesellschaften, einem seit Jahrhunderten bewährten Mittel zur Konzentration der Kräfte, die Bemühungen der einzelnen zu unterstützen; z. B.:

- 1821 Gründung der Rheinisch-Westindischen Compagnie in

Elberfeld (Anteile auch beim preußischen Königshaus: 30.000 Taler von 1 Mill. Taler Gesamtkapital).
- 1825 Gründung der Westindischen Compagnie in Schlesien.

Beide Gesellschaften wollten vor allem den lateinamerikanischen Markt erschließen. Der Erfolg war jedoch gering, da England kurzfristig die Absatzentwicklung mit niedrigen Preisen behinderte.

Auf diese Bemühungen Englands zur Erhaltung der einmaligen, durch die Kontinentalsperre errungenen Stellung auf dem überseeischen Textilmarkt, vor allem auch unter Ausnutzung (und Bewahrung) des technischen (Kosten-)Vorteils, wird in der Literatur immer wieder hingewiesen. Für einzelne Produktionszweige läßt sich dies auch nachweisen. Jedoch darf der Erfolg (oder auch das die Entwicklung auf dem Kontinent behindernde Verhalten) Englands nicht überschätzt werden. Bereits im Jahr 1820 hatten die Textilexporte aus Deutschland wieder ein Niveau erreicht, das über dem von 1800 lag. Auch in den dann folgenden Jahren stieg der gesamte Außenhandel um etwa 35 v.H. (bei einem gleichzeitigen Bevölkerungswachstum um etwa 18 v.H.).

Tab. 5: Der Außenhandel Deutschlands 1820 und 1835 insgesamt und je Kopf der Bevölkerung

Jahr	Einfuhr		Ausfuhr	
	in Mill. M	M. pro Kopf	in Mill. M.	M. pro Kopf
1820	365	15	395	16
1835	500	17	540	18

M = Mark 1873 bis 1918 = 5,56 g Ag

Gemessen am Nettosozialprodukt lag der Anteil der ausgeführten Güter bei weniger als 10 v.H. (vgl. Abbildung 58, S. 251).

Die Aufgliederung der Ausfuhr und Einfuhr nach Warengruppen, d. h. die Außenhandelsstruktur, zeigt die Bedeutung Deutschlands als rohstoffverarbeitendes und fertigwarenproduzierendes Land. Der Wollexport war bei dieser grundsätzlichen Struktur des Außenhandels eine Ausnahme. Schafhaltung und Wollexport nach England waren ein wichtiger Wirtschaftszweig der ostdeutschen Gutsbetriebe bis in die 70er Jahre des 19. Jahrhunderts, vgl. Abb. 16.

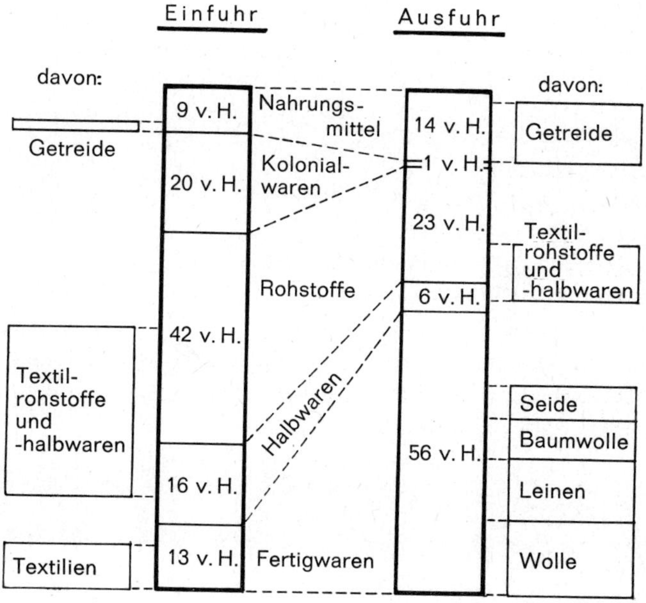

Abb. 16: Die Struktur des deutschen Außenhandels um 1835

Rohstoffe waren der wichtigste Einfuhrposten (42 v.H.), während die Ausfuhr in erster Linie durch Fertigwaren (56 v.H.) gekennzeichnet war. Die Bedeutung der Textilgewerbe unter den Exportgewerben und damit für die zusätzliche, über die inländische Nachfrage hinausgehende Vermittlung von Einkommen wird daraus deutlich, daß die beiden wichtigsten Außenhandelswarengruppen in erster Linie durch die *Rohstoffversorgung* dieser Textilgewerbe und durch den *Absatz von Textilprodukten* geprägt waren. Die Ausfuhr von Getreide (und Agrarprodukten allgemein) trat gegenüber den Fertigwaren stark zurück. *Deutschland* war *um 1835* ein zwar noch nicht industrialisiertes, aber doch schon *stark mit Gewerbe durchsetztes* Wirtschaftsgebiet.

Die Entwicklung der einzelnen Warengruppen im Außenhandel und damit der Struktur des Außenhandels zeigen die beiden Abbildungen 17 und 18.

Aus beiden Abbildungen läßt sich ablesen, daß bis zum Erreichen des Niveaus von *1800* im Jahre *1820* die Struktur des Außenhandels sich nur *wenig verändert* hatte. Erst *danach* trat vor allem bei der Einfuhr eine grundlegende Änderung ein: Die überdurchschnittlich starke Zunahme der Einfuhr von Halbwaren beruhte auf der *Einfuhr von* englischen (maschinell hergestellten und daher preisgünstigeren) *Garnen* für die Baumwollgewerbe.

Die *allgemeine Entwicklung* von 1780 bis 1835 läßt sich etwa folgendermaßen charakterisieren:

– Die *Ausfuhr nahm* zunächst *bis zum Ende des 18. Jahrhunderts zu*, nicht zuletzt als Folge der kriegerischen Auseinandersetzungen zwischen Frankreich und England.

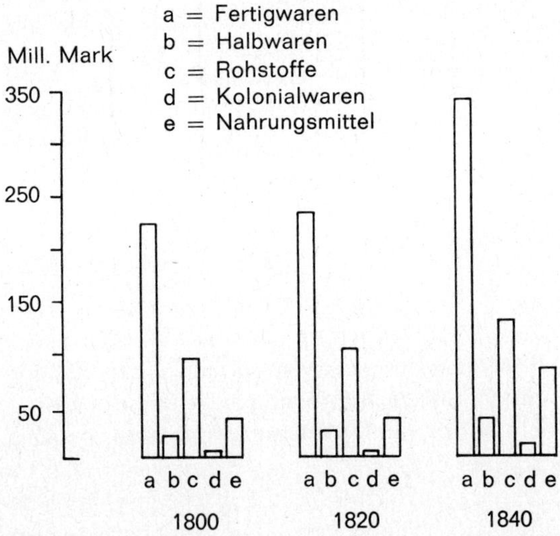

Abb. 17: Die Ausfuhr Deutschlands von 1800 bis 1840 in Mill. Mark (1 Mark = 5,56 g Ag)

- *In der Napoleonischen Zeit ging der Überseehandel zurück,* während der Anteil am innereuropäischen Handel auf Grund des hohen Bedarfes Frankreichs anstieg. Da Frankreich seine Kriege nicht über den Staatskredit, sondern über Kontributionen und Abgaben aus den zahlreichen eroberten Gebieten finanzierte, flossen durch die Aufkäufe der französischen Armee diese Mittel zum überwiegenden Teil wieder in die Transferländer zurück.
- *Nach der Beendigung des Krieges nahm der Außenhandel* (auch die Textilausfuhr) bis 1835 in stärkerem Maße *zu,* als
  - der Rückgang bis 1815 ausgemacht hatte und
  - als die Bevölkerungszahl anstieg.

In der *Außenhandelsstruktur* traten Änderungen auf:

- Auf Grund der *russischen Schutzzollpolitik* und des Aufbaus eines eigenen Textilgewerbes mit böhmischen, sächsischen und schlesischen Zuwanderern in Lodz (1823/25) und anderen Orten ging der Leinenexport nach Osteuropa zurück. Der Export von Baumwoll- und Wollgeweben stieg dagegen an.

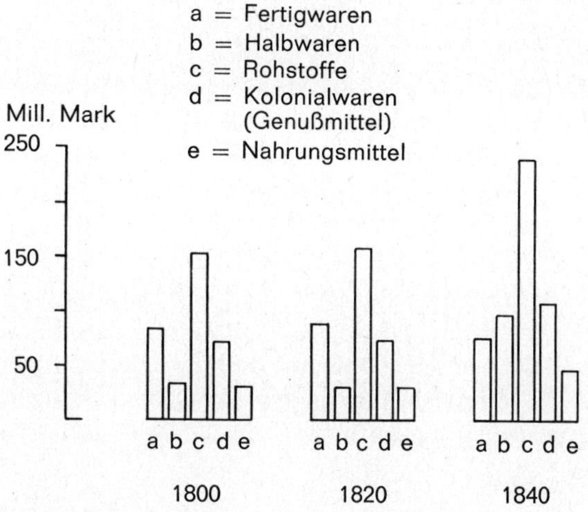

Abb. 18: Die Einfuhr Deutschlands von 1800 bis 1840 in Mill. Mark (1 Mark = 5,56g Ag)

– Durch den Übergang der *englichen* Textilgewerbe zur *Maschinenspinnerei* wurde das englische Garn, besonders das Baumwollgarn, auf dem deutschen Markt konkurrenzfähig (ab etwa 1790), so daß in Deutschland die Handspinnerei zurückging.

Vergleicht man die *Außenhandelsstruktur* (Abb. 16, 17 und 18) mit der der *heutigen Entwicklungsländer,* dann lassen sich folgende *Unterschiede* feststellen:

– In der *Ausfuhr dominierten die Fertigwaren,* d. h. Deutschland war zu Beginn der Industrialisierung kein Entwicklungsland im heutigen Sinne, da es hinter dem am weitesten fortgeschrittenen Land (England) nicht weit zurückstand.
– Der geringe *Anteil der Fertigprodukte an der Einfuhr* zeigt, daß in Europa damals allgemein kein wesentlich höheres Niveau vorhanden war. Die Arbeitsteilung zwischen den entwickelten Ländern mit einem hohen Grad an Fertigwarenproduktion war noch sehr gering. Dies gilt insbesondere für die Investitionsgüter, die kaum mehr als 3 bis 5 v.H. des gesamten Außenhandels ausgemacht haben. Der geringe Stand der Produktionstechnik in den einzelnen Ländern und die Behinderung einer Verbreitung der technischen Erkenntnisse (vor allem durch England) führten dazu, daß in erster Linie Konsumgüter exportiert wurden. Auch dieser Teil des Handels wurde aber durch die geringen Masseneinkommen und die dadurch bedingte niedrige Nachfrage behindert.

Ein bei der bisherigen Betrachtung des Außenhandels nicht berücksichtigter Faktor ist der Transithandel, der für Deutschland bis in die 30er Jahre über den Messeort Leipzig zwischen Westeuropa und Osteuropa eine erhebliche Bedeutung gehabt hat, allerdings quantitativen Messungen nicht zugänglich ist. Unter Hinweis auf die Schlüsselstellung Deutschlands und vor allem Leipzigs für diesen gesamteuropäischen Handel wird das Volumen des Transithandels teilweise auf mehr als ein Drittel des gesamten Außenhandels der deutschen Staaten geschätzt.

Der Binnenhandel

Der *Binnenhandel* Mitteleuropas war im ersten Drittel des 19. Jahrhunderts noch *nicht weit entwickelt:*

- Da *Nahrungsmittel* noch den größten Teil der Einkommen der breiten Bevölkerungsschichten beanspruchten, waren naturale (und *Selbstversorgungs-)*Vorgänge noch weit verbreitet. Der Handel zwischen Produzenten und Verbraucher bestimmte das Marktgeschehen.
- Der Grundbedarf an *gewerblichen Produkten* wurde hauptsächlich vom *Handwerk* befriedigt, so daß sich auch hier ein selbständiger Handel nur in geringem Maße ausbilden konnte.
- Im Prinzip gab es daher einen *speziellen Binnenhandel* vor allem *für überregional produzierte* und gehandelte *Produkte*:
  - *Eisenwaren*händler für die Erzeugnisse der eisenproduzierenden und -verarbeitenden Gebiete (z. B. aber auch hier noch häufig enge Verbindung zum Produktionsbereich; z. B. Friedrich Harkort).
  - Händler für *Tuchwaren, Steingut, Tabak, Seidenwaren* usw., d. h. für den gehobenen Bedarf.
  - *Kolonialwarenhändler.*

In ländlichen Gegenden wurden aber auch diese Produkte von allgemeinen Händlern (Krämern usw.) umgesetzt und nicht oder nur selten vom Spezialhändler, da eine zu geringe Zahl von Nachfragern für jede spezielle Ware vorhanden war.
Im Durchschnitt größerer Gebiete waren um 1800 in Deutschland vorhanden je 1.000 Einwohner:

- 2 bis 2,5 Höker, Materialhändler, Kaufleute und andere Händler mit einem breiten Sortiment.
- 1,5 bis 2,5 auf einzelne Warengruppen spezialisierte Händler (Nahrungs- und Genußmittel, Textilien, Eisenwaren, Pferde und andere Waren).

Bis 1835 war die Zahl der Händler von etwa 4 bis 5 je 1.000 Einwohner auf 10 angestiegen. Dieser Ausdehnung des Handels stand aber im ersten Drittel des 19. Jahrhunderts keine wesentliche Veränderung der pro 1.000 Einwohner gehandelten Mengen gegenüber – abgesehen von einer zunehmenden Marktverflechtung in den wenigen sich schneller entwickelnden Städten –, so daß man eine Minderung auch der aus der Handelstätigkeit fließenden Einkommen vermuten muß.

c) Das Geld- und Bankwesen

Das Geldwesen

Es gab in Deutschland nach den regionalen Vereinheitlichungsbestrebungen in vorindustrieller Zeit im wesentlichen *zwei Münzgebiete:*

- Das *Talergebiet* in Norddeutschland
- Das *Guldengebiet* in Süddeutschland und in Österreich.

Das *Geldwesen* ist aber in den meisten Staaten Deutschlands (und Europas) in dieser Zeit keineswegs geregelt gewesen. Es war im allgemeinen wie folgt gekennzeichnet:

- *Münzmetall* war die offizielle Grundlage der jeweiligen Währungen (z. B. in Preußen von 1753 bis 1873, d. h. bis zum Übergang zur Markwährung, 16,7 g Ag = 1 Taler).
- Der Staat gab neben den so ausgeprägten Münzen (und minderwertigen Scheidemünzen) mehr Geld aus als er sich durch seine Einnahmen und durch die Neuprägung verschaffen konnte. Daher wurde *Papiergeld* oder papiergeldähnliche Staatsscheine verwendet. Z. B. in Preußen um 1800
  - 1,325 Mill. Taler Notenemissionsrecht der Königlichen Giro- und Lehn-Banco.
  - 1 Mill. Taler Banco-Obligationen.

  Hinzu kamen Staats- und Tresorscheine des Staates. Da die königlichen Kassen verpflichtet waren, diese Papiere sämtlich zum Münzmetallkurs von 16,7 g Ag = 1 Taler anzunehmen, was der Staat bei einer begrenzten Ausgabe garantieren konnte, war eine Unterbewertung der Papiere nicht zu erwarten.

  Nicht alle Staaten verfuhren jedoch in dieser Weise, so daß Staatspapiere nicht selten unter dem Nennwert gehandelt wurden (z. B. Frankreich).
- Mit dem Auftreten *zusätzlicher Anforderungen an die Staatskasse,* insbesondere durch Kriege, trat die Versuchung auf, mit Hilfe der *„Notenpresse“* den eigenen Geldbedarf unabhängig von der Einlösungsmöglichkeit zu befriedigen:
  - Frankreich: 1793 = 4 Mrd. Fr. Papiergeld: Kurssenkung auf 22%.

	1796	=	45 Mrd. Fr. Papiergeld: Kurssenkung auf 0,5%.
– Österreich:	1816	=	4 Mrd. Fr. Papiergeld: Kurssenkung und offizielle Abwertung auf insgesamt 7%.
– Preußen:	1807	=	3 Mill. Taler Tresorscheine: 1813 = Kurssenkung auf 24%, 1815 = Kurs 99,5%.

Die preußischen Staatspapiere fielen allgemein im Zusammenhang mit Niederlagen, französischen Kontributionsforderungen usw. in den Napoleonischen Jahren. Der aber immer wieder gezeigte Wille zur Pari-Einlösung hob den Kurs (vgl. 1815) und sicherte dadurch den preußischen Staatskredit.

Allgemein läßt sich sagen:

- Die Ausgabe von Papiergeld in Grenzen konnte die Liquidität der Wirtschaft verbessern und war bei einer zunehmenden Ausdehnung des Marktgeschehens vor allem auch deshalb erforderlich, weil die nur langsame Steigerung der Goldförderung keine Zunahme des gegenüber Silber je Werteinheit leichteren Goldes bringen konnte.
- Zugleich war aber damit für den Staat auch die Versuchung vorhanden, durch eine übermäßige Papiergeldemittierung, meistens verbunden mit einer fehlenden Annahmeverpflichtung durch die Staatskassen, eine „billige" Beschaffung staatlicher Mittel in Gang zu setzen.

– Neben dem staatlichen Papiergeld begannen im ersten Drittel des 19. Jahrhunderts auch die *privaten Notenbanken,* den Geldmarkt zu beeinflussen. In Deutschland zog man allerdings aus der schlechten Erfahrung mit Papiergeld den Schluß, daß private Notenemissionen unterbleiben sollten. Bis 1834 sind hier lediglich zu nennen:

- Die 1824 gegründete „Ritterschaftliche Privatbank" zu Stettin mit einer staatlichen Konzession von 1 Mill. Taler Banknotenausgabe. Nach 1831 wurden die Banknoten eingezogen.
- Der 1831 gegründete „Kaufmännische Kassenverein zu Berlin". Die Mitglieder hafteten für die mit Banknotenfunktion ausgegebenen Kassenscheine.

1836 wurden in Preußen sämtliche Banknoten eingezogen. Man wollte in Zukunft nur noch Kassenanweisungen als Staatspapiergeld ausgeben.

- Das Geldwesen der übrigen deutschen Staaten unterschied sich meistens vom preußischen lediglich durch die schlechtere Schuldnermoral bei Staatskrediten.

Das Bankwesen

Die bis in die 30er Jahre des 19. Jahrhunderts in Deutschland vorhandenen Banken lassen sich in folgende Typen einteilen:

- *Notenbanken*: Diese konnten sich in Deutschland nur begrenzt durchsetzen. Sie standen in staatlicher Abhängigkeit oder wenigstens unter staatlicher Aufsicht (Königl. Giro- und Lehnbanco in Berlin, 1765 gegründet; Ritterschaftliche Privatbank zu Stettin, 1824; Kaufmännischer Kassenverein zu Berlin, 1831). In anderen europäischen Ländern, vor allem in England, bestand meistens eine größere Notenbankfreiheit. So gab es in England um 1790 350 sog. Zettelbanken, und auch nach einem Reinigungsprozeß existierten nach den Napoleonischen Jahren immer noch mehr als 100. Sie arbeiteten zum überwiegenden Teil ohne staatliche Konzessionen und boten einen sehr beweglichen Geld- und Kapitalmarkt, was vielleicht mit der schon weiter als auf dem Kontinent fortgeschrittenen Industrialisierung zusammenhängen mag.
- (Kommunale) *Sparkassen* als Hilfskassen für Notfälle: z. B. Waisenkasse Salem (1749); Fürstliche Leihkasse Braunschweig (1765); Sparkassen Kiel (1796); Altona (1801); Göttingen (1801). Zweck dieser Kassen war es, durch die Möglichkeit kleinerer Sparbeträge dem einzelnen einen Notgroschen zu verschaffen (Einlagen der mehr als 150 Sparkassen 1835: 56 Mill. Mark).
- *Privatbanken*: Diese gingen meistens aus Handelsgeschäften oder Gewerbebetrieben hervor, z. B. das Bankhaus Herstatt in Köln, das zunächst ab 1790 neben einer Seidenweberei Bankgeschäfte betrieb, dann aber die Seidenweberei gänzlich aufgab. Die wichtigsten Bankplätze waren Köln, Frankfurt, Hamburg und Nürnberg in Anknüpfung an wirtschaftliche Betätigungen, ferner Wien

und Berlin auf Grund des mit der Hauptstadtfunktion dieser Städte auftretenden zusätzlichen Bedarfs an Banktätigkeiten (Wien und Berlin erlangten ihre Bedeutung jedoch erst im zweiten Drittel des 19. Jahrhunderts).

- *Kreditanstalten*: Hier sind vor allem die „Landschaften“ zu nennen: Schlesien 1770, Brandenburg 1777, Pommern 1781, Westpreußen 1787, Ostpreußen 1788, Mecklenburg 1818, Posen 1821, Württemberg (Kreditverein) 1825, Sachsen 1844 und Braunschweig 1862.

  Die Landschaften beruhten auf einer von König Friedrich II. von Preußen aufgegriffenen Idee des Kaufmanns Büring (Pfandbrief mit Gesamthaftung statt Individualhaftung). Die Sicherheit für die Geldgeber und damit die Darlehensbedingungen für die Geldnehmer konnten dadurch günstiger ausfallen (geringerer Risikoanteil am Schuldendienst).

Die *Bankgeschäfte* beschränkten sich hauptsächlich auf:

- Wechselgeschäfte (Diskontieren von Wechseln),
- Giroverkehr,
- Aufnahme von Depositengeldern, vor allem von mündelsicher anzulegenden Geldern (durch Landschaften und staatliche Banken),
- Notenausgabe,
- Auszahlung hypothekarisch gesicherter Darlehen und
- Vermittlung von Staatskrediten.

Im europäischen und deutschen Bereich kann man unterscheiden:

- Die wichtigsten Bank- und Finanzplätze: London und Amsterdam, nach den Napoleonischen Kriegen daneben Paris, Frankfurt, Hamburg und Wien.
- Frankfurt erhielt eine zentrale Funktion für das deutsche Gebiet, insbesondere für Süddeutschland und Österreich.
- Köln war mehr auf das an Rhein und Ruhr sich entwickelnde Gewerbe ausgerichtet.
- Hamburg beteiligte sich vor allem an der Finanzierung des überseeischen Handels.
- Berlin gewann als Börsenplatz seine Bedeutung für das östliche Europa (z. B. auch für Rußland).

Insgesamt ist das *Bankwesen in Deutschland im ersten Drittel des 19. Jahrhunderts* aber immer noch *mehr* auf die Finanzierung des *Staatskredit*bedarfes und *weniger* auf die Sammlung von Kapital für die *Wirtschaft* ausgerichtet.

4. Das öffentliche Finanzwesen

Die öffentlichen Einnahmen

Am Ende des 18. Jahrhunderts bestanden die *Staatseinnahmen* aus folgenden fünf großen Blöcken:

- 30 v.H. Domänen, Forsten,
- 12 v.H. Staatliche Gewerbeanstalten, Regalien,
- 25 v.H. Direkte Steuern,
- 30 v.H. Indirekte Abgaben,
- 3 v.H. Neuverschuldung.

Der Finanzbedarf der Napoleonischen Zeit (Kriegsführung, Kontributionen und Kriegsfolgekosten) war so groß, daß die normalen Einnahmen dazu nicht ausreichten. Man erhöhte deshalb vor allem die Staatsverschuldung, vgl. Tabelle 6.

Tab. 6: Entwicklung der Staatsschulden je Kopf der Bevölkerung in Preußen und Baden (in Mark = 5,56 g Ag)

Jahr	Preußen	Jahr	Baden
1790	9,0	1788	2,4
1807	30,0	1808	41,7
1820	60,0	1820	38,0
1835	48,0	1835	38,0

Von den 35 Staaten des Deutschen Bundes verringerten lediglich Preußen und Lippe-Detmold in den folgenden Jahrzehnten die Staatsschuld (bis zur Mitte des 19. Jahrhunderts um etwa 20 bis 25 v.H.). Bei allen anderen Staaten vermehrte sie sich.

Die Struktur der Staatseinnahmen wandelte sich bis 1835 kaum. In den letzten Jahren dieser Periode verringerte sich der Anteil der aus Domänen und Forsten stammenden Einnahmen und erhöhte sich der Anteil aus den indirekten Abgaben und Zöllen. Damit bahnte sich eine Entwicklung an, die vor allem das zweite Drittel des 19. Jahrhunderts prägte und den Verbraucher (= Bezieher kleiner Einkommen) stärker belastete, während der Beitrag der Landwirtschaft relativ (nicht absolut) zurückging.

Die *kommunalen Einnahmen* waren wie das gesamte Finanzwesen der Gemeinden bis zum Ende des 18. Jahrhunderts dadurch geprägt, daß der (absolutistische) Staat möglichst alle Aufgaben an sich zog. Die Gemeindeeinnahmen bestanden insbesondere aus:

- Abgaben pro Kopf (Kopfschoß) und von Vermögen und Einkommen.
- Gebühren für die Erlangung des Bürgerrechtes.
- Eine Grundstücksumsatzsteuer, die z. B. in Halle a.d.S. bei 3,5% der Grundstückswerte lag und ein Drittel der Stadteinnahmen ausmachte.
- Hinzu kamen Bier-, Wein- und andere Steuern auf stadtfremde, eingeführte Waren (neben der staatlichen, zunächst noch am Stadttor erhobenen Akzise).

Die öffentlichen Ausgaben

Die wichtigsten *Ausgaben des Staates* waren die Militärausgaben, die in der Napoleonischen Zeit noch durch allgemeine Kriegsausgaben ergänzt wurden:

- 38 v.H. Militärausgaben
- 23 v.H. Hofausgaben
- 25 v.H. Zivilausgaben
- 14 v.H. Schuldendienst

Dieses Gesamtbild für Deutschland um 1800 ist aber noch zu differenzieren:

- zeitlich:
  - Der Anteil des Schuldendienstes stieg bis etwa 1820 an.
  - Ab 1820/25 führten die Ausgaben für die Vorfinanzierung der Bauernbefreiung (Ablösungen) und für den Ausbau des Chausseenetzes zu einer Erhöhung des Anteils der Zivilausgaben.

- nach Ländergröße:
  - Mit zunehmender Ländergröße stieg der Anteil der Militärausgaben, offensichtlich weil eine internationale Machtstellung militärisch abgesichert werden sollte (und mußte) (Preußen = 40 v.H.; Schwarzburg-Sondershausen = 7 v.H.).
  - Mit zunehmender Ländergröße ging der Anteil der Ausgaben für den fürstlichen Hof zurück (Preußen = 5 v.H.; Mecklenburg-Strelitz = 40 v.H.).

Im ersten Drittel des 19. Jahrhunderts war damit die Ausgabenseite der Staatsfinanzen geprägt durch:

- Die Bewältigung der finanziellen Belastung durch die Ereignisse bis 1815.

- Die (Vor-)Finanzierung der Agrarreformen.

- Den Ausbau der sog. Infrastruktur: Straßenbau, aber auch Bildungswesen (allgemeinbildende Schulen, Gewerbeschulen).

Bei den *Gemeinden* waren die *Ausgaben* vor allem durch die Notwendigkeit bestimmt, die große Zahl der Stadtarmen, die bis zu 10 v.H. der städtischen Bevölkerung ausmachten, zu versorgen. Straßenbau und Schulbau waren die wichtigsten weiteren Aufgaben. Die zur Verfügung stehenden Mittel waren aber sehr begrenzt. Damit gingen *Einflüsse vom* staatlichen und kommunalen *Finanzwesen auf Wirtschaft und Gesellschaft* in folgender Weise aus:

- Die *Infrastruktur* wurde durch Chausseebau und Erweiterung des Bildungswesens mit überregionaler Bedeutung (Gewerbeschulen usw.) verbessert.

- Das *steigende* Gewicht der *indirekten Abgaben* verschlechterte die persönlichen Einkommen, die bereits durch die in den Jahren ab 1824 *fallenden Reallöhne* beeinträchtigt wurden.

- Die zunehmende *Finanzierung* des Lebensunterhaltes *der Armen* belastete die städtischen Haushalte und verhinderte eine stärkere Ausrichtung auf städtische Investitionen (Straßen, Schulen, Krankenversorgung).

5. Die soziale Lage

Die soziale Lage der Bevölkerung wurde im ersten Drittel des 19. Jahrhunderts durch mehrere Faktoren beeinflußt:

Die Einkommenslage

Hier lassen sich folgende Phasen unterscheiden:

- *Bis 1805* bei *steigenden Nahrungsmittelpreisen* (Abb. 14, S. 56) und sinkenden Reallöhnen (Abb. 7, S. 27):
  - Menschen mit Lohnarbeit waren in Not, weil die Reallöhne zurückgingen.
  - Menschen ohne Arbeit waren in Not, weil sie kein Einkommen hatten.
- *1806 bis 1819:*
  Bis auf die Jahre 1810 und 1811 lagen die *Agrarpreise zu hoch* und damit die Reallöhne zu niedrig, um selbst in Arbeit stehende Personen ausreichend zu versorgen.
- *1820 bis 1826:*
  Die Not beschränkte sich auf Grund *sinkender Agrarpreise* bald auf *Bevölkerungs*gruppen *ohne Arbeit* und auf die *landwirtschaftliche Bevölkerung,* die in ihren Einkommen durch die niedrigen Preise (und häufig noch durch die Ablösungsverpflichtungen aus der Bauernbefreiung) empfindlich getroffen wurde.
- *1827ff.*:
  Auf Grund der *wieder ansteigenden Agrarpreise* und zurückbleibender Löhne gerieten nach und nach auch diejenigen Einwohner in Not, die ein Arbeitseinkommen hatten. *Kinder und Frauen* mußten *verstärkt* von den Familien *zur Arbeit* geschickt werden, erhöhten damit die Arbeitslosigkeit unter den Lohnarbeitern und drückten die Löhne.
- In der schon außerhalb des ersten Drittels des 19. Jahrhunderts liegenden Zeit (etwa *ab 1840/45)* nahm die *Verstädterung* immer mehr zu, so daß zunächst noch der Mangel an Industriearbeitsplätzen die vorindustrielle Armutssituation verschärfte und auf Grund des erhöhten Bedarfes in städtischer Umgebung (z. B. Fehlen primärer Hilfe aus Familie und Nachbarschaft) diese Not noch verstärkt wurde.

- Erst *ab etwa 1855* wurde dann die vorindustrielle Notsituation, nicht aber die Armut (der Pauperismus) durch die zunehmende Schaffung industrieller Arbeitsplätze beseitigt. Es entstand eine neue, eine *Armutssituation der Industriegesellschaft.*

Die Arbeitsbedingungen

Einen Schutz der Arbeitenden gab es bis zur Mitte der 30er Jahre nicht.

- Die *Gestaltung des Arbeitsplatzes,*
- die *Arbeitszeit* und
- die *Verpflegungsmöglichkeiten* während der Arbeit konnten *von den Arbeitgebern* völlig *frei bestimmt* werden.

Lediglich die Erhaltung der Arbeitskraft und die Vermeidung von die Produktion beeinträchtigenden Vorfällen konnten eine positive Beeinflussung der Arbeitsbedingungen bewirken. Die große Zahl der Arbeitsuchenden drängte aber die Arbeiter in die schlechtere Position. Kinderarbeit und Frauenarbeit, typische Kennzeichen einer unterentwickelten und mit umfangreicher Arbeitslosigkeit durchsetzten Wirtschaft, waren verbreitet. Die Arbeitszeit betrug 13 Stunden bei Tagarbeit und 11 Stunden bei Nachtarbeit (auch für Kinder ab 4 Jahren) und bis zu 16 und 18 Stunden pro Tag bei fehlenden Nachtschichten. Der Jahreslohn lag für diese Kinder bei 20 bis 30 Taler, je nach Lebensalter (und Leistung). Erwachsene erhielten etwa 80 Taler bei vergleichbarer Tätigkeit (Spinnereiarbeit), ohne allerdings das Drei- bis Vierfache zu produzieren, d. h. die Lohnkosten lagen je Produkteinheit bei Kinderarbeit niedriger. „Bleiche Gesichter, matte und entzündete Augen, geschwollene Leiber, aufgedunsene Backen, geschwollene Lippen und Nasenflügel, Drüsenanschwellungen am Halse, böse Hautausschläge und asthmatische Zustände unterscheiden sie in gesundheitlicher Beziehung von anderen Kindern derselben Volksklasse, welche nicht in Fabriken arbeiten“ (nach einem amtlichen Bericht der preußischen Regierung aus dem Jahre 1824, vgl. F. Syrup).

Die allgemeinen Lebensbedingungen

Hier sind vor allem die schlechten *Wohnverhältnisse* zu nennen (wenige Quadratmeter pro Person; dichte Bebauung), mit allen physischen und psychischen Nachteilen (Die extremen Auswüchse entstanden massenweise aber erst im letzten Drittel des 19. Jahrhunderts). Sie waren ebenso wie die am Rande des Existenzminimums sich bewegenden *Ernährungsverhältnisse* Folge der niedrigen

Realeinkommen. Diese Zustände waren der realgeschichtliche Hintergrund für die Formulierung des „ehernen Lohngesetzes" durch F. Lassalle. Der fehlende Schutz vor Witterung (*Kleidung* und *Heizung*) und *einkommensmindernden Unglücksfällen* ergänzten dieses Bild der sozialen Lage der Lohnabhängigen vor allem im gewerblichen Bereich, während die in der Landwirtschaft Tätigen durch Naturalleistungen der Arbeitgeber für Nahrung, Heizung und Wohnung etwas besser gestellt waren. Die Zahl der vom Lohneinkommen Abhängigen nahm aber auch auf dem Lande zu:

- Durch den Bevölkerungszuwachs, der bereits seit der Mitte des 18. Jahrhunderts die unterbäuerlichen Schichten mehr als verdreifacht hatte.
- Durch den Übergang von der Fronarbeit zur Lohnarbeit.
- Durch die Landverluste der kleinen Landbesitzer in der Zeit nach 1816 in Preußen.

Die Verringerung der Bevölkerungsanteile mit Landnutzung und die zunehmende Verstädterung (vgl. Abb. 10, S. 31 für die Urbanisierung) zeigen, daß die Zahl der Menschen, deren soziale Lage sich immer mehr verschlechterte, ständig zunahm. Da es sich hierbei um eine nicht auf Deutschland beschränkte Erscheinung handelte, war ein Ausweichen gegenüber dieser Situation schwierig. Die *Auswanderung* mußte sich daher auf wenige Zielländer beschränken:

- Nach *Osteuropa (z. B. Rußland)* gingen zwei Auswandererströme:
  - Gewerblich vorgebildete Personen wurden in neuen Gewerbezentren angesiedelt (Textilgewerbe: Lodz).
  - Ländliche Auswanderer wurden als Bauern in der Dobrudscha, in Transkaukasien und in Südrußland angesiedelt (von 1816 bis 1826 wanderten etwa 250.000 Menschen nach Rußland aus).
- Daneben ging seit 1815 ein ständiger Strom von Auswanderern in die USA und andere *überseeische Gebiete*, der allerdings mit etwa 100.000 Personen bis 1835 noch nicht das Ausmaß der Abwanderungen nach dem Osten erreicht hatte.

Die Zeiten der Nahrungsmittelknappheit (Teuerungsjahre, Hungerperioden) erhöhten die Zahl der Auswanderer (1816/17, 1828, 1831), Nahrungsmittelüberfluß und niedrige Agrarpreise dämpften die Auswanderung. Dies ist als ein Indiz dafür anzusehen, daß nicht begüterte Schichten (Bauern, wohlhabende Handwerker und Händler) auswanderten, sondern von Lohn lebende Bevölkerungsgruppen einschließlich schlecht verdienender Handwerker, die keine oder nur eine geringe Landnutzung hatten. In der Zeit von 1815 bis 1835 sind mehr als 400.000 Menschen aus Deutschland ausgewandert, ein Zeichen für die Labilität der sozialen (und in geringem Maße auch der politischen) Verhältnisse.

Die Berichte über die *schlechte wirtschaftliche Lage* breiter Bevölkerungsschichten in den Städten und auf dem Lande sind zahlreich. Die in der Einleitung wiedergegebene und aus verschiedenen Quellen zusammengestellte Kurve der Reallohnentwicklung zeigt nur das Einkommen eines Vollbeschäftigten. Die zunehmende *Arbeitslosigkeit* oder wenigstens Unterbeschäftigung *hatte mehrere Ursachen:*

- Die *Wirtschaftsstruktur* war zu lange hinter der englichen Entwicklung (Produktionstechnik, Industrialisierung) zurückgeblieben, so daß
  - die *Ausfuhren* und damit die gewerbliche Beschäftigung nicht im erforderlichen Maße erhöht werden konnten und
  - die *Löhne* waren in Deutschland zu niedrig, so daß sich die Mehrheit der Bevölkerung auf den Erwerb der nötigsten Waren für Nahrung, Kleidung und Wohnung beschränken mußte und zum Teil nicht einmal diese erwerben konnte. Der Binnenmarkt für gewerbliche Produkte war unterentwickelt.
- Die beginnende Industrialisierung in England führte zum Aufkommen *zyklischer Bewegungen* (vgl. Schlußteil dieses Buches) in der gewerblichen Produktion. Bis dahin waren Krisen im gewerblichen Sektor in erster Linie durch Nachfrageschwankungen der landwirtschaftlichen Einkommensbezieher hervorgerufen worden, die bedingt wurden durch Ernteschwankungen (kurzfristige Krisen) oder durch säkulare Mißverhältnisse zwischen Nahrungsmittelproduktion und Bevölkerungsentwicklung, etwa die Bevölkerungsreduzierung durch Pest oder langanhaltende Kriege (langfristige Krisen) (W. Abel, F. Braudel).

  Das Zusammentreffen beider (der agrarisch induzierten und der gewerblichen) Krisenarten war in Deutschland erstmals 1825 und

1826 zu beobachten. Die fortwährende (strukturelle) Arbeitslosigkeit wurde so durch eine konjunkturelle im Abstand weniger Jahre verstärkt.

Die schlechte soziale Lage breiter Bevölkerungsschichten in den Städten beanspruchte die *städtischen Finanzmittel* in großem Umfang. *Bemühungen zur individuellen Betreuung der „Armen“*, d. h. derjenigen Bevölkerungsschichten, die kein eigenes Einkommen zur Bestreitung der notwendigsten Lebenshaltungskosten hatten, setzten bereits am Ende des 18. Jahrhunderts *in einigen Städten* ein und entwickelten sich im 19. Jahrhundert weiter (Armenwesen). Hier sind vor allem als Beispiele zu nennen:

- *1788*: Errichtung der *„Allgemeinen Armenanstalt“* in *Hamburg;* Bemühungen des Grafen Rumfort zur Versorgung der Armen in Bayern (Ernährungshilfen durch die für Arme zubereitete „Rumfort“-Suppe).
- *1852*: Hilfen durch das *„Elberfelder System“*: Freiwillige Bürgerhilfen brachten eine erste systematische Zusammenfassung und Organisation der Hilfen durch eine Kombination der kommunalen Aktivität und der Hilfstätigkeit der Bürger.

Das Elberfelder System wie auch seine Vorläufer zielten darauf ab, den Armen individuell zu helfen und sie überwachend zu unterstützen. Ein *durchschlagender Erfolg* war diesen Bemühungen *versagt.*

Die erste Industrialisierungsphase (1835 bis 1873)

1. Inhalt und Ansatzpunkte der Industrialisierung

a) Begriff und zeitliche Einordnung

Die *Begriffe* Industrie und Industrialisierung wurden und werden *nicht* immer in *einheitlichem* Sinne gebraucht. Im wesentlichen ist zu unterscheiden:

- *Industrie* = *Gewerbefleiß*. In Deutschland im 17., 18. und 19. Jahrhundert weit verbreitet als Ausdruck jeder menschlichen Tätigkeit in allen Wirtschaftszweigen („Urbarmachung eines wüsten Bruches" oder Einrichtung einer „Kuhmelkerey" ist nach Benekendorf, Oeconomia forensis (1776), „Wirtschaftsindustrie").
- *Industry* = *Gewerbe* nach Adam Smith (1723 bis 1790). Er unterscheidet:
  - Merkantilsystem: Wirtschaftspolitik zur Erreichung einer aktiven Handelsbilanz (vgl. S. 86).
  - Agrikultursystem: Die Landwirtschaft begründet den Wohlstand eines Volkes (Physiokraten) und ist daher zu fördern.
  - Industriesystem: Nicht der Boden wie im Agrikultursystem, sondern die Arbeit bewirkt die Schaffung eines neuen Wertes und damit den Wohlstand (ein wichtiger Ansatzpunkt für Marx' „Mehrwert der Arbeit").
- *Industrie* und Industriesystem sind nach Saint Simon synonym für *alle technisch hochstehenden Tätigkeiten* im Gewerbe, in der Landwirtschaft und auch in der Kunst.
- *Industrie* wurde in Deutschland im 19. Jahrhundert teilweise jedes *Großgewerbe* unabhängig vom technischen Stand der Produktion genannt.

Hier verwendeter Begriffsinhalt:

Industrie = maschinenorientierte Arbeit im gewerblichen Bereich.
Industrialisierung = Übergang von der handarbeitsorientierten zur maschinenorientierten Tätigkeit.

Wichtigste *Kennzeichen* dieses allgemein definierten Vorganges waren:

- *Mechanischer* anstelle von biologischem *Antrieb (Dampfmaschine).*
- Spinnrad wird ersetzt durch *Spindelmaschine.*
- Handwebstuhl wird ersetzt durch *Maschinenwebstuhl.*
- Neue technische Verfahren in der *Eisenerzeugung (Hochofen)* und *Eisenverarbeitung (Walzwerke, Werkzeugmaschinenproduktion usw.).*
- *Eisenbahn, Dampfschiff, Eisenschiff.*

Industrielle Revolution bezeichnet man diesen *Vorgang,* wenn er innerhalb weniger Jahre, d. h. *stürmisch,* verlief (Anlehnung an den Begriff „französische Revolution").

Die zeitliche Einordnung des Industrialisierungsbeginns hängt von der Definition des Begriffes Industrialisierung ab. Da es sich nicht um einen kurzfristigen Vorgang, sondern um einen langwierigen Prozeß gehandelt hat, der vorindustrielle und industrielle Produktionsweise über Jahrzehnte nebeneinander bestehen ließ, ist die zeitliche Fixierung in der Literatur recht unterschiedlich:

- *Rostow* (und im Anschluß an ihn auch andere) sprechen vom „industriellen *take-off*", vom Aufbruch zur Industrialisierung, und verlegen dieses Ereignis für Deutschland in die Zeit *um 1850.*
  Begründung: Erst in dieser Zeit zeigten sich die Kriterien der Industrialisierung:
  - Zunahme der *Nettoinvestitionen* von 5 v.H. und weniger des Nettosozialproduktes auf 10 v.H. und mehr (tatsächlich von 1847 bis 1855 von etwa 4 auf 8 v.H.).
  - Herausbildung von *„führenden Sektoren"* (z. B. Textilindustrie) mit weit höheren Wachstumsraten, so daß allgemein das wirtschaftliche Wachstum (Erhöhung des Pro-Kopf-Volkseinkommens) beschleunigt wird (In Deutschland: Metallgewerbe und Eisenbahnbau von entscheidender Bedeutung, aber kein wirklich „führender Sektor").
  - Schaffung eines politischen, sozialen und *institutionellen Rahmens* als Grundlage für ein „kontinuierliches Wachstum"

- Eine andere Meinung (z. B. *Mottek*) geht davon aus, daß der Beginn der industriellen Entwicklung mit der *Mitte der 30er Jahre* des 19. Jahrhunderts anzusetzen ist.
  Begründung:
  - Im *sozialen Bereich* begann in dieser Zeit der *„vierte Stand"*, d. h. die vermögenslose und daher lohnabhängige Arbeiterschaft, sich so stark auszudehnen, daß man im Zusammenhang mit der Beseitigung der feudalen Abhängigkeiten auf dem Lande (Bauernbefreiung) von der Schaffung einer neuen Gesellschaft sprechen kann. (Die Marxisten und damit auch Mottek sehen hierin und in dem damit in enger Verbindung stehenden Gegensatz zwischen dieser Bevölkerungsgruppe (Klasse) und den über das Privateigentum den Produktionsapparat beherrschenden Unternehmern (Kapitalisten) den Übergang von der Gesellschaftsformation des Feudalismus zu der des Kapitalismus).
  - Die Umwandlungen im sozialen Bereich sind verbunden mit einer in den dreißiger Jahren beginnenden stärkeren Änderung der *Produktionstechnik* (Handarbeit → Maschinenarbeit).
  - Im *ökonomischen Bereich kam es zur Vermehrung von Kapital* (Nettoinvestitionen bei Rostow), und zwar durch eine Zunahme und Konzentrierung dieses Kapitals in den Händen der bisherigen wenigen Kapitalbesitzer größeren Ausmaßes (*Kapitalakkumulation* bei den *„Kapitalisten"*).
  - Der *Handel* wurde durch die Schaffung des Deutschen *Zollvereins* erleichtert und damit
    - die Arbeitsteilung und
    - die Kommunikationsmöglichkeiten im technischen Bereich (1842 Patentübereinkunft innerhalb des Zollvereins als wichtige Voraussetzung hierfür; aber bis zum Patentgesetz von 1887 bestand noch kein ausreichender Patentschutz).
  - Das *Bankwesen* wurde in Deutschland seit den 30er Jahren effektiver gestaltet und war daher zur Finanzierung umfangreicher Investitionen in Industrie und Verkehrswesen in der Lage (Die Industriefinanzierungsbanken entstanden jedoch erst in den 60er und 70er Jahren).

- Das *Verkehrswesen* nahm durch den Eisenbahnbau eine neue Dimension an und erlaubte überhaupt erst, die Industrialisierung in abseits von Küsten und Binnenschiffahrtswegen gelegenen Gebieten, d. h. auf einer breiteren Grundlage, in Gang zu setzen.

Wie sich schon aus der Gliederung dieses Buches ergibt, wird hier der zweiten Meinung gefolgt. Daher sind die Argumente Motteks durch eigene ergänzt worden.

b) Technische Neuerungen als Kern der Industrialisierung

Technische Neuerungen und Erfindungen sind, wenn sie mit Erfolg in den Produktionsprozeß eingeführt werden, in den meisten Fällen das *Ergebnis einer langfristigen* (und nicht selten aufwendigen) *Erprobung.* Der Geistesblitz, der sich sofort in ein praktikables Produktionsverfahren umsetzen läßt, ist die Ausnahme. Daher gehen die meisten technischen Neuerungen, die in ihrer Summe den Kern der Industrialisierung darstellen (Wandlung der Produktionsweise), auf eine bereits im 18. Jahrhundert und früher begonnene Entwicklung zurück. Die patentrechtlichen Bestimmungen Großbritanniens und die Bemühungen, auch nach Ablauf der Patentfristen den technischen Vorsprung zu bewahren, wirkten darüber hinaus einer schnellen Entwicklung entgegen. In England bestanden patentrechtliche Schutzbestimmungen seit 1623, in Frankreich seit 1791, in den USA seit 1790, in Österreich-Ungarn seit 1820; in Deutschland war bis in die Krisenjahre ab 1873 die Meinung vorherrschend, daß ein Patentschutz die Gewerbefreiheit beeinträchtige. Daher kam es erst 1887 zur ersten wirksamen patentrechtlichen Regelung.

Einige Beispiele zeigen die Langfristigkeit der Umsetzung von Ideen in praktikable Anwendungen:

Die Dampfmaschine

Mit der zunehmenden Ausbreitung der gewerblichen Produktion, unter dem Einfluß der merkantilistischen Wirtschaftspolitik, im ausgehenden 17. und beginnenden 18. Jahrhundert beengten zwei Probleme die Entwicklung besonders:

- Der Antrieb von Maschinen.
- Die Versorgung mit Brennmaterial.

Der größte Teil der *Wärmeenergie* stammte noch vom *Holz*. In den verfügbaren Mengen und in der Hitzeentwicklung (z. B. in der Metallgewinnung oder der Glasherstellung) waren hier aber trotz der Benutzung von Holzkohle Grenzen gesetzt, die eine Weiterentwicklung der gewerblichen Produktion hemmten. Kohle konnte in größeren Mengen Abhilfe schaffen, mußte aber dann aus tieferen Schächten gefördert werden. Die *biologischen Antriebskräfte* (Tiere oder Menschen) konnten dabei

- weder die Förderung der Kohle
- noch die Trockenlegung der tiefen Schächte

und damit auch nicht die erforderliche Effektivität der Produktion sicherstellen. Auch der Einsatz der *Wasserkraft* reichte für die Bewältigung dieses Problems nicht aus. Man ging daher zur Nutzung der Dampfkraft über:

- Am Anfang des 18. Jahrhunderts Beginn der Benutzung von dampfkraftgetriebenen Wasserpumpen in englischen Bergwerken (Entwicklung durch Newcomen aus einem Patent Saverys aus dem Jahre 1698).
- Zahlreiche Versuche verschiedener Personen zur Verbesserung der Leistungsfähigkeit dieser Dampfmaschinen im 18. Jahrhundert (z. B. 1722 in Kassel).
- 1763 bis 1784 war es vor allem Watt, der die Technik dieser Antriebsmöglichkeit weiterentwickelte.
- An der Wende zum 19. Jahrhundert begann dann auch der Einsatz der Dampfmaschine als Antriebsaggregat in der übrigen Wirtschaft (1787 in Deutschland im Kupferschieferwerk Rotenburg a.d.Saale die erste – aus England eingeführte – Dampfmaschine).
- Die Eisenbahn und das Dampfschiff veränderten dann im zweiten Drittel des 19. Jahrhunderts auch den Transportsektor (Fulton baute 1807 die erste Schiffsdampfmaschine in New York; Stephenson verband 1814 das Prinzip des Dampfwagens mit den in Bergwerken schon seit mehreren Jahrhunderten gebräuchlichen Schienen).

Ein Schaubild zeigt die *zunehmende Bedeutung der Dampfkraft* in der gewerblichen Wirtschaft Preußens im 19. Jahrhundert. Die tatsächliche Entwicklung hinkte um mehrere Jahrzehnte hinter den technischen Möglichkeiten her.

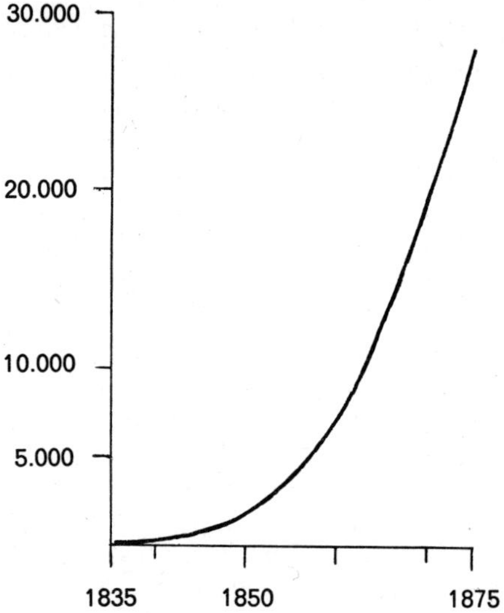

Abb. 19: Zahl der Dampfmaschinen in der gewerblichen Wirtschaft Preußens

In anderen deutschen Ländern verlief die Entwicklung ähnlich, d. h. *anfangs sehr zögernd.* 1914 gab es in ganz Deutschland weit über 100.000 Dampfmaschinen in allen Bereichen der Wirtschaft. Allein die Eisenbahnen hatten 1914 mit 29.000 Lokomotiven soviele mobile Dampfmaschinen wie stationäre Dampfmaschinen in den gewerblichen Betrieben Preußens 1875 vorhanden gewesen sind.

Maschinen der Textilgewerbe

Bei der Herstellung von Textilien und Textilprodukten sind es vor allem drei Arbeitsgänge gewesen, die man durch Maschinen zu beschleunigen und verbilligen versuchte:

- Die *Garnherstellung*:
  - Im *15. und 16. Jahrhundert* Übergang vom *Spinnrocken* zum *Spinnrad.*

  - Im *18. Jahrhundert* die ersten Versuche, die Fäden mit Hilfe einer *mit Wasserkraft getriebenen Maschine* kontinuierlich herzustellen.
  - *1767*: Erfindung der ersten funktionsfähigen *Spinnmaschine*, der sog. *Jenny*, durch den Engländer Hargreave.
  - *1775: Arkwright* verbessert diese Maschine und ermöglicht es, *zahlreiche Fäden (aus Baumwolle)* von gleichmäßiger Festigkeit herzustellen.
  - *Erste Maschinenspinnerei für Baumwolle in Deutschland*: In *Cromford bei Ratingen* durch den Kaufmann Brögelmann aus Elberfeld in den Jahren 1781/84, zunächst 1781 Aufstellen einer Kratzmaschine, 1784 Erteilung eines Privilegs zur Errichtung einer „Kraz Hand und Spinn Maschine".
  - Die *Garn*herstellung *aus Wolle und Flachs* war technisch schwieriger und begann *mit einer zeitlichen Verzögerung* von etwa zwei Jahrzehnten.

- Die *Gewebeherstellung*:
  - *1785*: Erfindung des *mechanischen Webstuhls* durch den Engländer *Cartwright* (Herstellung einfacher Gewebe ohne Muster).
  - *1805*: Unter Benutzung einiger von Bouchon, Falcon, Regnier und Vaucanson gemachter Erfindungen schuf Jacquard den sog. *Jacquard-Stuhl*, mit dem auch sehr komplizierte Muster gewebt werden können.
  - Der *mechanische Webstuhl* setzte sich erst sehr *langsam im deutschen Textilgewerbe* durch.

- Die *Verarbeitung der Gewebe:*
  - Erfindung der *Nähmaschine 1830* durch *Madersperger* und (unabhängig hiervon) durch *Thimmonier.*
  - *Nach 1850* erfolgten einige Verbesserungen, so daß die Nähmaschinen bald auch *im Hausgewerbe* im Rahmen der großbetrieblichen Produktion (Verlag) verbreitet waren.

Metallherstellung und -verarbeitung

In der Metallherstellung sind zwei Vorgänge durch die Industrialisierung beeinflußt worden:

- Die *Gewinnung des Rohmetalles,* insbesondere des Eisens, aus den Erzen:
  - Beim Eisen ging man seit *Anfang* des *18. Jahrhunderts* in England und Ende des 18. Jahrhunderts auch in Mitteleuropa (*Oberschlesien*) beginnend von der Holzkohle zum Koks über. (Dieser Prozeß war erst um 1870 abgeschlossen).
  - Die *Kapazität* der einzelnen Hochöfen und damit die Leistungsfähigkeit der eisenherstellenden Gewerbe wurden auf Grund der Benutzung von Koks und durch die Erforschung der Vorgänge in den Hochöfen (Carstens seit 1814) erheblich erweitert. Leistung *der Hochöfen* im Jahr:

    1800 = 600 t Roheisen
    1835 = 2.000 t Roheisen
    1875 = 10.000 t Roheisen
    1913 = 30.000 t Roheisen
  - Diese Leistungssteigerung war nur möglich durch eine genaue *Erforschung der Umsetzungen im Hochofen* und durch eine dementsprechend angepaßte Zufuhr an Materialien, Gasen und Wärme.
- Die weitere *Verarbeitung* des Metalles mit folgenden Neuerungen:
  - 1805: Die *Luppenquetsche* (zum Ausschmieden der glühenden Luppen).
  - 1814: *Nutzung der Gichtgase* (Hochofengas) zum Rösten der Erze.
  - 1836: *Frischen* (Reinigen) des Roheisens *mit Gichtgasen.*
  - 1837: Puddeln des Roheisens ebenfalls mit Gichtgasen (*erstes Puddelwerk* zur Stahlherstellung in Deutschland, *1819* von *Friedrich Harkort* errichtet).
  - 1855/56: Stahlherstellung durch Einpressen von Luft in ein mit Roheisen gefülltes Gefäß (Birne; *Bessemer-Verfahren*) erlaubte erstmals, Stahl in großen Mengen herzustellen. Dieses Verfahren wurde erst in den letzten Jahren, d. h. nach mehr als 100 Jahren, durch die sog. Oxygen-Stahlwerke abgelöst.
  - 1865: *Martinofen* zur Herstellung von Flußstahl.
  - 1879: Weiterentwicklung des Bessemer-Verfahrens durch *Thomas,* so daß nunmehr auch *phosphorhaltiges Erz* (z. B. aus Lothringen) verarbeitet werden konnte.

Neben der Metallherstellung und der ersten Weiterverarbeitung sind vor allem auch die technischen Neuerungen im Maschinenbau für die Industrialisierung von großer Bedeutung gewesen, zumal da man das Wesen der Industrialisierung im Übergang von der Handarbeit zur Maschinenarbeit sieht. Der *Maschinenbau* hat eine große Zahl von technischen Neuerungen gebracht:

- *Werkzeugmaschinen*: Drehbänke, Hobel-, Feil-, Bohr- und andere Maschinen.
- *Textilmaschinen*
- *Be- und Verarbeitungsmaschinen*: Mühlenwerke, Sägewerke, landwirtschaftliche Maschinen usw. Fast jeder Produktionszweig wurde im Laufe des 19. Jahrhunderts durch die Übernahme von Maschinen stark beeinflußt.

Andere Erfindungen und Neuerungen

Aus der großen Zahl der Erfindungen, die später die Produktionssphäre und das tägliche Leben erheblich beeinflußt haben, seien einige genannt:

1812 König: Zylinderdruckmaschine (Schnellpresse)
1817 von Drais: Fahrrad
1824 Aspdin: Künstlicher (Portland-) Zement
1827 Ressel: Schiffsschraube
1834 McCormick: Getreidemähmaschine
1834 Jacobi: Batteriegespeister Elektromotor
1839 Nasmyth: Dampfhammer
1846 von Siemens: Elektrischer Zeigertelegraph
1863 Bullock: Rotationsdruckmaschine
1866 von Siemens: Dynamomaschine
1868 Westinghouse: Druckluftbremse

Ab 1875 folgten dann zahlreiche weitere Erfindungen: Ammoniak-Kältemaschine, elektrische Lokomotive, Verbrennungsmotor, Luftreifen, Flugzeug, Dieselmotor usw.

Eine Fülle auch von nur kleinen Verbesserungen der Technik (Patentanmeldungen in Deutschland um 1880: 4.000/Jahr; um 1910: 12.000/Jahr) begleitete und förderte die allgemeine Entwicklung der sich industrialisierenden Wirtschaft.

Technische Schulen

Die *technische Entwicklung* beruhte aber *nicht nur* auf den *Erfindungen* und Neuerungen. *Vielmehr* wurde sie *auch* von einer großen Zahl technisch interessierter Leute beeinflußt, die z. T. aus den neuerrichteten *technischen Schulen* kamen:

- 1820: *Berliner Gewerbeinstitut* (von Beuth gegründet; Schüler dieses Institutes ist z. B. Borsig gewesen).
- 1825 Karlsruhe, 1826 Darmstadt, 1827 München, 1828 Dresden, 1829 Stuttgart, 1831 Hannover, 1862 Braunschweig, 1870 Aachen, 1904 Danzig (Die meisten dieser Schulen begannen als *Polytechniken* und wurden bis zum Ende des 19. Jahrhunderts *Technische Hochschulen*).
- *Daneben* wurden auch schon *einfache Fachschulen*, die man heute als Berufsschulen bezeichnen würde, für 15- bis 17jährige eingerichtet (Besuch 2 bis 6 Stunden je Woche; nur für männliche Schüler). Z. B. württembergisches Gesetz von 1836: Unterricht über Gegenstände, „die für das bürgerliche Leben vorzugsweise von Nutzen sind".
- *Spezialschulen:*
  - *Baugewerkschulen*: 1823 München, 1830 Holzminden, (bis 1914 mehr als 50 Schulen für Hoch- und Tiefbau).
  - *Textilschulen*: einfache Spinn- und höhere Webschulen: Elberfeld, Berlin, Mülheim, Krefeld usw.
  - *Uhrmacherschulen* und *Strohflechteschulen* in Baden und Sachsen zeigen, wie weit die Spezialisierung des gewerblichen Schulwesens ging.

c) Ansatzpunkte der Industrialisierung

Für die Entwicklung der Industrie waren erforderlich:

Im Produktionsbereich:

- Menschen, die
  - als *Arbeitskräfte* zur Verfügung standen (quantitative Komponente) und die
  - dabei einen solchen *Ausbildungs*stand hatten, daß ihr Eignungsgrad dem Schwierigkeitsgrad der Produktion entsprach.

- *Kapital* für die *Finanzierung* des Produktionsapparates
  - in der erforderlichen *Menge* und
  - in einer angemessenen *Qualität* (langfristige Kredite für Investitionen usw.).
- *Technisch fortschrittliche Produktionsmethoden.*
- *Unternehmer* mit der nötigen *Initiative und* dem erforderlichen *Können*, um durch eine Kombination
  - der Arbeitskräfte,
  - des Kapitals und
  - des technischen Fortschrittes

  den industriellen Produktionsprozeß neu oder durch Umwandlung vorindustrieller Produktionsverfahren in Gang zu setzen.

Im Bereich des Absatzes:
- *Die Schaffung von Nachfrage* (Erschließung von neuen Märkten).
- Der Aufbau einer *Absatzorganisation.*
- Die *Finanzierung des Absatzes.*

Geht man davon aus, daß mit einer *industriellen Produktion* dann begonnen werden konnte, wenn *möglichst viele dieser Voraussetzungen* gegeben waren, dann kann man im wesentlichen fünf Ansatzpunkte für die Industrialisierung unterscheiden:
- Eine bereits *vorhandene vorindustrielle gewerbliche Produktion* unter Ausnutzung
  - der vorindustriellen Produktionserfahrungen (teilweise Arbeitsorientierung im Sinne A. Webers),
  - der Absatzwege und
  - insbesondere der angesammelten Gewinne zur Finanzierung der Industrialisierung.

  Der langsame Übergang innerhalb einer größeren Unternehmung, die bereits als Manufaktur oder als Verlag gearbeitet hatte, in dem oben genannten Sinne
  - einer sukzessiven Ersatzinvestition und
  - einer langfristigen Ausdehnung der Produktion durch Nettoinvestitionen bzw. auf Grund der größeren Effizienz der Ersatzinvestitionen

  bot eine risikoarme und doch wirksame Methode, um den Industrialisierungsprozeß in einem Betrieb in Gang zu setzen (besonders im Textilgewerbe verbreitet).

- Eine *Orientierung nach dem Rohstoff*, besonders bei geringem Wert je Gewichtseinheit und wenn die Rohstoffe durch die Ver- und Bearbeitung einen hohen Gewichtsverlust erleiden (Gewichtsverlustmaterialien nach A. Weber):
  - Schwerindustrie: Kohle des Ruhrgebietes und Eisenerz des Siegerlandes; Kohle (und in geringem Maße auch Eisenerz) in Schlesien.
  - Kaliindustrie (ab 1860).
  - Zementproduktion am Ort der Kalksteinfunde.
- Eine günstige *Verkehrslage*, besonders an der Küste oder an einem Binnenschiffahrtsweg, verbesserte die Kostensituation sowohl bei der Beschaffung der Rohstoffe und Halbfabrikate, als auch beim Absatz der Fertigwaren. Die Küstenstädte (Hamburg, Bremen, Stettin, Danzig, Elbing) sind hier ebenso zu nennen wie einige an Flüssen und Kanälen liegende Städte (Ludwigshafen, Duisburg, Magdeburg).
- Die Nähe zum *Nachfrager*, insbesondere einer größeren *Agglomeration*, verkürzte und verbilligte nicht nur den Absatzweg, sondern schuf auch eine schnellere Reaktionsmöglichkeit auf Änderungen in der Nachfrage. Das *Gesetz vom doppelten Stellenwert*, d. h. die Tatsache, daß ein neuer gewerblicher Arbeitsplatz mindestens einen weiteren im sekundären oder tertiären Sektor induziert, beruht auf der Notwendigkeit der Versorgung der Bewohner mit Leistungen dieser beiden Sektoren. Die zweite Stelle, d. h. der zweite Arbeitsplatz, ist also von der wachsenden Nachfrage bestimmt.
- Die *Wirtschaftspolitik* des Staates oder der Gemeinden hat den Industrialisierungsprozeß nur wenig beeinflußt, da man im allgemeinen liberalen Ideen anhing:
  - Die *letzten Ausläufer des Merkantilismus* zeigten sich zwar bei der Auseinandersetzung um die *Zollpolitik* im Deutschen Zollverein. Jedoch ging es dabei mehr um die Erhaltung einer vorhandenen Produktion (Textil und Eisen), weniger um die Förderung neuer gewerblicher Standorte.

- *In einzelnen Fällen* wurde allerdings von *staatlicher* Seite eine finanzielle *Hilfe* für die Ingangsetzung einer neuen Produktion gewährt. Es ging dabei aber nicht um die Beeinflussung der Standortwahl, sondern um die Förderung der inländischen Produktion (Krupps Antrag auf eine solche Hilfe wurde z. B. abgelehnt, weil man meinte, daß die patentrechtlichen Verhältnisse nicht geklärt seien).
- *Auch nach der ersten Industrialisierungsphase* geschah *nichts*, um das *Ungleichgewicht* der deutschen Wirtschaft zwischen *Ost* (Agrar) und *West* (Industrie) *auszugleichen*, vielleicht mit Ausnahme des erfolglosen Versuches des Danziger Oberpräsidenten von Goßler, eine Industrialisierung der Weichselmündung an der Wende zum 19. Jahrhundert in Gang zu setzen.

Im Ergebnis sind also nur die ersten vier Ansatzpunkte bei der Industrialisierung in Deutschland wirksam geworden.

Welche Bedeutung die *richtige Standortwahl* für die Industrialisierung hatte, mögen *einige Beispiele* zeigen:

- Die Industrie einer *kleinen Landstadt* (Alfeld/Leine):
  Diese Stadt hatte 1858 2.700 Einwohner. Es etablierten sich dort folgende Industriebetriebe:
  - *1856* eine *Schuhleistenfabrik* auf der Rohstoffbasis der umliegenden Wälder. Diese Fabrik existiert heute noch.
  - *1857* eine *Landmaschinenfabrik*, die ihr Absatzgebiet in der intensiv landwirtschaftlich genutzten weiteren Umgebung (Südniedersachsen) hatte. Die Fabrik bestand bis 1953. Erst die Tendenz zur großen Serie brachte ihr Ende.
  - *1857* eine *Eisenwarenfabrik* (mit Gießerei), die Stabeisen, Wagenachsen, Mühlengeräte und andere Maschinen herstellte. Da in der näheren Umgebung nicht genügend Absatz und überregional die Konkurrenz zu stark war, schloß sie ihre Tore bereits 1861. Es fehlte hier die Rohstoff- (Eisen) und die Absatzorientierung.
  - *1860* eine *Tütenfabrik*, aufbauend auf der Papierproduktion in der waldreichen Umgebung (nach dem Übergang von Lumpen zu Holz als Papierrohstoff). Sie war ein gemischtes Unternehmen, da neben der Fabrik auch umfangreich Heimarbeit vergeben wurde. Nach schwierigen Anfangsjahren mit Konkurs und Neugründung blieb sie bis in die Gegenwart bestehen.
- Die Industrie in *größeren Städten*:
  - Auch hier gab es zahlreiche *Beispiele* von Neugründungen, die
    - auf Grund *schlechter Beschaffungs-* (Rohstoffe oder Halbfabrikate) *und/oder Absatzverhältnisse* wie die Eisenfabrik in Alfeld nur *kurzfristig existierten* und

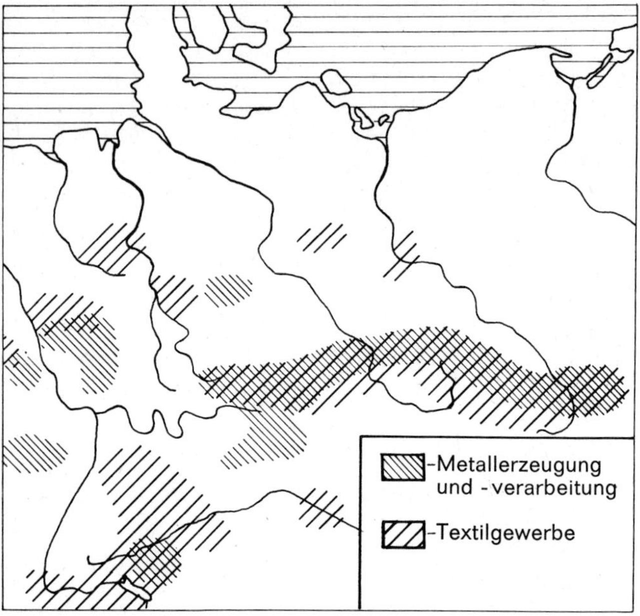

Karte 1: Vorindustrielle Gewerbestandorte

  - *andere,* die langsam wuchsen und als sog. *mittelständische Betriebe bis in die Gegenwart* bestehen blieben (vor allem im bergisch-märkischen Gebiet zwischen Iserlohn und Remscheid, ferner in Württemberg);
- Daneben sind die *Betriebe* zu nennen, die sich bis bis *zum Großbetrieb* entwickelten.
  - *Krupp in Essen* war rohstofforientiert und zunächst eines der zahlreichen kleinen, im Ruhrgebiet wachsenden Unternehmen der Schwerindustrie.
  - *Henschel in Kassel* entwickelte sich aus einer Buntmetallgießerei und konnte weitab der Eisenerzeugung konkurrieren, weil seine Produkte wesentlich höher im Wert waren als die Rohstoffe. (Erst die Eisenbahn ermöglichte aber den Aufschwung der Firma in dem sonst verkehrsungünstig gelegenen Kassel; obgleich die Eisenbahn allerdings die Blüte einer Firma nicht garantierte, wie das Beispiel Alfeld gezeigt hatte, wo die Eisenwarenfabrik – wie die anderen Fabriken – erst nach dem Bau der Eisenbahn bis dorthin errichtet worden war. Henschel beteiligte sich wie Krupp, Borsig und andere am Eisenbahnbau durch Lieferung von rollendem und festen Material).

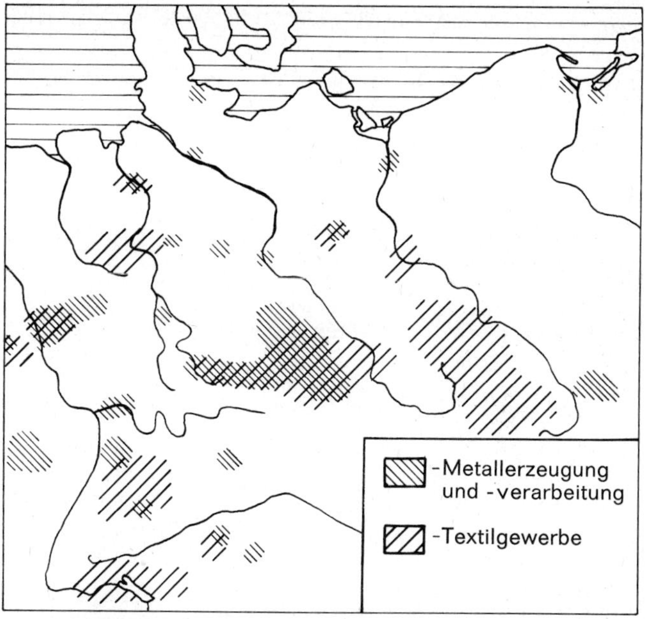

Karte 2: Industrielle Gewerbestandorte

- Die *Eisenbahn erweiterte* zwar die *Zahl der Standorte* mit günstiger Verkehrslage. Jedoch war auch jetzt noch
  - der Wasserweg der billigere Transportweg und
  - die Existenz einer dichten Bevölkerung für die Beschaffung von Arbeitskräften und für den Absatz wichtig, so daß nur wenige Gebiete sich außerhalb der vorindustriellen Gewerbegebiete und der neuen rohstofforientierten Standorte entwickelt haben und entwickeln konnten, vgl. Karten 1 und 2.

Im *Ergebnis* kann man daher *zwei Ansatzpunkte* als für die Industrialisierung besonders wichtig ansprechen:

- Die *vorhandenen gewerbereichen Gebiete* (zumal da diese zugleich bereits mit einer dichteren Besiedlung ausgestattet waren).
- Die Standorte der *Rohstoffgewinnung.*

Hierin ist ein *wichtiger Unterschied* zwischen den derzeitigen und den damaligen *Entwicklungsländern* zu sehen:

- *Es fehlen* heute häufig die Anknüpfungsmöglichkeiten an ein *vor-*

industrielles Gewerbe (ausgebildete Arbeitskräfte, Absatzmärkte usw.).

- Selbst wenn ein solches Gewerbe in Ansätzen vorhanden ist, dann ist der *Sprung zur industriellen Produktionsweise heute größer* als in der damaligen Zeit, und damit weniger leicht durchführbar.

2. Die Entwicklung des Gewerbes unter dem Einfluß der Industrialisierung

a) Der Übergang von der vorindustriellen zur industriellen Produktionsweise

Die *grundsätzliche Entwicklung des sekundären Sektors* in der ersten Industrialisierungsphase kann am besten an Hand eines Schaubildes verdeutlicht werden, vgl. Abb. 20. Um die Tendenz der Einflüsse, die von der Industrialisierung ausgingen, noch mehr hervorzuheben, wurden in Abb. 20 die *Strukturen um 1835* und *um 1900* (statt 1873) miteinander verglichen. Es wurde versucht, auch die *Herkunft der industriellen Arbeiterschaft* darzustellen. Dabei wurde von der Frage ausgegangen, in welchem Maße bei einem gleichen biologischen Bevölkerungszuwachs in allen Wirtschaftssektoren der zahlenmäßige Zuwachs des sekundären Sektors

- aus dem eigenen Sektor (= 38 v.H.) und
- aus dem primären Sektor (= 62 v.H.) kam.

Diese Zahlen können jedoch nur größenordnungsmäßig gelten, denn es konnte mangels genauer statistischer Angaben *nicht berücksichtigt* werden:

- Die *Auswandererquote* der einzelnen Wirtschaftssektoren, die beim sekundären Sektor auf Grund der dort im Verhältnis zum primären Sektor größeren Mobilität vermutlich überdurchschnittlich hoch gewesen ist.
- Die *Wanderungen zwischen den drei Sektoren*, die dazu geführt haben dürften, daß der tertiäre Sektor (der sich von 1835 bis 1900 in seinem Anteil von etwa 20 auf 25 v.H., d. h. um ein Viertel, vergrößert hatte) sich in erster Linie durch Aufnahme von Personen aus dem sekundären und weniger aus dem primären Sektor in seinem Gewicht an der Gesamtzahl aller Beschäftigten verstärkt hat.

Beide Aspekte deuten darauf hin, daß der sekundäre Sektor überdurchschnittlich viele Personen verloren hat, so daß ein noch stärkerer Zuwachs aus dem primären Sektor vorhanden gewesen sein muß, als dies mit etwa 62 v.H. aus der Abbildung deutlich wird.

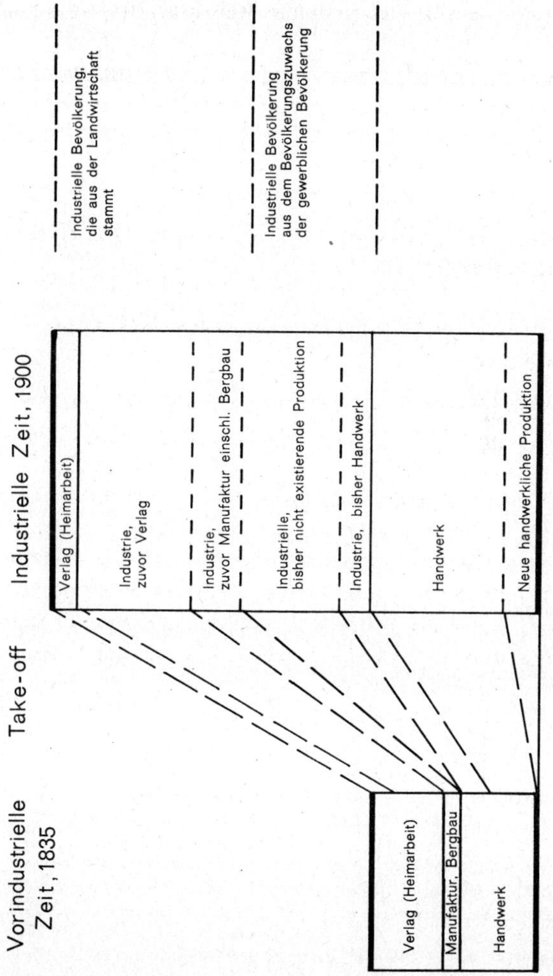

Abb. 20: Schema der Änderungen in der Struktur der Produktionsweise im gewerblichen Sektor und Herkunft der industriellen Arbeiterschaft (1835 bis 1900)

Die *Abgrenzung zwischen* den einzelnen *Bereichen* des sekundären Sektors (Verlag, Manufaktur und Handwerk) konnte *nicht einwandfrei* durchgeführt werden, da sehr starke Überschneidungen vorhanden waren. Einige Beispiele mögen dies illustrieren:

- Eine Seidenfabrik in Königswalde (südlich Landsberg/Warthe) hatte 150 Webstühle in der Fabrik und 70 in den Häusern der Bürger. Fast jede Dritte der 291 Familien des Ortes hatte also einen Webstuhl, der für diese eine Fabrik arbeitete. In der Statistik erscheinen alle zusammen als 220 Fabrikwebstühle.
- Eine Textilfabrik in Luckenwalde (südlich Potsdam) hatte 40 Webstühle in der Fabrik, 36 in Luckenwalde und 80 in Zinna in Bürgerhäusern. In den Statistiken werden die außerhalb der Fabrik stehenden Stühle nicht als solche besonders gekennzeichnet.
- Eine ganze Reihe von Handwerkern waren in Wirklichkeit Verlagsbeschäftigte (z. B. Tuchmacher in Göttingen); später auch Zulieferer für Fabriken (z. B. Schneider für Bekleidungsindustrie, Schuhmacher für Schuhfabriken).
- Beim Übergang zur industriellen Produktion ergaben sich Schwierigkeiten in der Abgrenzung zwischen Industriebetrieben und dem Handwerk, da manche Betriebe zunächst noch so klein waren, daß sie eigentlich als Handwerksbetriebe hätten registriert werden müssen (z. B. Kerzenfabriken mit 2 oder 3 Beschäftigten).
- Das Baugewerbe wurde zum überwiegenden Teil noch zum Handwerk gezählt, obgleich sich erhebliche Unterschiede zwischen dem tagelohnintensiven Tiefbau (Eisenbahnbau) und dem teils großbetrieblich, teils tatsächlich noch handwerklich betriebenen Hochbau ergaben.
- Die Beschäftigtenstruktur sagt nichts über den Beschäftigungsgrad aus. Die gerade noch bis weit nach der Mitte des 19. Jahrhunderts vorhandene Arbeitslosigkeit und Unterbeschäftigung hatte beim Handwerk eher eine die Zahl der registrierten Selbständigen erhöhende Wirkung. Die abhängige Tätigkeit in Manufaktur und Industrie entsprach demgegenüber der tatsächlichen Beschäftigung.

Die aus dem Schaubild ersichtliche *Wandlung durch die Industrialisierung* zeigt folgende *grundsätzlichen* Änderungen:

- *Ein Teil des Handwerks* wurde durch die industrielle Produktion bedrängt und schließlich *verdrängt.* („Beinahe vollständig zur Großindustrie übergegangen ist die Tapeten-, Hut-, Knopf-, Schirm-, Stock-, Seifen- und Lichterfabrikation“, Schmoller.)
- Die *„Nahrungs-, Bau- und persönlichen Gewerbe“ wurden am wenigsten industrialisiert,* klagte G. Schmoller bereits 1870 (und das gilt auch noch 100 Jahre später).
- Das *Handwerk* erhielt *neue Aufgaben* im *Kleinhandel* und in der *Reparatur* industriell hergestellter Produkte.
- Die *Ausdehnung des gewerblichen Sektors* führte zu einer allgemeinen *Verstärkung des Güteraustausches* und zu einem *Rückgang* (vor allem auch auf dem Lande) *der Selbstversorgung* mit handwerklichen Produkten, so daß eine ganze Reihe von Handwerken ihre Tätigkeiten ausdehnen konnten (Schmiede, Sattler, Stellmacher).

- Die meisten der bisherigen *Manufakturen* und *vorindustriellen Fabriken* gingen zur *industriellen Produktionsweise* über. (Hierzu ist auch der sich der technischen Entwicklung anpassende Bergbau zu rechnen.)
- Der überwiegende Teil der *Verlagsproduktion* wurde ebenfalls *industrialisiert.* Nur ein Teil des Verlagswesens blieb erhalten: Vor allem Holzfeinarbeiten (Schnitzereien) und spezielle Textilproduktionen (Stickereien, Klöppeleien).
- *In Wechselbeziehungen zur Industrialisierung,* d. h.
  - in Abhängigkeit von ihr, aber auch
  - die Industrialisierung anregend,

  entstanden völlig *neue Produktionszweige* (industrieller Art): z. B. und vor allem der Maschinenbau.

Da die beiden hier verglichenen Zeitpunkte weit auseinander liegen, handelt es sich bei dem *Übergang* von den vorindustriellen Produktionsweisen zu industriellen um einen langfristigen Vorgang, d. h. *im sozialen Bereich* mehr um ein *Generationsproblem*, und zwar in doppelter Hinsicht:

- Die *jüngeren Arbeiter* einer Manufaktur wurden *eher* an den neuen *Maschinen* (z. B. Maschinenwebstühlen) angelernt, während *die älteren* noch die *Handwebstühle* bedienten. In den *Verlagen* blieben die älteren Arbeiter, während die jüngeren eher in die neuen Industriezentren abwanderten. Die älteren gerieten damit aber in materielle Not, wenn die Verlagsproduktion kurzfristig eingestellt werden mußte.
- Die *neuen Produktionstechniken* wurden nicht plötzlich verbreitet, auch wurde die gesamte Produktion eines Betriebes *nicht in einem Zeitpunkt* umgestellt. Z. B. blieben neben den neuen Maschinenwebstühlen noch die Handwebstühle in Betrieb. Auch das *Kapital* wurde also nur langsam *umgewandelt*:
  - *Ersatzinvestitionen* wurden erst vorgenommen, wenn die vorhandenen Maschinen ersetzt werden mußten.
  - *Nettoinvestitionen*, d. h. auch eine Erweiterung der Produktion, führte nicht dazu, daß die *bisherigen Maschinen* stillgelegt wurden. Mindestens wurden sie als Produktionsreserve *noch betriebsbereit* gehalten.

Dieser Prozeß wird besonders deutlich bei der Betrachtung der Entwicklung während des ganzen 19. Jahrhunderts, vgl. Tabelle 7.

- In der Zeit von *1835 bis 1850 stagnierte* bereits die Entwicklung des vorindustriellen Produktionszweiges *Verlag,* während Manufaktur, Industrie und Bergbau, vor allem durch die beginnende

Tabelle 7: Die Strukturänderungen im sekundären Sektor im 19. Jahrhundert unter dem Einfluß der Industrialisierung

Jahr	Verlag		Manufaktur, Industrie, Bergbau		Handwerk		sekundärer Sektor	
	1	2	1	2	1	2	1	2
1780	0,86	8,5	0,08	1,0	0,97	9,5	1,9	19,0
1800	0,96	9,0	0,12	1,5	1,12	10,5	2,2	21,0
1835	1,40	10,0	0,35	2,0	1,50	11,0	3,2	23,0
1850	1,50	10,0	0,60	4,0	1,70	12,0	3,8	26,0
1873	1,10	6,0	1,80	10,0	2,50	14,0	5,4	30,0
1900	0,50	2,0	5,70	22,0	3,30	13,0	9,5	37,0
1913	0,50	2,0	7,20	23,0	4,00	13,0	11,7	38,0

1 = Beschäftigte in Millionen; 2 = Beschäftigte in v.H. aller in allen drei Sektoren der Volkswirtschaft Beschäftigten

- Eisenindustrie,
- Baumwollindustrie und
- den Aufschwung des Bergbaues

eine starke Ausdehnung erfuhren.

- Von *1850 bis 1873* ging dann die *Verlagsproduktion* nur geringfügig, d. h. um etwa 25 bis 30 v.H. *zurück,* während der industrielle Bereich einschließlich Bergbau stark anwuchs. Für diese Periode wird damit die oben geäußerte Annahme einer nur langsamen Ersetzung der vorindustriellen Produktionsweise bestätigt. Die Zunahme des industriellen Bereiches erfolgte insbesondere im *Textilbereich* weniger durch Ersatzinvestitionen als vor allem durch *Nettoinvestitionen.*
- Von *1873 bis 1900 verlor* das *Verlagswesen* fast alle industrialisierbaren Produktionszweige. Der Unterschied im Industrialisierungsvorgang der beiden Phasen vor und nach 1850 kann daher vergröbert in folgendem gesehen werden:

– Von *1835 bis 1850* wurde die *vorindustrielle* gewerbliche *Produktion* nur *geringfügig bedrängt* (dies gilt vor allem für den Textilsektor); neue industrielle Produktionsstätten erweiterten die gewerbliche Produktion (Ergänzungs-Effekt).
– Von *1850 bis 1900* wurde der überwiegende Teil der vorindustriellen Verlagsproduktion *durch industrielle Produktion verdrängt* (Verdrängungs-Effekt).

Schematisiert sieht dieser Prozeß unter Berücksichtigung der Ausdehnung des sekundären Sektors folgendermaßen aus, vgl. Abbildung 21.

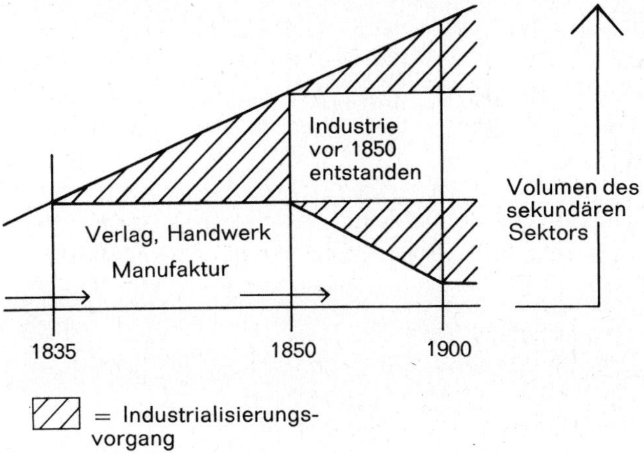

Abb. 21: Schema der Industrialisierung unter Berücksichtigung des Entstehens neuer Produktionszweige und der Verdrängung vorindustrieller Produktionszweige

– Das *Handwerk veränderte seine Dichte*, gemessen an der Relation zwischen Bevölkerungszahl und Handwerk, nur relativ *wenig*:
  – Nach einem geringfügigen Anstieg um etwa 20 v.H. vom Ende des 18. bis zur Mitte des 19. Jahrhunderts
  – blieb die Handwerkerdichte bei 50 bis 60 Handwerker je 1.000 Einwohner bis zum Ersten Weltkrieg. Allerdings waren einige Handwerke reduziert (z. B. Schuhmacher),

andere hatten sich ausdehnen können (z. B. Friseure, Schmiede) und neue waren hinzugekommen (insbesondere spezielle Baugewerbe).

b) Die Entwicklung des Kapitals

Die Zunahme des gesamten Kapitals der deutschen Volkswirtschaft von 1800 bis 1914 ergibt sich aus der Abbildung 6 (S. 25). Die einzelnen Bereiche der Wirtschaft waren an dieser Entwicklung jedoch unterschiedlich beteiligt, vgl. Abbildung 22.

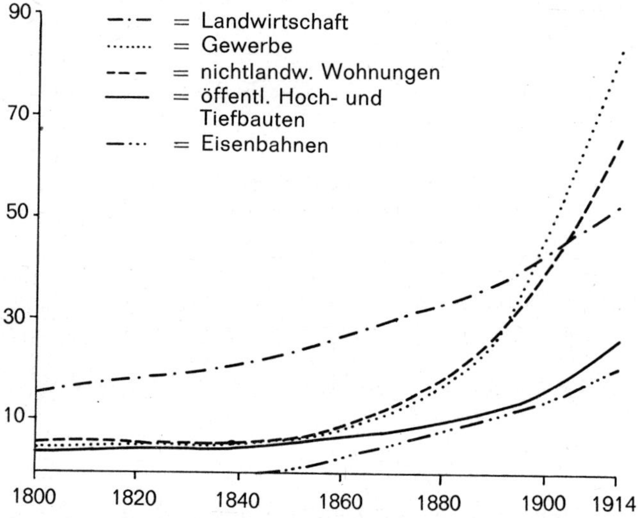

Abb. 22: Entwicklung des Kapitalstockes in einzelnen Wirtschaftsbereichen von 1800 bis 1914 (in Mrd. Mark in Preisen von 1913)

Der Wohnungsbau und das Gewerbe, insbesondere die Industrie vereinigten auf sich den größten Teil des Kapitalzuwachses. Die Eisenbahnen begannen bei Null und hatten daher den relativ stärksten Anstieg. In der Phase der besonders ausgeprägten Wachstumsraten des Kapitalstockes im Wohnungsbau und in der Industrie ab etwa 1875 blieb der Eisenbahnbau jedoch erheblich zurück, weil inzwischen das Eisenbahnnetz bereits eine hohe Dichte aufzuweisen hatte. In absoluten Werten ausgedrückt lag die Zunahme des Kapitals in der *Landwirtschaft,* im *Gewerbe,* im *Wohnungsbau* und bei den *Eisenbahnen* mit *jeweils* von 1835 bis 1873 etwa *7 bis 9 Mrd. Mark* in laufenden Preisen gleich hoch. *Die beiden* hier unterschiedenen *Industrialisierungsphasen zwischen 1835 und 1914* waren unter Berücksichtigung der Kapitalentwicklung *durch folgende Merkmale* gekennzeichnet:

– *1835 bis 1873* waren es *mehrere Wirtschaftszweige, die den wirtschaftlichen Aufschwung trugen. Die Industrialisierung* wurde allerdings dabei weniger von der Landwirtschaft beeinflußt (da diese ihren Kapitalzuwachs nur zu etwa 20 v.H. der Investition in Maschinen und Geräten zu verdanken hatte, d. h. mit etwa 2 Mrd. Mark nur geringe Mengen Industriegüter kaufte), sondern durch den *Eisenbahnbau* und durch die Nachfrage nach Maschinen aus der langsam wachsenden *Industrie selbst* (Investitionsgüterindustrie). Der *Wohnungsbau* fand noch unter handwerksmäßigen Bedingungen statt und bedurfte daher keiner großen Mengen an Investitionsgütern industrieller Herkunft.
– *1873 bis 1914* wurde das *Wachstum* vor allem *durch* die Nachfrage der *Industrie* selbst bestimmt. Da der *Bausektor* (Wohnungsbau, Bau von Wirtschaftsgebäuden und öffentlichen Gebäuden) auch jetzt noch nicht einer „Industrialisierung" zugänglich war, gingen von hier aus über die Schaffung von Lohneinkommen Einflüsse auf die *Verbrauchsgüterindustrie* aus.

  Allgemein läßt sich feststellen, daß die Zunahme
  – der Zahl der Beschäftigten mit der Zunahme
  – der Realeinkommen (vgl. Abb. 7, S. 27) in der Zeit ab 1883 kumulierte.

Hinzu kamen die steigenden Möglichkeiten im Außenhandel.

Die *unterschiedliche Entwicklung von Industrie und Landwirtschaft* zeigt sich nicht nur in der absoluten Entwicklung des Kapitals in diesen beiden Wirtschaftsbereichen, sondern auch in der unterschiedlichen Entwicklung des *Kapitals pro Kopf der Beschäftigten,* vgl. Abb. 23. Dabei zeigt sich ebenfalls der grundlegende Unterschied zwischen den beiden Phasen vor 1873/1880 und danach. Die arbeitssparenden Auswirkungen der Investitionen traten immer mehr in den Vordergrund. Das *Vorherrschen vorindustrieller Pro-*

duktionsmethoden bis in die 70er und *80er Jahre* verzögerte ein stärkeres Anwachsen des Kapitalstockes je Beschäftigtem *im sekundären Sektor.*

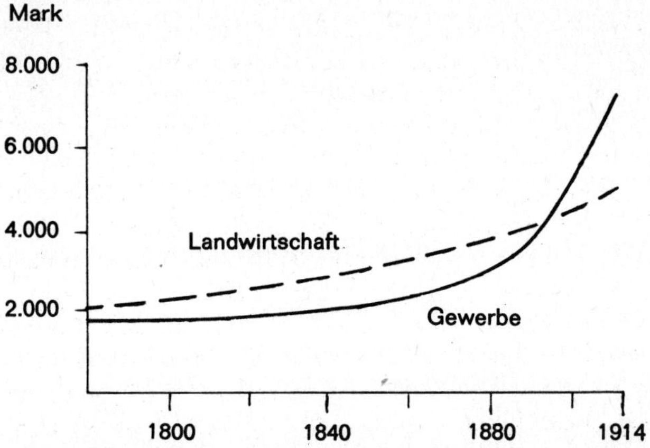

Abb. 23: Kapitalstock je Beschäftigtem in Landwirtschaft und Gewerbe von 1780 bis 1914

Auf Grund der mindestens in den ersten Jahrzehnten der Industrialisierung weit verbreiteten *Finanzierung* der Investitionen *über den Preis* kam es zu einer ständigen Kapitalansammlung in der Hand der bisherigen Kapitaleigner (*Kapitalakkumulation*). Die *Polarisierung* in *der Vermögensverteilung* wurde immer stärker.

Die *jährlichen Nettoinvestitionen* und damit der jährliche Zuwachs des Kapitalstockes lag bei:

- 1,5 bis 4 v.H. des Kapitalstockes und
- 6 bis 17 v.H. des Volkseinkommens.

Sie hatten damit Größenordnungen, die auch bei einer normalen Verzinsung des Kapitals (ohne überhöhte Gewinne), d. h. bei einem Zinssatz von 3 bis 3,5 v.H., *langfristig aus den Kapitaleinkommen finanziert* werden konnten.

Andere Quellen zur Finanzierung der Nettoinvestitionen hatten keine große Bedeutung:

- Die *Arbeitseinkommen* lagen im allgemeinen zu niedrig, so daß auch die Sparquote der Arbeitnehmer *sehr gering* war.
- Die *Grundrenteneinkommen* aus der *Landwirtschaft* wurden entweder *konsumiert* oder für Investitionen in der Landwirtschaft verwendet. Die sonstigen Grundrenteneinkommen (*Wohngebäude*) wurden entweder ebenfalls verbraucht oder verstärkten das *in Wohnungen investierte* Kapital (Bausektor).
- *Ausländisches Kapital* war am gesamten Kapitalstock des Jahres 1914 (256 Mrd. Mark) allenfalls mit 8 bis 12 Mrd. Mark (= 3,2 bis 4,7 v.H.) beteiligt. Dieser Betrag war aber *teilweise* auch *durch* Investition der Gewinne (*Kapitalakkumulation*) entstanden, so daß die *Finanzierung der deutschen Industrialisierung aus dem Ausland* (England, Belgien, Niederlande, Frankreich) *nicht sehr hoch* zu veranschlagen ist, und zwar auch dann nicht, wenn man nur die 85 Mrd. Mark gewerblichen Kapitals berücksichtigen würde (= 9,6 bis 14,1 v.H.). In der Industrialisierungsphase selbst *konzentrierten sich* die vor allem über die Handelsbeziehungen laufenden Finanzierungsmittel aus dem Ausland in erster Linie *auf die importabhängigen Gewerbe* (England z. B. über *Baumwollgarnexport* nach Deutschland).

c) Die Strukturwandlungen innerhalb des Gewerbes

Eine Übersicht der Entwicklung einzelner Gewerbezweige ergibt sich aus einer über das ganze 19. Jahrhundert gehenden Zusammenstellung der im gewerblichen Sektor Beschäftigten, vgl. Abbildung 24 und Tabelle 8.

Die einzelnen *Gruppen* in dieser Übersicht sind so *zusammengefaßt,* daß eine statistische Reihe *von 1800 bis in die Gegenwart* trotz unterschiedlicher Methoden bei der Aufstellung der benutzten Statistiken möglich ist (für nach 1914 vgl. *Band 3* der *Wirtschafts- und Sozialgeschichte* in dieser Reihe). Dies erklärt z. B. die Ausweisung einer Gewerbezweiggruppe Feinmechanik mit Optik, Elektrogewerbe und Spielzeugherstellung, obgleich die Zahl der Beschäftigten vor 1914 hier sehr niedrig lag.

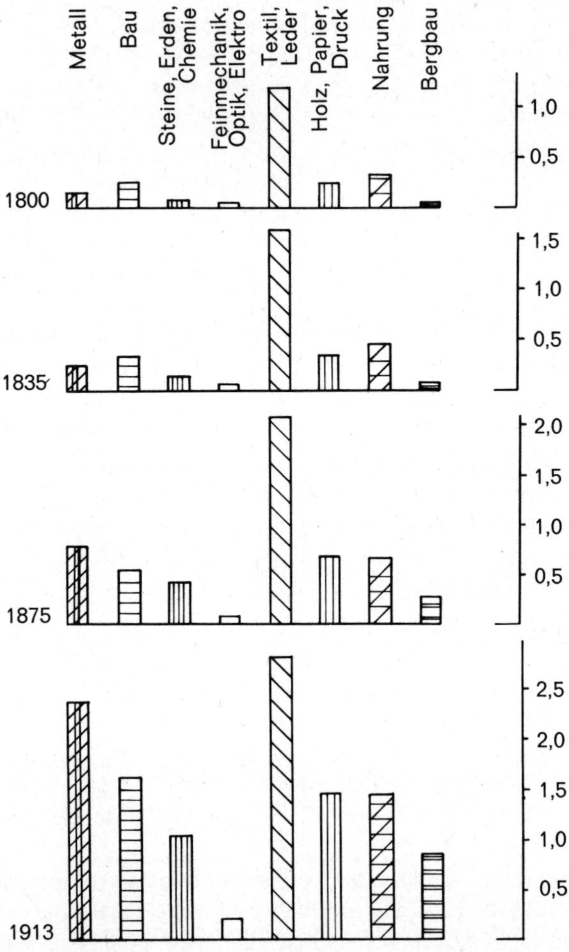

Abb. 24: Entwicklung der einzelnen Gewerbezweige von 1800 bis 1913 nach der Beschäftigtenzahl (in Mill.)

Gewerbezweig	1800		1835		1850		1875		1893		1913	
	1	2	1	2	1	2	1	2	1	2	1	2
Metall	170	7,6	250	7,7	333	9,4	751	13,9	1122	14,3	2330	20,1
Bau	240	10,4	325	10,0	368	10,3	530	9,8	1055	13,7	1630	14,0
Steine, Erden	70	3,1	150	4,6	166	4,7	398	7,3	714	9,4	1042	8,9
Feinmechanik	20	0,9	30	0,9	37	1,0	83	1,5	129	1,7	217	1,9
Textil, Leder	1170	52,5	1585	48,7	1638	46,1	2048	37,7	2387	30,9	2705	23,3
Holz,Druck,Papier	230	10,3	360	11,1	397	11,2	652	12,0	926	12,0	1430	12,2
Nahrung	300	13,4	470	14,5	520	14,6	676	12,5	962	12,5	1427	12,2
Bergbau	40	1,8	80	2,5	95	2,7	286	5,3	423	5,5	863	7,4
Insgesamt	2240	100,0	3250	100,0	3554	100,0	5424	100,0	7718	100,0	11644	100,0

1 = Zahl der Beschäftigten in 1.000; 2 = Beschäftigte in v.H. aller im Gewerbe Tätigen

Die Aufgliederung der Gewerbezweige erfolgte nach den Prinzipien wie in Tabelle 4, S. 73.

Tab. 8: Die Entwicklung der einzelnen Gewerbezweige von 1800 bis 1913 nach der Beschäftigtenzahl

Aus der Abbildung ergibt sich hinsichtlich der *Entwicklung der einzelnen Zweige:*

– Der Bereich *Textil,* Bekleidung und Leder hatte während des ganzen 19. Jahrhunderts die größte Beschäftigtenzahl. Er ging relativ jedoch von 52,5 auf 23,3 v.H. zurück. Diese *Reduzierung des relativen Gewichtes* trat in stärkerem Maße erst nach 1835 ein, und zwar auf Grund der überproportionalen Ausdehnung des metallerzeugenden und -verarbeitenden Gewerbes

– Das *Metallgewerbe* hatte im zweiten und dritten Drittel des 19. Jahrhunderts den *stärksten Zuwachs.* In seinem Bereich verlief ein wesentlicher Teil des Industrialisierungsprozesses, so daß es insgesamt von der *fünften Stelle* noch im Jahre *1835* auf die *zweite Stelle 1875* aufrückte und bis zum Ersten Weltkrieg die zweitgrößte Zahl an Beschäftigten im gewerblichen Sektor behielt.

– Der *Bausektor*, ferner die *Holz-, Papier- und Druckgewerbe* waren nach dem Beschäftigtenzuwachs *die nächstwichtigen Gruppen.* Hierbei ist zu bedenken, daß ein Teil der Holzgewerbe (Tischler) und auch der Steine und Erden (Ziegelherstellung, Steinbruch) ebenfalls zum Bausektor gehörten. Insgesamt nahm aber der Anteil des *Bausektors bis 1875 nicht zu,* sondern blieb seit Beginn des 19. Jahrhunderts *bei etwa 10 v.H.* aller im Gewerbe Beschäftigten. Erst *nach 1873/75* stieg dann der *Anteil* des Bausektors *auf etwa 14 v.H.*

Die *Struktur des Gewerbes,* gemessen an der Zahl der in den einzelnen Zweigen Beschäftigten, hatte sich demnach *vor allem bis 1875 geändert.* Das Schaubild zeigt eindeutig, daß *1875* im wesentlichen die *industrielle Struktur erreicht* war, die sich bis auf einen relativen Rückgang des Textilsektors *bis zum Ersten Weltkrieg nicht* mehr wesentlich *gewandelt* hat. Die Zeit von *1835 bis 1875* kann daher als die *eigentliche*, die *Gewerbestruktur prägende Periode* des 19. Jahrhunderts angesprochen werden.

d) Die Wandlungen innerhalb einzelner Gewerbezweige

Das Textil- und Bekleidungsgewerbe

Die *Bedeutung der Textil- und Bekleidungsgewerbe* liegt in folgendem:

- Das *Textilgewerbe war der wichtigste nichtlandwirtschaftliche Produktionszweig* der letzten vorindustriellen Jahrzehnte.
- In *England* wurde die erste *Industrialisierungsphase* von der *Textilherstellung* getragen (nach Rostow = leading sector der Industrialisierung Englands). In dem Jahrzehnt von 1781 bis 1790 vervierfachte sich die englische Produktion an Baumwolltextilien.

Trotz des späteren Einsetzens der Industrialisierung des Textilbereichs *in Deutschland* und der dadurch bedingten Möglichkeit, auf die in England erprobten neuen Produktionstechniken zurückzugreifen, erfolgte die Entwicklung *nur langsam* und sich fast über ein Jahrhundert erstreckend. Die *unterschiedliche Einführung des technischen Fortschrittes* erfordert eine getrennte Darstellung der Entwicklung in den drei Hauptzweigen der Textilproduktion, in der Verarbeitung von:

Baumwolle, Wolle und *Flachs.*

Die Produktion von Seidengeweben hat mit weniger als 2 v.H. aller im Textil- und Bekleidungsgewerbe Tätigen während des ganzen 19. Jahrhunderts nur eine untergeordnete Rolle gespielt.

Die Produktion von Baumwollgeweben

Da die *Baumwolle* von allen Textilfasern am leichtesten maschinell gesponnen werden kann, wurde die Hand*spinnerei* schon wenige Jahrzehnte nach der Aufstellung der ersten Spinnmaschinen am Ende des 18. Jahrhunderts in Deutschland völlig zurückgedrängt. Der *erste Aufschwung* der Baumwollgarnherstellung *in der Napoleonischen Zeit* wurde durch die Einfuhr billigen Garns aus England ab 1815 wieder beeinträchtigt. Erst in den *30er Jahren* kam es zu einem *erneuten Anstieg,* der von *1835 bis 1873* zu folgender Entwicklung führte:

– Die Garnproduktion von	5.000 t	auf	95.000 t
– Der Garnverbrauch von	16.000 t	auf	110.000 t
– Die Garnnettoeinfuhr von	11.000 t	auf	15.000 t
– Die Zahl der Arbeiter von	11.000	auf	65.000
– Die Produktion je Arbeiter von	0,45 t	auf	1,46 t

Nicht berücksichtigt worden ist in der letzten Zeile die Qualitätsverbesserung. Während 1835 noch die feinen Garne fast ausschließlich aus England eingeführt wurden, erhöhte sich mit der Zunahme der Garnherstellung in Deutschland auch der Anteil der feineren und daher je Tonne teureren Garne.

Der starke *Unterschied zwischen der englischen und der deutschen Industrialisierung* wird aus folgendem Vergleich deutlich:

- Das Produktionsniveau *Englands* in den Baumwollgewerben des Jahres *1788* hatte *Deutschland* erst etwa *1835* erreicht.
- Die Verarbeitung von Rohbaumwolle lag in *Deutschland* erst um *1900* auf der in *England* bereits *1850* erreichten Höhe.

Die Baumwollgewerbe Englands hatten dort die Industrialisierung getragen. Rohbaumwolleinfuhr Englands:

- 1780 = 5.000 t
- 1850 = 300.000 t

Die *Baumwollweberei* war in *Deutschland* bis *1873 noch keineswegs industrialisiert:*

- Die *Anfänge* der Einführung des mechanischen Webstuhles lagen ebenfalls am *Ende des 18. Jahrhunderts.*
- *Bis 1835* war man jedoch *über* diese *Anfänge kaum hinaus*gekommen (in England zu dieser Zeit bereits 116.000 mechanische Stühle).
- Auch bis zur *Mitte des 19. Jahrhunderts* wurden in Deutschland nicht mehr als *4.000 bis 5.000 Stühle mechanisch* angetrieben.
- Erst *seit der Mitte des 19. Jahrhunderts* nahm die mechanische Weberei einen *steten Aufschwung*:

1846	=	116.000 Handst.	+	2.600 Masch.st.	(=	4)
1861	=	264.000 Handst.	+	23.000 Masch.st.	(=	20)
1875	=	125.000 Handst.	+	57.000 Masch.st.	(=	45)

Die Zahl in Klammern gibt die Kapazität der sog. Kraftstühle in v.H. aller Stühle an. Ein Maschinenstuhl hatte eine höhere Kapazität als ein Handstuhl. Aus diesen Zahlen wird deutlich, daß in der Baumwollweberei noch 1875 erst knapp die Hälfte aller Produkte aus „industrieller" Fertigung kam. Etwa 40 v. H. der Handwebstühle wurden allerdings bereits in den Fabriken registriert, wobei aber offensichtlich auch solche mitgezählt wurden, die in den Bürgerhäusern standen, aber für Fabriken arbeiteten. Die Mehrzahl der Handstühle wurde unabhängig von Fabriken im Verlagssystem (Heimarbeit) betrieben.

– Die *Zahl der* in Webereien *Beschäftigten* lag um etwa *10 v.H. über der Zahl* der Hand- und Maschinen*stühle.*

Die Produktion von Wollgeweben

Auch bei der Wolle ist zu unterscheiden zwischen der Herstellung von Garn und dem eigentlichen Gewebe. Die *Spinnerei* war hier ebenfalls der *Mechanisierung,* d. h. der Industrialisierung *eher* zugänglich *als* das *Verweben* der Garne. Die maschinelle Verspinnung von Wolle kam *von England* gegen Ende des 18. Jahrhunderts auf den Kontinent (Frankreich, Belgien und das Rheinland). In den anderen Teilen Kontinentaleuropas begann *erst nach 1815* die Aufstellung von *mechanischen Spinnmaschinen.*

Während *1835* noch *mehr als zwei Drittel* der in Deutschland verarbeiteten Wolle von *Hand gesponnen* wurden, waren es *1846* noch etwa *60 v.H.* und *1861* weniger als *7 v.H.*

Man kann den *Übergang* zur industriellen Produktionsweise daher etwa *folgendermaßen* einteilen:

– *Bis zur Jahrhundertmitte* wurde durch einen *langen* über mehrere Jahrzehnte gehenden *Entwicklungsprozeß* etwa die Hälfte der Produktion industrialisiert.
– Die so entstandene industrielle Produktionsweise ergriff *dann innerhalb von* wenig mehr als *einem Jahrzehnt* die *übrige Garnproduktion* bis auf einen geringen Rest.

Der Garnanteil der nebengewerblich und nicht für den Markt produzierenden landwirtschaftlichen Bevölkerung ist dabei nicht mit erfaßt.

Die *verarbeitete Wollmenge* stieg von etwas weniger als *25.000 t* im Jahr *1835* auf *100.000 t* im Jahre *1873.* Während *1835* noch eine *Rohwollausfuhr* aus Deutschland (hauptsächlich nach England) registriert wurde, stammte *1863* bereits ein Drittel der verarbeiteten Wolle aus *Einfuhren.*

Die Zahl der in der Wollgarnherstellung Beschäftigten lag anfangs bei etwa 50.000 bis 60.000, später mit dem Übergang zur Maschinenspinnerei bei 40.000 bis 42.000. Der Produktivitätszuwachs lag damit bei etwa 500 v.H.

Die Herstellung von *Wollgeweben* (insbesondere von *Tuchen*) nahm in gleicher Weise zu wie die der Garne. Die *Nettogarneinfuhr* lag etwa *bei 10 v.H.* der Garnherstellung im Inland, so daß die Gewebe insgesamt gewichtsmäßig ungefähr 10 v.H. mehr ausmachten als die inländische Garnherstellung.

Bis zur *Mitte des 19. Jahrhunderts* wurden *etwa 6 v.H.* der Wollgewebe auf *mechanischen Webstühlen* hergestellt, 94 v.H. auf Handwebstühlen. Letztere arbeiteten zu einem Drittel in Fabriken oder Manufakturen (sog. Etablissements) und zu zwei Dritteln in Heimarbeit.

Auch hier hatte sich bis *1875* keineswegs die Maschinenweberei allgemein durchgesetzt. Noch arbeiteten in Deutschland:

– 46.091 Handwebstühle neben
– 30.447 mechanischen Webstühlen,

d. h. unter Berücksichtigung der Produktionskapazität und des Ausnutzungsgrades der einzelnen Maschine wird man davon ausgehen können, daß kaum mehr als *die Hälfte* aller Wollgewebe *maschinell* produziert wurde. Die Zahl der Beschäftigten stieg von 1835 bis 1873 von 105.000 auf 119.000, d. h. der Übergang von der Handweberei zur teilweisen Maschinenweberei hatte die Zahl der Beschäftigten je verarbeiteter Gewichtseinheit Wolle auf ungefähr 30 v.H. verringert. Der Produktivitätszuwachs lag mit etwa 260 v.H. niedriger als der der Garnherstellung, was darauf zurückzuführen ist, daß die Weberei nur angenähert zur Hälfte industrialisiert worden war.

Die Produktion von Flachsgeweben

Die *Umstellung* der Produktion von Flachs- (oder Leinen-)garn *auf Spinnmaschinen* dauerte *länger* als der entsprechende Vorgang bei Baumwolle und Wolle. Zwei Gründe mögen hierfür ursächlich gewesen sein:

– Die *mechanische Herstellung von Garn* war hier *schwieriger als bei Baumwolle und Wolle.* Als trotz vieler Versuche keine einwandfrei arbeitende Maschine bis zum Anfang des 19. Jahrhunderts erfunden worden war, setzte z. B. Napoleon im Jahre 1810 einen Preis von 1 Mill. Franc dafür aus.

– Während die Baumwolle eingeführt wurde und die Wolle (Schafhaltung!) vor allem auf größeren Bauernhöfen und Gütern produziert wurde, konnten viele hausindustrielle *Flachs*garnproduzenten den benötigten Rohstoff *auf den eigenen Flächen* selbst *erzeugen*. Erst der Konkurrenzdruck *englischer Flachsgarne* (Preissenkungen) brachte den breiter wirkenden Anstoß zur Verbesserung der maschinellen Garnherstellung auch auf dem Kontinent.

Zeitlich ist der *Anfang* dieses Vorganges in die Jahre *1825 bis 1843* einzuordnen. So gab es 1837 in Deutschland erst 5 mechanische Spinnereien mit 10.300 Spindeln, 1851 65.000 und 1861 136.000 Spindeln. Damit wurden zur *Mitte des 19. Jahrhunderts erst etwa 5 v.H.* und *1861 10 v.H.* des benötigten Garns maschinell im Inland hergestellt. Wenn auch weiterhin der überwiegende Teil mit Handspinnrädern produziert wurde, so trat doch seit den 40er Jahren die englische Konkurrenz auch beim Flachsgarn bemerkbar auf. Mit der seit der Mitte des 19. Jahrhunderts zunehmenden maschinellen Leinenweberei benötigte man ein gleichmäßiges Garn, das aber nur die Maschinen liefern konnten. Trotzdem blieb die Handspinnerei noch bis weit in das letzte Drittel des19. Jahrhunderts von Bedeutung, begünstigt durch die nebenberufliche Tätigkeit der Landbevölkerung in den landwirtschaftlich arbeitsarmen Zeiten des Jahres.

Die in 7 südniedersächsischen „Leggen“ (Sammel- und Prüfstellen zur Ablieferung von Flachsgarn) vorgelegten Garne stammten 1867 zum überwiegenden Teil noch aus der Handspinnerei. Lediglich bei der Legge der Stadt Göttingen überwog das Maschinengarn (nach Schmoller), vgl. Tabelle 9, d. h., nur hier war der Übergang zur industriellen Produktionsweise bereits weit fortgeschritten.

In der *Leinenweberei* war der Übergang zur maschinellen Produktion *noch langsamer* als bei den bisher genannten Textilzweigen, bis *1855* weniger als *3 v.H.* Bis zum Jahre *1875* hatte sich dieser Anteil erst auf *etwa 15 v.H.* erhöht. Der größte Teil der etwa 140.000 hauptberuflich mit der Leinenweberei Beschäftigten arbeitete also noch unter vorindustriellen Produktionsverhältnissen. 1861 waren hiervon sogar 127.000 noch im Hausgewerbe tätig. Mit dem geringen Fortschritt der Industrialisierung der Leinenweberei mag es auch zusammenhängen, daß 1861 hier noch 31.000 Webstühle nebenberuflich betrieben wurden.

Tabelle 9: Der Anteil von Hand- und Maschinengarn bei verschiedenen Leggen in Südniedersachsen im Jahre 1867

	In v.H. des vorgelegten Garnes	
Leggeort	Handgarn	Maschinengarn
Adelebsen	100,00	0,00
Münden	97,99	2,01
Einbeck	94,69	5,31
Uslar	92,96	7,04
Gladebeck	91,03	8,97
Markoldendorf	72,33	27,67
Göttingen	13,98	86,02

Seidenfabrikation

Im *Seidengewerbe* war bis zur *Mitte des 19. Jahrhunderts die Garnherstellung* ebenfalls *industrialisiert* worden. Der Übergang zur *Maschinenweberei* war bis 1873/75 erst *zu* etwa *einem Viertel* (nach der Kapazität) erfolgt.

Die Industrialisierung des gesamten Textilbereiches

Faßt man den *Industrialisierungsvorgang der Textilherstellung in allen vier Zweigen* (Baumwolle, Wolle, Flachs und Seide) zusammen, dann erhält man das aus Abbildung 25 ersichtliche Bild. In die Abbildung wurde außerdem die Entwicklung bei den einzelnen Verarbeitungsvorgängen der Baumwolle, der Wolle und des Flachses mitaufgenommen, um die Differenzierung des gesamten Industrialisierungsvorganges im Textilbereich zu zeigen.

Die Gewichtung der einzelnen Zweige der Textilgewerbe erfolgte nach dem Produktionswert. Da noch keine genügenden Einzeluntersuchungen über diesen Vorgang vorliegen, mußte zur Zusammenstellung der Angaben auf verschiedene, nicht immer völlig vergleichbare Quellen zurückgegriffen werden. Die Abbildung gibt daher nur die *Grundtendenz* wieder. Es wird aber deutlich:

– Der *Industrialisierungsvorgang* im Textilgewerbe war ein *sehr langwieriger Prozeß*, (von einem take-off kann nicht gesprochen werden und dieser Gewerbezweig ist daher auch *nicht* wie in Eng-

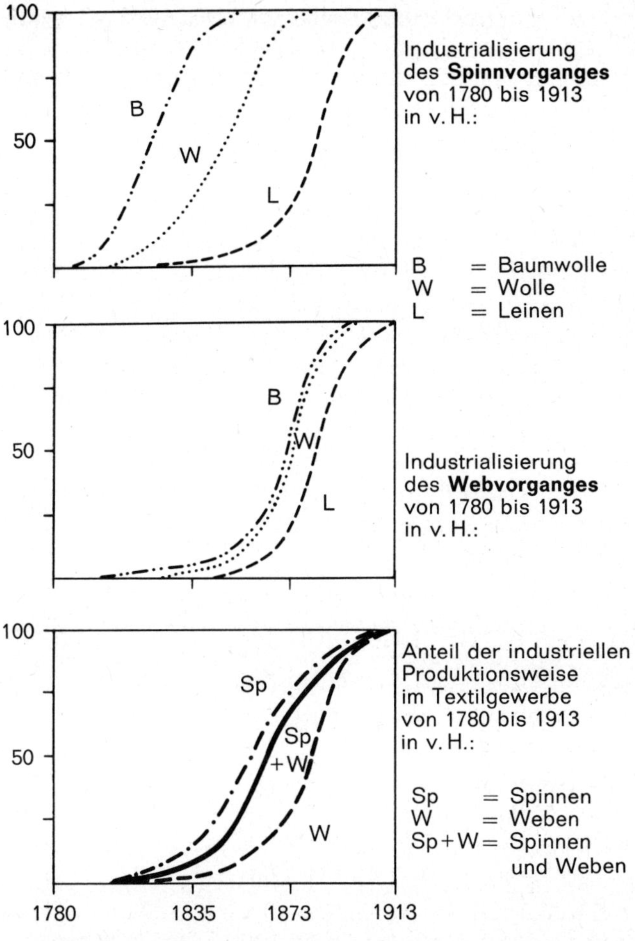

Abb. 25: Die Industrialisierung der einzelnen Zweige des Textilgewerbes von 1780 bis 1913

land als "leading sector", als *führender Sektor* im Sinne Rostows anzusehen).

- Die *Garnherstellung* wurde *eher technisiert* als der Webvorgang.
- Die Industrialisierung des *Spinnvorganges* war bei den einzelnen

Textilarten sehr viel *unterschiedlicher* als die des Webvorganges.
- Die so angesprochenen Unterschiede zeigen, daß man die *Industrialisierung des Textilsektors nicht* als einen *einheitlichen Vorgang* betrachten kann.

Der aus Abbildung 25 ersichtliche Entwicklungsprozeß bedrängte vor allem die Spinner und Weber, die keine Möglichkeit hatten, in die aufkommende Industrie abzuwandern. Auf Grund der *häufig* auftretenden *Überproduktionen mit starkem Preisverfall* kehrten besondere Krisensituationen für die bisherigen Handspinner und -weber während des ganzen zweiten Drittels des 19. Jahrhunderts immer wieder. Eine solche *Krise* ist als *„Weberaufstand" (1844)* besonders bekannt geworden. Wie ein Blick auf Abbildung 25 zeigt, waren die Weber zu dieser Zeit mehr durch das allgemeine Überangebot an Arbeitskräften und die dadurch hervorgerufenen niedrigen Löhne als durch die Installierung von Maschinen bedrängt. Und tatsächlich handelte es sich bei den betroffenen Textilarbeitern Schlesiens um *Baumwollarbeiter,* vor allem um Spinner (Zerstörung von Spinnmaschinen),
- die *nicht* mit den *Spinnmaschinen konkurrieren* konnten
- und die auch *nicht* wie die meisten Woll- und Leinenspinner und -weber mit einer *kleinen Landnutzung* als zusätzlicher Ernährungshilfe versehen waren (Meinhardt).

Begleitet wurde dieser Prozeß des Überganges zur neuen Produktionstechnik durch eine Ausdehnung der Textilproduktion (Angaben für den gesamten Textil- und Bekleidungsbereich):
- Das Produktionsvolumen stieg an:

1800 bis 1835 um	40 v.H.
1835 bis 1873 um	250 v.H.
1873 bis 1913 um	185 v.H.
1800 bis 1913 um	1.300 v.H.

- Die Zahl der Beschäftigten stieg an:

1800 bis 1835 um	36 v.H.
1835 bis 1873 um	30 v.H.
1873 bis 1913 um	32 v.H.
1800 bis 1913 um	130 v.H.

– Die Produktivität, d. h. die Relation zwischen Produktion und Beschäftigtenzahl, erhöhte sich:

1800 bis 1835 um	3 v.H.
1835 bis 1873 um	170 v.H.
1873 bis 1913 um	115 v.H.
1800 bis 1913 um	520 v.H.

In der Garn- und Gewebeherstellung ist die Zunahme der Produktivität allerdings noch größer gewesen, da diese Gewerbezweige stärker als die übrigen Textil- und Bekleidungsgewerbe (Bortenmacher, Sticker, Schneider usw.) maschinell betrieben werden konnten und wurden.

Die starke Zunahme der Textilarbeiterzahl insgesamt brachte bei einer *Verdrängung durch* die aufkommende *Industrie* nur dort eine *Härte, wo* ein *Übergang* in die Industrie oder einen anderen Wirtschaftszweig dem einzelnen Arbeiter nicht möglich war. Gerade die weite Verbreitung des *ländlichen Verlagssystems* im vorindustriellen Textilgewerbe und die Konzentration der *Textilindustrie in den Städten* oder größeren ländlichen Orten schlossen eine nicht geringe Zahl an Arbeitern von der industrialisierten Textilarbeit aus. Aber auch wenn Textilindustrie in erreichbarer Nähe war, konnte der Übergang wenigstens kurzfristig eine einkommensschmälernde Härte bedeuten.

Die *Erhöhung der Produktivität hätte* zu einem erheblichen *Rückgang der Preise* für Textilien oder zu einer Erhöhung der Löhne im Textilgewerbe *führen müssen.* Die tatsächliche Entwicklung war folgende (1830 bis 1913):

- Löhne:
  - Die *Nominallöhne* stiegen *auf etwa 300 v.H.,*
  - die *Reallöhne* allerdings auf Grund der Preissteigerungen für die meisten Produkte des täglichen Lebens nur *auf 130 v.H.* Dieser Anstieg konzentrierte sich zudem auf die Zeit ab 1883, während von 1830 bis 1865 sogar ein geringfügiger Lohnrückgang zu verzeichnen war.
- *Preise für Textilien:*
  - Es gab *starke Preisschwankungen* mit sehr hohen Preisen vor allem in den 60er Jahren.

- *Im allgemeinen* lagen aber die *Preise um 1830 und 1913* bei Textilien *auf demselben Niveau* (aber Qualitätsunterschiede).

Bei absinkenden Preisen der Textilrohstoffe kann man daher davon ausgehen, daß die *Gewinne der Textilunternehmer* im 19. Jahrhundert sehr stark *gestiegen* sind, was zugleich ein Hinweis auf die *Finanzierung* der umfangreichen *Nettoinvestitionen* im Textilbereich ist (Finanzierung *über den Preis,* d. h. im Wege der *Kapitalakkumulation*).

Die *Handspinner und -weber* konnten sich trotz der sinkenden Rohstoffpreise nicht mehr halten,

- da sie hinsichtlich der Beschaffung der Rohstoffe und des Absatzes der Produkte *von den Verlegern abhängig* waren und außerdem
- die nominalen Einkommen wegen des *Kaufkraftverlustes* (vgl. Nominallöhne plus 200 v.H., Reallöhne plus 30 v.H. von 1830 bis 1913) *von 100 auf 43* auf mindestens das Doppelte hätten steigen müssen.

Die Herstellung von Endprodukten

Aber nicht nur die Produktion der Stoffe erfuhr in der *Industrialisierungsphase* eine Wandlung, sondern *auch* die *Fertigung der Endprodukte.* Im Textil- und Bekleidungsgewerbe sind es *zwei Zweige,* die dabei *von besonderer Bedeutung* sind:

- Das *Bekleidungsgewerbe* im engeren Sinne, d. h. die Produktion von Kleidung. Eine *Industrialisierung* mit der Herstellung großer Serien in industrieller, d. h. maschinenorientierter Produktion ist allerdings *bis in die 70er Jahre* des 19. Jahrhunderts hier *nicht zu finden.* Die Wandlung ist eine andere:
  - *Bis zur Mitte des 19. Jahrhunderts überwog* das *Schneiderhandwerk als Kleinbetrieb,* d. h. der Meister arbeitete ohne oder mit nur wenigen Gehilfen.
  - *Mit den 40er Jahren beginnend,* aber erst nach der Jahrhundertmitte über Anfänge hinausgelangend, *setzte* der Trend zur *Großproduktion ein,* jedoch nicht in Fabriken, sondern *durch* ein in den schnell wachsenden Städten neu entwickeltes *Verlagssystem*: Teile der Arbeitsprozesse wurden an Heimarbeite-

rinnen oder auch Heimarbeiter vergeben. Die Notwendigkeit zur Frauenarbeit für den größten Teil der Haushalte auf Grund der teureren Lebenshaltung in den Städten traf sich hier mit einem immer umfangreicher werdenden Bedarf an noch relativ individuellen, jedenfalls aber noch nicht industrialisierbaren Arbeiten. Die *Nähmaschine* als Kleingerät stand dieser Entwicklung nicht entgegen, sondern begünstigte sie sogar, da diese Maschine fußgetrieben einzeln aufgestellt werden konnte.

- Auch in der *Schuhherstellung* ist eine ähnliche Entwicklung zu beobachten. *Kleine,* nur wenige Arbeiter umfassende *Zuliefererbetriebe* konnten sich, auf jeweils *einzelne Arbeitsvorgänge* beschränkt, in Abhängigkeit von großen, kapitalkräftigen Unternehmen entwickeln.

Die Metallerzeugung und -verarbeitung in Deutschland

Für den Industrialisierungsprozeß *in Deutschland* hatte der *Metallsektor* (im Vergleich zu England) eine *größere Bedeutung als der Textilsektor.* Wie schon Abbildung 24 (S. 136) gezeigt hat, lag in der Zeit von *1835 bis 1873* die erste *große Aufschwungphase* der Metallgewerbe, und d. h. der *Metallindustrie.* Die Nachfrage aus zwei Bereichen war hierfür vor allem *von Bedeutung:*

- Der *Maschinenbau* und
- der *Eisenbahnbau*

erforderten eine größere Eisenmenge als bisher produziert wurde. Im Gegensatz zu England, wo die Industrialisierung im Textilsektor einige Jahrzehnte vor dem Eisenbahnbau begann, fiel für Deutschland der 1835 beginnende Eisenbahnbau in die erste Industrialisierungsphase. Im Verhältnis zum Bedarf des Maschinenbaues war die Nachfrage der Eisenbahn umfangreicher, so daß rein quantitativ gesehen die Eisenbahn sogar zu einem entscheidenden Antrieb für die gesamte *Industrialisierung* wurde. Eine Abbildung verdeutlicht diese Zusammenhänge.

Abbildung 26 zeigt, daß von *1835 bis etwa 1853* die *über die normale Versorgung* (4 kg pro Person) hinausgehende *Eisenproduktion für den Eisenbahnbau nicht ausreichte.* Mit diesem Ergebnis stimmt überein:

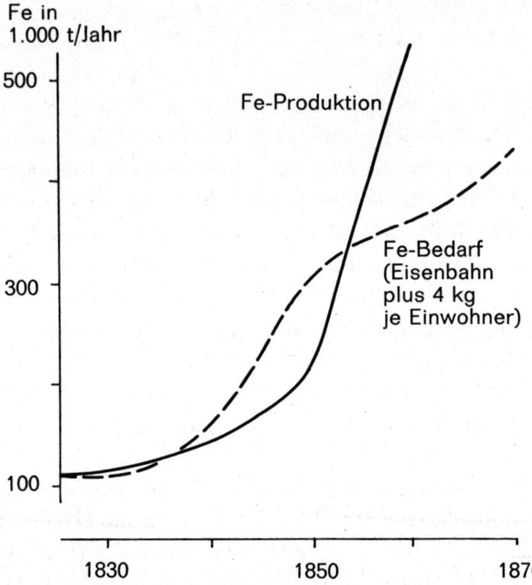

Abb. 26: Entwicklung der Eisenproduktion und des Eisenbedarfes in Deutschland von 1825 bis 1860/70

Für die Abbildung wurde angenommen:

- Ein normaler Bedarf von 3,9 bis 4 kg Fe je Einwohner, wie er in der Zeit von 1800 bis 1830 in Deutschland üblich gewesen ist.
- Ein Fe-Bedarf von 160 t je km neuer Eisenbahn. Vermutlich wird man in den ersten Jahren weniger gebraucht haben. Jedoch wird der Bedarf an rollendem Material hinzuzurechnen sein. (In der Gegenwart werden 200 t Eisenmaterial für den Gleisoberbau einer Strecke von 1 km gerechnet, einschließlich Laschen, Schrauben usw.).

- In den ersten Jahrzehnten nach 1835 wurde ein Teil des Materials, vor allem auch *Lokomotiven, eingeführt.*
- *Ende der 50er und Anfang der 60er Jahre* erfuhr die *Maschinenbauindustrie* einen erheblichen Aufschwung (mit Ausnahme des Krisenjahres 1861). In Preußen gab es z. B. folgende Maschinenfabriken:

1852	=	180
1858	=	322
1875	=	1.196

In diesen Fabriken waren beschäftigt:

1846 =	7.600
1852 =	9.800
1861 =	27.900
1875 =	162.000

Preußen – in den Grenzen von 1864 – hatte etwa 55 v.H. der deutschen Maschinenbauindustrie. Die Nachfrage dieser Industrie brachte seit dem Ende der 50er Jahre einen *weit über die Nachfrage der Eisenbahn hinausgehenden Impuls* für die Roheisenproduktion, so daß man vereinfacht sagen kann, daß

- *bis etwa 1853* der Aufschwung der Eisenindustrie vom *Eisenbahnbau* getragen wurde,
- während *ab 1854* die *Maschinenbauindustrie* (und der allgemein steigende Eisenbedarf der Volkswirtschaft) die Weiterentwicklung bestimmte.

Hierin liegt ein wichtiger Unterschied zur Entwicklung in *England*, wo *zunächst die Maschinenbaugewerbe* und *erst ab 1825 auch die Eisenbahnen* als Nachfrager von Roheisen den Absatz der eisenerzeugenden Industrie kennzeichneten.

Die *Beschäftigungsstruktur in der deutschen Maschinenbauindustrie* im Jahre *1861* zeigt, wer als Nachfrager in Betracht kam und damit an der Industrialisierung teilnahm:

- 38.973 Arbeitskräfte: Landwirtschaftliche und Bergbau-Maschinen, Apparate zur Bearbeitung von Metall, Holz, Ton, Stein, Früchten und Säften, Motoren (Wind-, Gas-, Dampf-, Wasserantrieb), Schiffsbau
- 2.225 AK: Spinn-, Web- und andere Textilmaschinen
- 10.156 AK: Bahn- und andere Wagen, einschl. Lokomotiven

51.354

Aus dieser Zusammenstellung wird deutlich:

- Der nach der Beschäftigtenzahl umfangreichste Gewerbezweig, nämlich die *Textil- und Bekleidungsgewerbe*, hatten einen *sehr geringen Einfluß auf den Maschinenbau; lediglich 4,3 v.H.* der Beschäftigten im Maschinenbau arbeiteten hierfür. (Auch in der

Zeit von 1873 bis 1913 stieg dieser Anteil nur kurzfristig auf 5 v.H., lag meistens aber bei nur 3 v.H.).

- Der *Eisenbahnbau* wirkte sich nicht nur in der Nachfrage nach *Oberbaumaterial* aus, sondern auch in der Entwicklung des *Maschinenbaues. 1861* arbeitete dafür *fast jeder fünfte im Maschinenbau Tätige* (Die Zahl lag etwas niedriger als 10.156, da in dieser Zahl auch der sonstige Wagenbau enthalten war, allerdings ohne den handwerklichen Wagenbau durch Stellmacher usw.).

Dabei darf über der spektakulären Entwicklung des Dampfmaschinen- und Eisenbahnbaues nicht übersehen werden, daß auch eine Vielzahl kleiner Maschinen hergestellt wurde, wie z. B. diese: „Mit der Anfertigung, dem Zählen, Numerieren der Eisenbahnbillets ist eine Reihe kleiner Maschinen betraut, welche diesen Teil der Arbeit unendlich viel besser und rascher besorgen, als der Mensch. Ein solches Maschinchen druckt täglich 70.000 Billets; ein zweites numeriert mit fortlaufender Nummer täglich 40.000 Stück; ein drittes zählt täglich 140.000 Stück" (Viebahn, Bd. 3, 1868, S. 1074).

Die *Standorte der Maschinenbauindustrie* waren:

- In Anknüpfung an *alte vorindustrielle metallverarbeitende Gewerbe*: Rheinland, Sachsen, Großherzogtum Hessen, Württemberg, Schlesien.
- In Anknüpfung an *andere gewerbliche Produktion*: Brandenburg, Hannover, Braunschweig, Anhalt, Berlin.

Während diese Gebiete und Städte eine überdurchschnittliche Dichte an „Maschinenbauanstalten" um 1861 aufzuweisen hatten, waren mit durchschnittlichen Werten versehen:

- Provinz Sachsen, die thüringischen Staaten.

Unter dem Durchschnitt lagen:

- insbesondere die preußischen Ostprovinzen, ferner Mecklenburg, Bayern, Baden, Oldenburg und auf Grund der großen Provinzteile ohne metallverarbeitendes Gewerbe auch Westfalen.

Der größte Teil der später wichtigen Firmen der Metallindustrie war bereits 1815 gegründet: Haniel, Harkort, Huyssen, Krupp, Jacobi. Wie auch andere Unternehmer hatten sie aber anfangs erhebliche technische und wirtschaftliche Schwierigkeiten zu überwinden, so daß die eigentliche Blütezeit erst in den 30er Jahren des 19. Jahrhunderts begann. Krupp hatte bis 1833 weniger als 40 Beschäftigte und einen unter 4.000 Taler im Jahr liegenden Umsatz. Innerhalb weniger Jahre stiegen dann Beschäftigtenzahl und Umsatz auf mehr als das Doppelte.

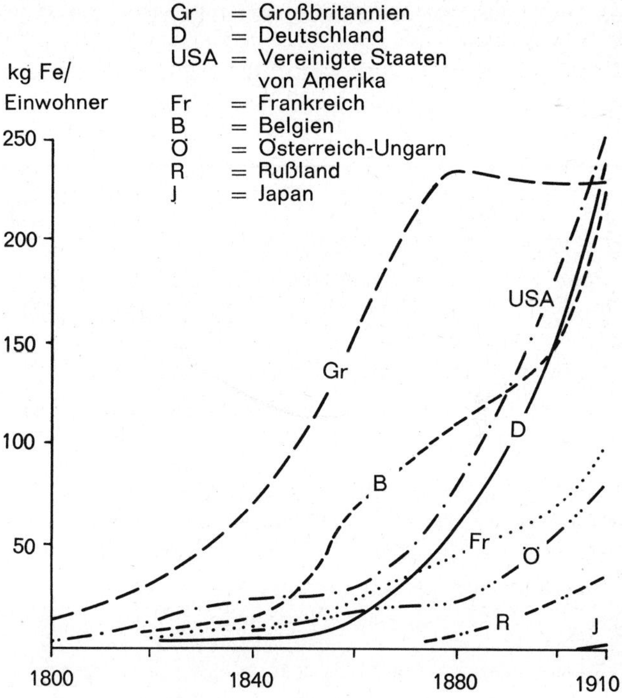

Abb. 27: Roheisenproduktion je Einwohner in verschiedenen Ländern der Erde

Die Eisenproduktion in verschiedenen Ländern

Die Entwicklung der Roheisenproduktion je Einwohner in verschiedenen Ländern zeigt, in welchem Maße und mit welcher Intensität die Industrialisierung in diesen Ländern im einzelnen durchgeführt worden ist, vgl. Abbildung 27.

England lag eindeutig *an der Spitze* der industriellen Entwicklung, wenn man diese mit der Eisenproduktion gleichsetzt. Da die Zahlen für Großbritannien, einschließlich Irland und Schottland, berechnet wurden, war die Pro-Kopf-Erzeugung in Wirklichkeit für das sich eigentlich industrialisierende England, einschließlich Wales, sogar noch um etwa 20 v.H. höher. Da in England der Eisenbahnbau erst in den 20er Jahren begann, wurde der Aufschwung der englischen Eisenproduktion in erster Linie durch den Maschinenbau, durch die Waffenindustrie und durch andere metallverarbeitende Gewerbe hervorgerufen. *Parallel zur* Entwicklung der *Eisenproduktion* war daher zu beobachten:

- Die Entwicklung der *Metallgewerbe* und durch den Bau von Textilmaschinen auch
- die Entwicklung der *Textilindustrie.*

Man kann also auch für *England* davon ausgehen, daß *Textil- und Metallindustrie* die *Industrialisierung getragen* haben, und daß daher die Textilindustrie allenfalls deshalb der „führende Sektor" im Sinne von Rostow gewesen sein kann, weil er in starkem Maße durch seine Nachfrage nach Maschinen zur Entwicklung der Metallindustrie beigetragen hat; obgleich man diesen Gedanken *skeptisch beurteilt,* wenn man den *geringen Anteil* der Textilmaschinenproduktion an der gesamten Maschinenindustrie *in Deutschland* (3 bis 5 v.H.) zum Vergleich heranzieht.

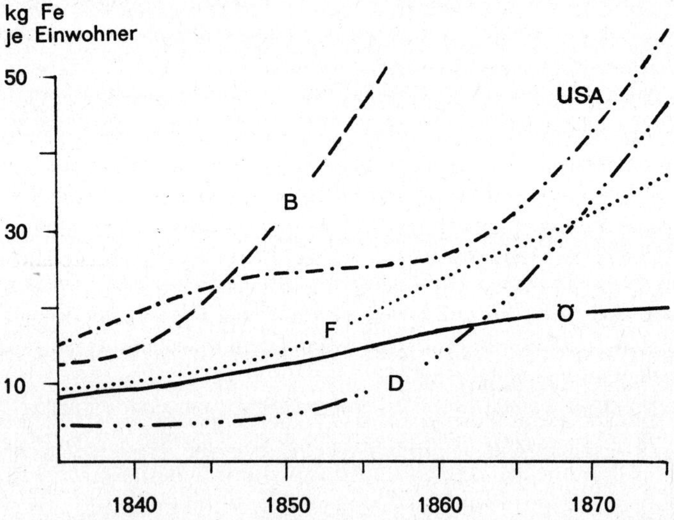

Abb.: 28: Roheisenproduktion je Einwohner in fünf Ländern von 1835 bis 1875

Die USA und die vier europäischen Staaten, die dann die Entwicklung von 1835 bis 1873 geprägt haben, haben jeweils einen unterschiedlichen Verlauf der Eisenproduktion gehabt. Ein vergrößerter Ausschnitt aus Abbildung 27 macht dieses deutlich, vgl. Abbildung 28.

Die USA und Belgien waren am weitesten fortgeschritten. Der Import von belgischen und amerikanischen Lokomotiven neben englischen in den ersten Jahren des Eisenbahnbaues nach Deutschland unterstreicht dies. Die 1840 in Deutschland vorhandenen 245 Lokomotiven stammten aus den folgenden Ländern: England (166), Deutschland (38), USA (29), Belgien (12). Die USA hatten aber auf Grund starker Einwandererwellen eine Stagnation bei insgesamt steigendem Produktionsvolumen zu verzeichnen, während Belgien seine Industrie von Wanderungswellen unbeeinflußt entwickeln konnte.

In den USA war es dann vor allem der Eisenbahnausbau seit der Mitte der 40er Jahre, der stimulierend auf die starke Erweiterung der Eisenproduktion wirkte, zumal da zunächst sogar noch Eisenbahnmaterial in der Zeit von 1845 bis 1865 importiert werden mußte.

Österreich-Ungarn und Frankreich haben bis zur Mitte des 19. Jahrhunderts eine Entwicklung auf etwa vergleichbarem Niveau gehabt. In der Zeit von 1857 bis 1866 machte die österreichische Eisenproduktion die Aufwärtsentwicklung nur noch zögernd mit. Für die Industrialisierung kostenungünstige Verhältnisse im Erzbergbau, das Fehlen verkokbarer Kohle, die Wirtschaftspolitik des Staates und die langsame Nachfrage des Inlandes waren hierfür entscheidend. Der Eisenbahnbau, als ein wichtiger Motor der anfänglichen Entwicklungsphase, blieb hinter dem Eisenbahnbau in Frankreich (und Deutschland) zurück.

Gerade in der Zeit von 1845 bis 1870 entwickelte die deutsche Eisenproduktion auf einer breiten Basis des Maschinenbaues (und zunächst noch des Eisenbahnbedarfes) die Grundlage für den späteren bis zum Ersten Weltkrieg alle europäischen Eisenproduzenten überrundenden Aufschwung, vgl. Abbildung 27.

Der Bergbau

Nach der Zahl der Beschäftigten blieb der *Bergbau während des ganzen 19. Jahrhunderts* mit *weniger* als *10 v.H. aller im sekundären Bereich Tätigen* einer der kleineren Gewerbezweige. Der von hier ausgehende *Einfluß auf die Industrialisierung* war jedoch nicht unerheblich:

- Der *Energieverbrauch* der Wirtschaft stieg mit zunehmender Industrialisierung stark an (Kohlebergbau).
- Der *Bedarf an Erzen* für die Metallherstellung nahm schnell zu, Anstieg des Erzbergbaues.
- Neben der Lieferung von der Industrie benötigter Rohstoffe trat der *Bergbau* auch *als Nachfrager von Industrieleistungen* auf.
- Der *Transport der Bergbauprodukte* förderte die Nachfrage nach Industrieleistungen zum Ausbau der Transportsysteme (Eisenbahn, Binnen- und Seeschiffahrt).

Die einzelnen *Perioden* des 19. Jahrhunderts lassen sich hinsichtlich der Beschäftigtenzahl, der Produktion und damit auch der Produktivität folgendermaßen unterscheiden:

Beschäftigtenzahl:

1800 bis 1835	=	+ 100 v.H.
1835 bis 1873	=	+ 260 v.H.
1873 bis 1913	=	+ 200 v.H.

Produktion:

1800 bis 1835	=	+ 140 v.H.
1835 bis 1873	=	+ 500 v.H.
1873 bis 1913	=	+ 400 v.H.

Produktivität:

1800 bis 1835	=	+ 20 v.H.
1835 bis 1873	=	+ 67 v.H.
1873 bis 1913	=	+ 67 v.H.

Aus dem Vergleich der Beschäftigtenzahl und der Produktionsziffern wird die *besondere Stellung der Periode von 1835 bis 1873* deutlich. In dieser Zeit liegt der erste große Aufschwung des Bergbaues. Zwischen den einzelnen Zweigen des Bergbaues gab es erhebliche Unterschiede, da sie nicht in gleicher Weise der Mechanisierung zugänglich waren:

- Der *Steinkohlenbergbau* wurde hauptsächlich als Untertagebau betrieben und war daher nur hinsichtlich der Fördertechnik, *nicht* aber *im Abbau* unter Tage leicht *mechanisierbar*. Die Handarbeit überwog hier noch lange nach der Wende zum 20. Jahrhundert.
- Der *Braunkohle-* und der *Eisenerzbergbau* wurden meistens im *Tagebau* betrieben. Hier war der Einsatz von *Maschinen* und damit der Ersatz von Arbeitskraft eher möglich und auch *lohnender*, so daß die *Produktivitätssteigerungen* dieser beiden Zweige *überdurchschnittliche* Werte erreichten. Die Produktivitätssteigerung im Tagebergbau überstieg die des Untertagebergbaues um das Fünffache.

Technische Neuerungen im Bergbau sind gewesen:

- *Förderwagen, Schrämmaschine* (jedoch *bis 1913* nur *wenig* eingesetzt).
- *Mechanische Abbauvorrichtungen* im Tagebergbau.

Die *Produktionsentwicklung im Bergbau* lag im 19. Jahrhundert bei folgenden Werten:

Steinkohle:	1800	=	0,8 Mill. t
	1835	=	2,0 Mill. t
	1873	=	30,0 Mill. t
	1913	=	190,0 Mill. t
Braunkohle:	1800	=	0,3 Mill. t
	1835	=	0,7 Mill. t
	1873	=	11,0 Mill. t
	1913	=	111,0 Mill. t
Eisenerz:	1800	=	0,1 Mill. t Fe
	1835	=	0,2 Mill. t Fe
	1873	=	1,3 Mill. t Fe
	1913	=	8,5 Mill. t Fe

1851/1860 ging man in Preußen, dem größten Kohleproduzenten unter den deutschen Ländern, *vom Direktionsprinzip ab*, d.h. der Kohlebergbau wurde nicht mehr staatlich beeinflußt, sondern die privaten Eigentümer der Kohlegruben konnten allein über Produktions- und Absatzprobleme und -gestaltungen entscheiden. Die *damit frei gewordene Privatinitiative* scheint erheblich zum schnellen Anstieg der Kohleförderung beigetragen zu haben.

Eine Übersicht der *Steinkohlenförderung in mehreren Ländern* (Abbildung 29) spiegelt annähernd die unterschiedliche *industrielle Entwicklung* wieder, zumal wenn man damit noch die Roheisenproduktion vergleicht (vgl. Abbildung 27). *Auch hier* war *England* wie bei der Eisenproduktion und der Industrialisierung allgemein *weit voraus*.

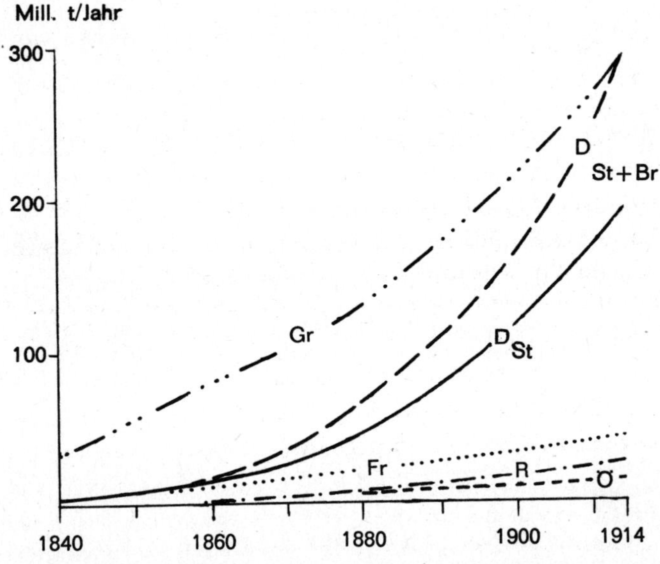

Abb. 29: Steinkohlenförderung in Mill. t/Jahr von 1840 bis 1914 in 5 Ländern

Für *Deutschland* wurde neben der Kurve der Entwicklung der Steinkohlenförderung (DSt) noch eine Kurve mit der Steinkohlen- und der Braunkohlenförderung (DSt + Br) aufgenommen, da gerade in Deutschland die *Braunkohle* eine *wichtige Ergänzung* zur Steinkohle als Energielieferant war und man daher beide Energieträger addieren muß, um mit der englischen Entwicklung vergleichbare Werte zu bekommen. Die Erfindung des *Brikettierverfahrens* im Jahre *1875* machte die Braunkohle zum handlichen und bald auch *wichtigsten Lieferanten von Energie zur Beheizung von Gebäuden.*

3. Die Entwicklung des Dienstleistungssektors

a) Der Verkehrssektor

Mit der *wirtschaftlichen Entwicklung durch die Industrialisierung* war auch eine *sprunghafte Aufwärtsentwicklung des Verkehrssektors verbunden*, und zwar durch *Wechselwirkungen*:

- Die Notwendigkeit zum *verstärkten Austausch* des gewaltigen *Produktionszuwachses* (= Anregung für den Verkehrssektor).
- Die Ermöglichung solchen wachsenden Güteraustausches (= Anregung für die Industrie über die *Verbesserung der Absatzchancen*).

Das Bild des Verkehrs wurde dabei geprägt:

- Im *regionalen Bereich* und für die meisten Länder überhaupt im inländischen Güteraustausch durch die *Eisenbahn.*
- Im *internationalen Warenaustausch* durch *Eisenbahn und Seeschiffahrt.*

Die Entwicklung des Eisenbahnwesens

Die *Kombination der Dampfmaschine mit der Spurbefestigung* (Gleis) *durch Stephenson* war zunächst ein Versuch von vielen. Immerhin war anfangs noch der Gedanke verbreitet, eine Dampfmaschine würde sich auf der Schiene nicht fortbewegen und daher auch keine Lasten ziehen können, sondern lediglich durch die drehenden Bewegungen der Räder am gleichen Ort die Schienen wie durch einen Schleifstein abreiben (Brunton). Nach mehr als ein Jahrhundert währenden Überlegungen und Versuchen (*Savary 17. Jahrhundert*), gelang dann George Stephenson 1814 der Beweis einer möglichen Kombination beider Techniken auf einer englischen Kohlenbahn, die bisher mit Pferdekraft betrieben wurde. *Am 27. September 1825* wurde auf der Pferdebahn für den *Kohletransport von*

Stockton nach Darlington der erste öffentliche Eisenbahnbetrieb der Welt begonnen. Die große Zahl der dann eingerichteten Eisenbahnen der verschiedenen Kohlengruben in England und auf dem Kontinent und die anfangs recht kurz projektierten Strecken auch zur Personenbeförderung (z. B. 1829 St. Etienne–Andrezieux in Frankreich) führten dazu, daß recht unterschiedliche Jahreszahlen für den Beginn der Eisenbahnen in den einzelnen Ländern genannt werden. In der Zeit von *1825 bis 1840* wurden Strecken eröffnet in: *England, USA, Frankreich, Belgien, Deutschland, Österreich-Ungarn, Rußland, Italien und in den Niederlanden. Widerstreitende Kräfte* gab es *in Deutschland* in großer Zahl:

- Die *Fuhrleute* bangten um ihr Einkommen.
- Die Erhebung von Chausseegeldern, für die Unterhaltung der Straßen wichtig, schien den *Straßenverwaltungen* gefährdet.
- *Gewerbetreibende* fürchteten die Konkurrenz aus bisher durch die hohen Transportkosten benachteiligten Gegenden.
- Die *Post* wies auf die bald unausgenutzten Postwagenkapazitäten hin.

Befürworter waren vor allem:

- *Friedrich List*, der 1833 sogar einen Plan für ein die wichtigsten Teile Deutschlands verbindendes Bahnsystem entwarf, das in etwa mit dem wirklichen Ausbau des Jahres 1855 übereinstimmte, vgl. Karten 3 und 4.
- *Fritz Harkort*, der besonders die Verbindung zwischen Wuppertal und Weser propagierte, (was bei der hauptsächlichen Ausrichtung seines Kleineisenwarenabsatzes vom bergisch-märkischen Gebiet nach Nordosten durchaus verständlich war).
- *J. v. Baader und J. Scharrer*, die Initiatoren der Bahn Nürnberg-Fürth, die als erste deutsche Bahn 1835 eröffnet wurde.
- *Zahlreiche Kaufleute und Unternehmer* erhofften eine Verbesserung ihrer Absatzchancen.

Die Entwicklung der Streckenlänge

Nachdem sich die ersten Eisenbahnen bewährt hatten, setzte eine Flut von Konzessionsanträgen ein. *Der Staat* war auf zweierlei Weise *mit dem Eisenbahnbau verbunden*:

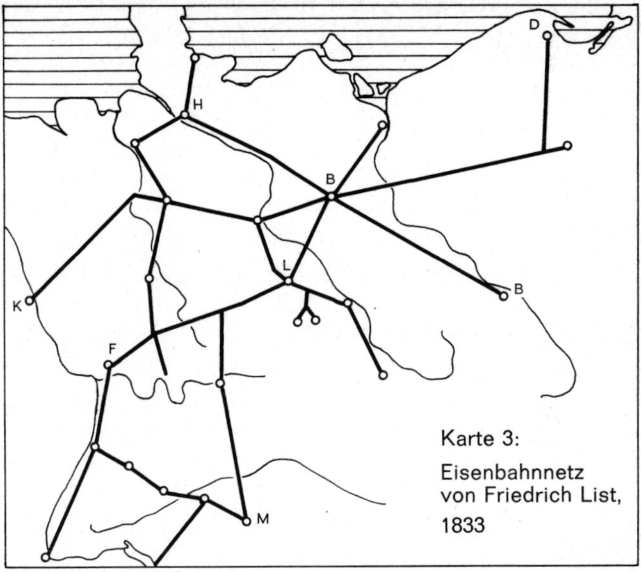

Karte 3:
Eisenbahnnetz
von Friedrich List,
1833

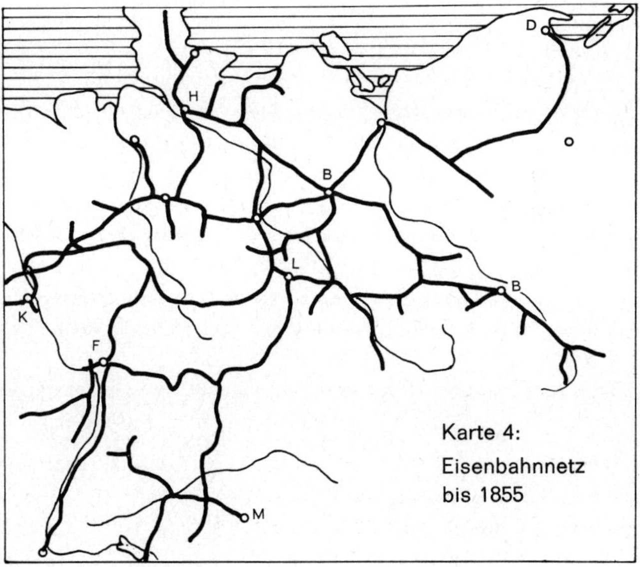

Karte 4:
Eisenbahnnetz
bis 1855

6 UTB 145 Henning, Die Industrialisierung 99161

- Für den *Bau* mußte eine *Konzession* eingeholt werden, ebenso für *Aktiengesellschaften, durch die die meisten Strecken finanziert werden sollten.*
- Für den Staat trat das Problem auf, ob er sich am Eisenbahnbau beteiligen (Zeichnung eines Teiles der Aktien) oder ihn gar als *staatliches Unternehmen* betreiben sollte (in Belgien wurde von Anfang an ein Staatsbahnsystem geplant und nur kurzfristig durch Konzessionen an Private durchbrochen; in anderen europäischen Staaten kam es zu wechselnden Bestrebungen, z. B. Österreich-Ungarn).

In Deutschland hielten sich das *Privat- und das Staatseisenbahnsystem bis etwa 1878 die Waage,* vgl. Abbildung 52, S. 240). *Danach* begann ein *systematischer Aufkauf* der Privatbahnen *durch den Staat,* so daß 1913 nur noch wenige Strecken (meistens inzwischen neu errichtete Schmalspurbahnen) in der Hand von privaten Gesellschaften waren.

Nach Sombart kann man folgende *Stufen des Eisenbahnbaues* in Deutschland unterscheiden:

1. Die *Vorstufe*: Es wurden relativ dicht beieinander liegende Orte verbunden (1835 bis 1845 = 2.130 km).
2. Die Periode des *Skelettbaues*: Bau durchgehender Linien, Verbindung der wichtigsten Städte des Landes; etwa identisch mit List's Plan (bis 1860 = 11.600 km insgesamt vorhanden).
3. Das *System der Vollbahnen*: Abschließender Ausbau des großmaschigen Netzes (bis 1880 = 33.800 km ausgebaut).
4. Weiterer Ausbau mit *Verästelungen des Systems*: Hier gewinnt der Kleinbahnbau an Bedeutung (1880 bis 1913):
   - Die Verstaatlichungspolitik bezog nur ausnahmsweise Kleinbahnen ein, so daß nur noch diese von privater Hand gebaut wurden.
   - Die Kleinbahnen waren ein Ausweg, wenn normale Bahnen unrentabel gewesen wären (Kleinbahnen als Zubringer).

Zu Beginn des Ersten Weltkrieges waren in Deutschland *vorhanden:*

- 61.000 km Normalspurbahnen
- 2.700 km Schmalspurbahnen.

Damit waren *fast alle Orte Deutschlands* nicht mehr als *wenige Stunden* Fußmarsch *von einer Eisenbahnstation entfernt.* Dies hatte zwei *Vorteile*:

- Die für die *Industrialisierung* in den anwachsenden Städten benötigten *Arbeitskräfte* brauchten nicht sämtlich in die Städte zu ziehen, sondern konnten täglich aus näherer oder wöchentlich aus weiterer Entfernung zum Arbeitsort fahren. Die Probleme der Verstädterung traten daher nicht mit der sonst zu erwartenden Heftigkeit auf (Wohnungsnot, Nahverkehr in den Städten, Versorgung mit Wasser, Kanalisation, Schulbau usw.).
- Güter konnten im ganzen Land mit relativ geringen Kosten befördert werden (im Vergleich zum Straßentransport). Die *Standortwahl für industrielle Unternehmungen* konnte weiter gefächert werden. Die Industrialisierung konnte sich daher auf breiterer Basis vollziehen.

Lenin wies auf die hiervon in Deutschland (im Vergleich zu Rußland) ausgehenden günstigen Einflüsse für die wirtschaftliche Entwicklung hin.

Unabhängig von der Dichte des Eisenbahnnetzes hatte das *neue Verkehrsmittel* außerdem folgende *Vorteile*:

- Die *Transportkosten* wurden gegenüber dem Transport auf der Chaussee von etwa 1,8 bis 2,2 g Ag je Tonnenkilometer auf 0,2 g und weniger gesenkt.
- Die Transport*geschwindigkeit* erhöhte sich erheblich. Ein Dampfkesseltransport von Aachen nach Warschau (wegen des hohen niederländischen Rheinzolles offensichtlich nicht auf dem Wasserwege verfrachtet) brauchte für die mehr als 1.000 km lange Strecke bei 24 Pferden Vorspann Anfang der 50er Jahre noch mehr als zwei Monate. Auf der Bahn wurden später weniger als 30 Stunden benötigt.
- Die *Regelmäßigkeit* konnte auf Grund der größeren Unabhängigkeit vom Wetter (Wegeverhältnisse) und von unvorhersehbaren Zwischenfällen mit größerer Pünktlichkeit erreicht werden.

Kosten und Finanzierung des Eisenbahnbaues

Die Gesamtsumme der in den Eisenbahnen investierten Mittel betrug (in laufenden Preisen)

1835 bis 1873 = 5,6 Mrd. Mark
1873 bis 1913 = 13,7 Mrd. Mark
d. h. mehr als das Doppelte des Volkseinkommens eines Jahres in Deutschland um 1850 (9,4 Mrd. Mark).
Gemessen am Gesamtkapital:

- 1873 waren 9 v.H. des volkswirtschaftlichen Gesamtkapitals in der Eisenbahn investiert oder mehr als 20 v.H. des seit 1835 neu gebildeten Kapitals.
- 1913 waren 8,8 v.H. des volkswirtschaftlichen Gesamtkapitals in der Eisenbahn investiert oder 10 bis 11 v.H. des seit 1835 neu gebildeten Kapitals.

Je km Streckennetz wurden damit im Durchschnitt ausgegeben: *250.000 Mark*. Für die Zeit bis 1843 hat nach v. Reden 1 km Eisenbahn 331.000 Taler = 993.000 Mark gekostet. Später sanken die Kosten sowohl für Material auch für Bauten, da billigere Methoden angewendet werden konnten.
Die *Finanzierung* der Eisenbahnen erfolgte aus folgenden *Quellen*:
- Die *Privatbahnen* wurden durch die *Emission von Aktien* finanziert. Die Renditeerwartungen, untermauert durch gutachtenähnliche Berechnungen, brachten nicht selten eine Überzeichnung der Aktien. So wurden die Aktien für die schon sehr früh gegründete Bahngesellschaft Magdeburg-Leipzig im Jahre 1836 mehr als doppelt gezeichnet (5 Mill. Taler statt 2,3 Mill. Taler), obgleich das Eisenbahnwesen doch noch ganz am Anfang stand und daher noch als Risikogeschäft anzusehen war. Die Dividende dieser AG stieg von 4 v.H. 1840, dem Eröffnungsjahr, auf 10 v.H. 1843 und hielt sich dann auf dieser Höhe (bei einem sonst üblichen Satz von 4 v.H. für festverzinsliche Papiere). Der Kapitalmarkt war fast zu allen Zeiten bis zum Ersten Weltkrieg in der Lage und bereit, Eisenbahnaktien aufzunehmen, von wenigen unrentablen und zu eindeutig risikoreichen Papieren abgesehen.
- Die *Privatbahnen* wurden aber nicht nur über den Kapitalmarkt finanziert, sondern auch aus *Eisenbahngewinnen*:
  - Sowohl aus nicht ausgeschütteten Gewinnen
  - als auch aus den Dividenden.

Geht man von einer durchschnittlichen Verzinsung des jeweils investierten Kapitals von 1835 bis 1913
- in Höhe von 4 v.H. aus, dann sind in der genannten Zeit 21 Mrd. Mark Zinsen entstanden; ein Zinssatz
- in Höhe von 6 v.H. hätte zu einer Zinsleistung von 32 Mrd. Mark geführt (1865 hatten sämtliche preußischen Bahnen eine durchschnittliche Verzinsung von 6,25 v.H.).

Da die Verzinsung im allgemeinen höher als 4 v.H. gelegen hat, hat die *Eisenbahn also bis zum Ersten Weltkrieg mehr Einkommen aus Kapitaleigentum vermittelt, als Kapital insgesamt aufgebracht worden ist.* (Der Zinseszins-Effekt wurde dabei unberücksichtigt gelassen.) Es ist daher anzunehmen, daß die Gewinne (unausgeschüttet und ausgeschüttet) zu einem erheblichen Teil zur Finanzierung der Eisenbahn (im Wege der Kapitalakkumulation) beigetragen haben.

- Der *Staat* beteiligte sich ebenfalls an der Finanzierung der (Staats-)Bahnen. Da bis zum Ersten Weltkrieg der größte Teil der Bahnen in Deutschland in Staatseigentum überführt worden war, hatte der Staat also fast den gesamten 1913 vorhandenen Kapitalbestand von 19,3 Mrd. Mark aufzubringen gehabt. Er bediente sich dabei folgender Quellen:
  - *Selten* wurden normale Haushaltsmittel verwendet (*Steuern*).
  - *Anleihen* zum Aufkauf einzelner Strecken mußten von der betreffenden Bahn bedient werden.
  - Die Finanzierung aus *Eisenbahngewinnen* (Akkumulation) war auch bei den Staatsbahnen zu finden.

Der Chausseebau

Wenn auch die zweite Hälfte des 19. Jahrhunderts hinsichtlich des Landtransportes gänzlich vom Eisenbahnbau geprägt war, so war doch auch der *Straßenbau nicht unbedeutend.* Das Netz befestigter Straßen wuchs

- von etwa 25.000 km im Jahre 1835 auf
- etwa 115.000 km im Jahre 1873.

Die Fernstraßen wurden durch das Eisenbahnnetz mehr und mehr entlastet. Der Ausbau des *Straßennetzes ergänzte* im Prinzip *das*

Eisenbahnnetz. Die Straße war zum *Zubringer für die Eisenbahn* geworden.

Geht man davon aus, daß ein Kilometer Chaussee etwa 15.000 Mark (zu 5,56 g Ag) Baukosten verschlang, was bei den Gebirgsstrecken und den seit der Mitte des 19. Jahrhunderts steigenden Nominallöhnen eher zu niedrig geschätzt ist, dann waren insgesamt *in festen Straßen investiert* worden:

1835 = 370 Mill. Mark
1873 = 1.700 Mill. Mark.

Die Binnenschiffahrt

Das *Binnenschiffahrtsnetz* wurde auch im zweiten Drittel des 19. Jahrhunderts *ausgeweitet*, und zwar von

- etwa 3.000 km Kanälen und kanalisierten Flußstrecken auf 4.500 km.
- Die natürlichen Flußläufe blieben bei etwa 6.000 km.
- Mit Elsaß-Lothringen kamen weitere 387 km Kanäle und kanalisierte Flußläufe hinzu.

Insgesamt war mit etwa 1.500 km eine größere Strecke in dieser Zeit ausgebaut worden als von 1786 bis 1835. Hinzu kamen Aufwendungen für den Ausbau der vorhandenen Schiffswege, um sie für größere Schiffe befahrbar zu machen.

Infolge dieser Entwicklung und der zunehmenden Dichte des Verkehrs hatte sich die *Leistung der Binnenschiffahrt von 1835 bis 1873* in Tonnenkilometern *verdreifacht*:

1835 = etwa 0,7 Mrd. Tonnenkilometer.
1873 = etwa 2,2 Mrd. Tonnenkilometer.

Trotz der Entwicklung der Eisenbahn ist die dem Binnenlandverkehr zuzurechnende Binnenschiffahrt also noch gewachsen. Dabei wurde sie aber *von der Eisenbahn* bereits *Mitte der 50er Jahre überholt*.

Der *Massengutverkehr war auf Binnenschiffen* aber immer noch *billiger als der Eisenbahntransport*, jedenfalls wenn man die Frachtsätze vergleicht und die staatlichen Aufwendungen für den Kanalbau und die Schleusen, einschließlich Unterhaltung, unberücksichtigt läßt. Man kann etwa von folgender *Relation der Transportkosten* ausgehen:

- 100 = feste (chaussierte) Landstraße
- 10 = Eisenbahn
- 5 = Binnenschiff (Durchschnitt von Tal- und Bergfahrten auf Flüssen)
- 1 = Seeschiffe

Von diesen durchschnittlichen Werten gab es *erhebliche Abweichungen* (Schiffsgröße, Wegeverhältnisse, Wegelänge, Be- und Entlademöglichkeiten usw.).

Die Seeschiffahrt

In der Seeschiffahrt traten folgende Änderungen im zweiten Drittel des 19. Jahrhunderts ein:

- Mit der *zunehmenden Handelsverflechtung* (man begann von der „Weltwirtschaft“ zu sprechen) nahm auch die Tonnage der gesamten Seeschiffsflotte zu (für Deutschland von 280.000 NRT 1835 auf 970.000 NRT 1873).
- Die *Tonnage je Schiff stieg* dabei von 130 NRT auf 220 NRT.
- Die Einführung der *Dampfmaschine* auch im Schiffsantrieb führte zu einer Verbesserung der Leistung. Bis 1873 waren aber erst etwa 250 Schiffe, d. h. 6 v.H., mit Dampfmaschinenantrieb versehen. Auf Grund der größeren Leistung stellten sie 20 v.H. der Kapazität. (In der sechsmal so großen englischen Handelsflotte zählten zu diesem Zeitpunkt bereits mehr als 20 v.H. der Schiffe und 45 v.H. der Kapazität zu den Dampfschiffen; auch hier war England der deutschen Entwicklung weit voraus).
- Mit der Einführung des Dampfantriebes lief der *Übergang vom Holz zum Eisen* als Schiffsbaumaterial parallel, was eine weitere Ausdehnung der Nachfrage nach Eisen brachte. Allerdings war die Verwendung von (in Deutschland in den 70er Jahren) etwa 10.000 t Eisen (und in England etwa 80.000 t Eisen) im Schiffsbau gemessen an der Eisenproduktion relativ unbedeutend.

Insgesamt hatte dies eine starke *Verbesserung der Produktivität* zur Folge. Die *Frachtraten* hätten demnach erheblich *absinken* müssen. In Wirklichkeit sanken sie nur von 1815 bis 1849 *um etwa 50 v.H.*, um danach bis 1873 um wenige Prozent wieder langsam anzusteigen.

In der Schiffahrt (wie auch in der *Industrie*) zeichnete sich immer mehr ab, daß die *ostelbischen Gebiete* hinter der Gesamtentwicklung der Wirtschaft zurückblieben. Zwar war bereits vor der Industrialisierung nach dem Handelswert die Nordseeschiffahrt bedeutender als die der Ostsee. Auf Grund der *umfangreichen Getreideexporte* aus den deutschen Ostseehäfen war aber die *Ostseeflotte* nach der Tragfähigkeit größer. In der Zeit von 1835 bis 1873 wuchs auch sie, jedoch wesentlich langsamer als die Nordseeflotte. Die Industrialisierung, auch Sachsen war über die Elbe nach Hamburg orientiert, brachte die *Erhöhung des Transportvolumens,* und der deutsche *Osten* nahm an dieser Industrialisierung *nur langsam teil.*

Die *Gründung* der beiden später bedeutendsten deutschen *Reedereien* fand daher in Nordseehäfen statt:

– 1847 Gründung der Hamburg-Amerika-Linie in Hamburg.
– 1857 Gründung des Norddeutschen Lloyd in Bremen.

Im übrigen wurde auch die Schiffahrt kapitalistisch aufgezogen, d. h. die kleinen Schiffsreedereien (als Partenreedereien) wurden ergänzt durch als Aktiengesellschaften organisierte Reedereien (*juristische Personen*).

Die Finanzmittel hierzu wurden über Aktien und in der zweiten Hälfte des 19. Jahrhunderts damit über die großen Inlandbanken aufgebracht.

b) Der Handel

Das zweite Drittel des 19. Jahrhunderts zeichnete sich im Handel durch *folgende Merkmale* aus:

– Von *1835 bis 1878* ist die Periode des „Kapitalismus" einzuordnen, die am stärksten durch eine *liberalistische Handels-, insbesondere Zollpolitik* geprägt war.
– Der *Außenhandel entwickelte sich* unter dem Einfluß der Industrialisierung einiger europäischer Staaten *sprunghaft, so daß* man nunmehr von einem *Welthandel* sprach.
– Die beginnende *Menschenzusammenballung* in den sich entwickelnden Industriezentren führte zu einer langsamen *Wandlung auch in der Organisation des Binnenhandels.*

Die Handels- und Zollpolitik

Die Gründung des Deutschen Zollvereins hatte
- zwar ein *größeres einheitliches Zollgebiet* geschaffen,
- aber hinsichtlich der *Ordnung der Zölle* auf Grund der zum Teil widerstreitenden Bemühungen in Nord- und Süddeutschland *neue Konfliktsstoffe* aufkommen lassen.

Diese *unterschiedlichen Bestrebungen* lassen sich nach *Motivation* und Zielsetzung etwa folgendermaßen unterscheiden:
- Die *süddeutschen Staaten* (Bayern und Württemberg) waren *zunächst* dem Zollverein beigetreten,
  - um auf Grund des Verteilungsschlüssels der *Zölle* (nach der Bevölkerungszahl der einzelnen Mitgliedsstaaten) höhere Staatseinnahmen zu erzielen und
  - um den *Absatz der gewerblichen Wirtschaft* nach und durch Norddeutschland zu verbessern.

  Da die süddeutschen Länder vor allem auch eine aufstrebende *Baumwollindustrie* entwickelten und diese besonders unter der *englischen Konkurrenz* litt (billige Garneinfuhren), wollten sie eine Erhöhung der Einfuhrzölle. Die rheinischen Baumwollfabrikanten und ein Teil der durch die englische Eisenindustrie ebenfalls bedrängten metallerzeugenden und -verarbeitenden Unternehmer (Eisengießereien usw.) waren ebenfalls für Schutzzölle (*Friedrich List* sprach von *Erziehungszöllen*).
- Die *preußische und die sächsische Regierung* strebten dagegen eine *Liberalisierung* des Handels an. Sie hatten in erster Linie den *Vorteil der Weber durch eine Verbilligung des Garns* im Auge. Preußen und Sachsen konnten sich im wesentlichen durchsetzen und daher kam es in den folgenden Jahren *lediglich* zu einer *leichten Erhöhung der Einfuhrzölle*. Die englische Überproduktion der 40er Jahre mit den daraus resultierenden niedrigen Weltmarktpreisen *verschärfte* die *Auseinandersetzung*, vor allem auf der *Generalkonferenz* des Deutschen Zollvereins im Jahre *1845*.

Der *Zollverein* hatte bis zur Reichsgründung noch *zwei weitere Krisen* zu überstehen:
- *Österreich* war bestrebt, *in den Zollverband* aufgenommen zu werden. Äußerlich handelte es sich dabei um eine handelspoli-

tische Entscheidung, in Wirklichkeit stand dahinter die Rivalität zwischen Preußen und Österreich:

- *Österreich* spürte den wachsenden Einfluß Preußens über den Zollverein auf die ihm angeschlossenen Staaten des Deutschen Bundes.
- *Preußen* spielte die nationale Abgrenzung des Zollvereins in den Vordergrund und schloß daher eine „großdeutsche" Lösung (mit Österreich) aus.

Die *Krise der 50er Jahre* um diese Auseinandersetzungen endete (vorläufig) mit einem Handelsvertrag zwischen den Rivalen im Jahre 1853, der bis 1867 gültig sein sollte. Ab 1859 wurden darin Verhandlungen über eine Zollvereinigung in Aussicht gestellt, zu der es aber nicht kam.

- Der *allgemeine Übergang in Europa zu* einer *Zollsenkung* wirkte sich auch auf den Zollverein aus:
  - In *England* war es in der Zeit *von 1822* bis 1860 zu verschiedenen *Zollsenkungen* gekommen.
    - In den 20er Jahren wurden die Zölle allgemein gesenkt.
    - In den *40er Jahren* wurden sämtliche *Getreidezölle beseitigt,* um so die Versorgung der englischen Industriearbeiterschaft zu erleichtern (und über niedrigere Löhne die Konkurrenzfähigkeit der englischen Industrie zu verbessern). Da gleichzeitig die *Zölle auf Fertigwaren* (vom europäischen Kontinent) erhalten *blieben,* war eine Situation eingetreten, die nicht unähnlich der unter Colbert fast zwei Jahrhunderte früher in Frankreich war (1664/67).
    - In den *50er Jahren* wurden *allgemein die Zölle*, die noch verblieben waren, *beseitigt oder gesenkt,* so daß England ab 1860 zwar nicht völlig frei von Zöllen war, aber doch *weitgehend Freihandel* betrieb.

    Diese englische *Freihandelspolitik* ist besonders mit dem Namen des englischen Fabrikanten *Cobden* verbunden, der ein *wichtiger Motor* dieser Bewegung gewesen ist.
  - In *Frankreich* war es *Napoleon III,* der *gegen* den Widerstand der einheimischen *Wirtschaft* und durch Handelsverträge, statt genereller Zollsenkungen (wozu er die Zustimmung der Volks-

vertreter benötigte, aber wohl nicht bekommen hätte), die *Zollbarrieren* zu einzelnen Ländern beseitigte:
- 1860 mit *England*.
- 1862 mit *Preußen* (und dadurch mit dem Deutschen Zollverein).

- Für den *Deutschen Zollverein* war damit ebenfalls der Übergang zu einer *freihändlerischen Politik* in Gang gesetzt:
  - 1862 Vertrag mit Frankreich (Meistbegünstigung und Gegenseitigkeit).
  - 1863 Verträge mit England und Belgien.
  - 1865 Vertrag mit Italien und Österreich-Ungarn.

Damit war für den größten Teil *Europas* ein wesentlicher Teil der *Handelsschranken beseitigt oder* wenigstens zur Bedeutungslosigkeit *geschrumpft.* Die *Intensität* dieser freihändlerischen Bemühungen kam zum Ausdruck
- in *120 Handelsverträgen,* die zwischen 1860 und 1870 in Europa abgeschlossen wurden, davon
- waren *21 unter Beteiligung des Deutschen Zollvereins* zustande gekommen.

Von den sich im 19. Jahrhundert industrialisierenden Ländern schloß sich ein Land dieser *freihändlerischen Entwicklung nicht* an: *Die USA.* Dort verlief die *Entwicklung* etwa folgendermaßen:
- *Bis 1846* wurden die *Zölle ermäßigt,* betrugen aber immer noch 25 v.H. des Wertes der Einfuhrgüter.
- *1857* wurde eine *erneute Herabsetzung* vorgenommen, nämlich auf etwa 20 v.H. Dieser für europäische Verhältnisse stark überhöhte Zollsatz (in Europa lagen die meisten Zölle in den 60er Jahren bei weniger als 10 v.H., sofern überhaupt Einfuhrabgaben erhoben wurden) wurde in den USA als „freihändlerisch" bezeichnet.

  Der Beweggrund für die Zollsenkungen war übrigens fiskalischer Art: Die Staatseinnahmen stiegen so sehr an, daß man keine sinnvolle Verwendung für diese Mittel mehr sah!
- *Nach 1857,* vor allem durch den Sezessionskrieg, erhöhte sich

der Staatsbedarf wieder und man kam der einheimischen Forderung nach einer erneuten *Anhebung der Zölle* (für einzelne Waren bis zu 90 v.H.) gern entgegen. Diese *Schutzzollpolitik* wurde dann von den *USA bis heute* nicht wieder aufgegeben, sondern lediglich in den Zollsätzen häufig geändert.

Die Entwicklung des Außenhandels

Unter dem Einfluß der Industrialisierung und der damit zunehmenden internationalen Arbeitsteilung nahm der Außenhandel eine sprunghafte Aufwärtsentwicklung, vgl. Abb. 30.

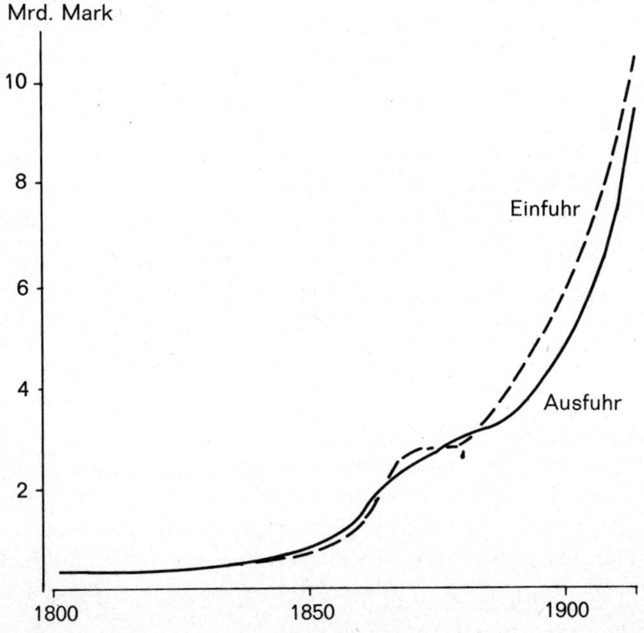

Abb. 30: Entwicklung der jährlichen Einfuhr und Ausfuhr Deutschlands von 1800 bis 1913 in laufenden Preisen

Im zweiten Drittel der in diesem Buch betrachteten Zeit gab es dabei den relativ stärksten Zuwachs:

1800 bis 1835	=	plus	40 v.H.
1835 bis 1873	=	plus	420 v.H.
1873 bis 1913	=	plus	300 v.H.
1800 bis 1913	=	plus	2.800 v.H.

Innerhalb dieses zweiten Drittels lagen die auffallendsten Zunahmen des Außenhandels in der zweiten Hälfte der 60er Jahre, vgl. Abbildung 31.

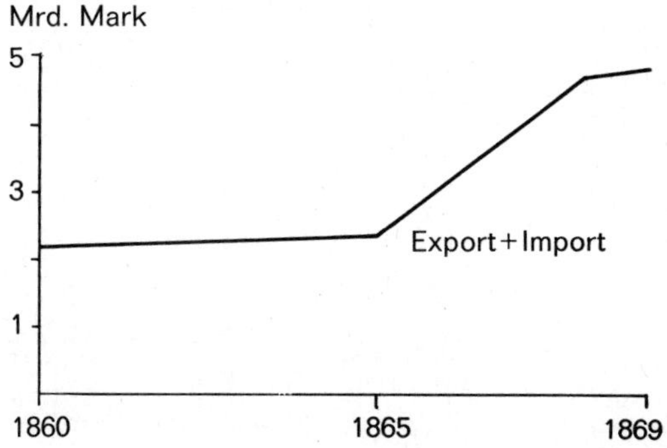

Abb. 31: Entwicklung des deutschen Außenhandels von 1860 bis 1869

Dieser starke Zuwachs ist
- mindestens zu einem Teil auf die Senkung der Handelsschranken zurückzuführen,
- und wurde offensichtlich durch die Kriege 1864 und 1866 nicht beeinträchtigt.

Unter dem Einfluß der Industrialisierung hat sich aber nicht nur das Volumen des Außenhandels ausgedehnt, sondern auch die Warenstruktur geändert, wie die Abbildungen 32 und 33 zeigen.

Langfristig nahmen alle Warengruppen an der Expansion des Außenhandels teil.
Kurzfristig gingen zurück:

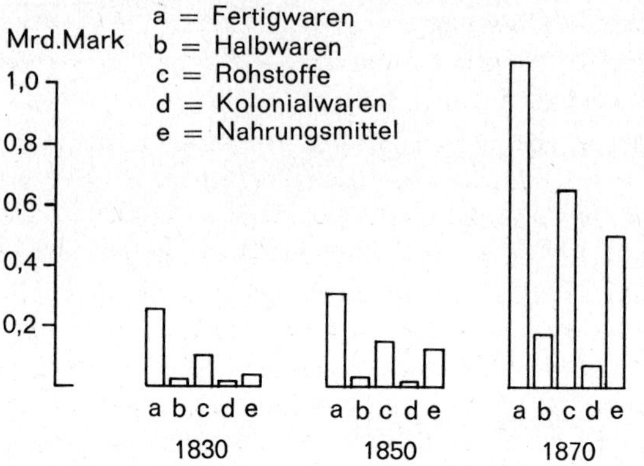

Abb. 32: Die Ausfuhr Deutschlands von 1830 bis 1870 in Mrd. Mark (1 Mark = 5,56 g Ag)

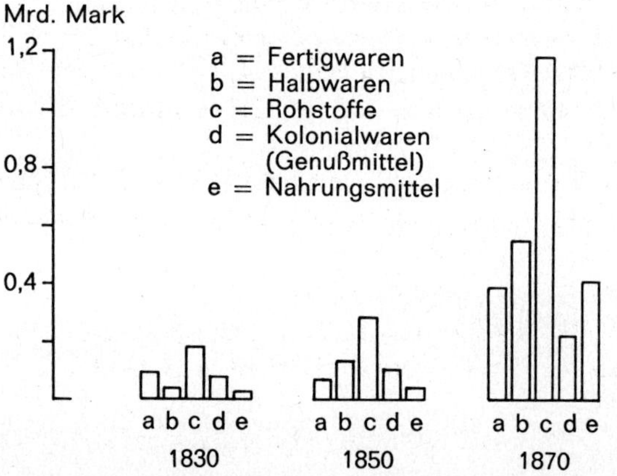

Abb. 33: Die Einfuhr Deutschlands von 1830 bis 1870 in Mrd. Mark (1 Mark = 5,56 g Ag)

– Bei der *Einfuhr*: *Kolonial- und Fertigwaren in den 40er Jahren* infolge der Einengung der Einkommen in Deutschland (Pauperismus).

- Bei der *Ausfuhr: Fertigwaren* ebenfalls *in den 40er Jahren* als Folge der geringen *Konkurrenzfähigkeit* zu den Fertigwarenprodukten aus der Industrie Englands.

Auch im zweiten Drittel des 19. Jahrhunderts blieben die *Fertigwaren der bedeutendste Ausfuhrposten*, ein wichtiger *Unterschied* zu *den heutigen Entwicklungsländern.* Mit 44 bis 59 v.H. der Gesamtausfuhr haben die *Fertigwaren* vom Ende des *18. Jahrhunderts bis zum Ersten Weltkrieg immer an der Spitze der Ausfuhr* gelegen. Eine *wesentliche Änderung der* Ausfuhr- und auch der Einfuhr*struktur* brauchte daher im Zusammenhang mit der Industrialisierung *nicht* einzutreten, wenn man nur die in der Abbildung dargestellten Warengruppen berücksichtigt.

Ein etwas anderes Bild ergibt jedoch die Betrachtung der *Struktur der Fertigwaren*:

- Der *Anteil der Textilien sank* von 80 (1835) über 65 (1864) auf 50 v.H. der Fertigwarenausfuhr im Jahre 1873.
- Der relative Rückgang der Textilausfuhr wurde durch eine *Ausdehnung der Exporte der Metallindustrie* kompensiert: In der zweiten Hälfte der 60er Jahre ist die deutsche Maschinenindustrie so weit entwickelt, daß ein Nettoexport an Maschinen zu verzeichnen ist.

Die *Metallindustrie ist* seit dieser Zeit (bis in die Gegenwart) eine *wichtige* und relativ selten erheblichen Schwankungen unterliegende *Exportindustrie* gewesen.

Die Firma Krupp exportierte z. B.:

- In den 30er Jahren etwa die Hälfte aller Produkte.
- In den 40er Jahren etwa zwei Drittel, zeitweise bis zu 80 v.H. aller Produkte.
- In den 50er und 60er Jahren ebenfalls etwa zwei Drittel aller Produkte.

Trotz des großen Binnenmarktes, der auch durch den Deutschen Zollverein geschaffen war, war der Absatz im Ausland für die meisten über Klein- und Mittelbetriebe in der Folgezeit hinauswachsenden Unternehmungen eine *wichtige Voraussetzung für die schnelle Entwicklung.* Sicher ist das Zurückbleiben Ostdeutschlands in der industriellen Entwicklung neben dem Fehlen eines umfangreichen vorindustriellen Gewerbes der geringen Intensität der Außenhandelsbeziehungen mitzuverdanken.

Auch bei der *Einfuhr* gab es innerhalb der einzelnen Gruppen erhebliche Änderungen, die in dem Schaubild nicht deutlich werden:

- Absolut *stieg* zunächst die *Garneinfuhr* von 1837 *bis 1850,* um *danach* infolge einer zunehmenden Einfuhr von *Rohbaumwolle* in wenigen Jahren von fast 33 auf 21 v.H. der Halbwaren abzusinken.
- Die *Fertigwareneinfuhr nahm* seit den 40er Jahren langsam einen *größeren Anteil ein.* Maschinen für die beginnende *industrielle Ausrüstung* von Bergbau und Gewerbe, ferner Eisenbahnmaterial standen dabei im Vordergrund.

Vergleicht man dieses Ergebnis mit heutigen theoretischen Überlegungen über *den Einfluß der Entwicklung eines Landes auf den Außenhandel,* dann kann man feststellen:

- Eine *Importsubstitution* trat *bei Baumwollgarnen* und bei Produkten der *Metallgewerbe* ein, weil hier mit England (und im Maschinenbau zum Teil auch mit Belgien) ein weiter entwickeltes Land vorhanden war.
- Eine *Zunahme* der *Rohstoff- und der Nahrungsmittelausfuhr* war *nur in Grenzen* vorhanden.
- Die *Abhängigkeit* der deutschen Wirtschaft *vom Ausland war* trotz des Anstiegs der Exportquote an der Wertschöpfung von 9 v.H. (1835) auf 18 v.H. (1873) *nicht* so *stark* wie die in einseitig sich entwickelnden Ländern der heutigen Zeit.

Vergleicht man die Entwicklung des deutschen Außenhandels in der eigentlichen Industrialisierungsphase *mit anderen Ländern,* dann kann man folgendes feststellen:

- In *England* war die Zunahme der nichtlandwirtschaftlichen Bevölkerung so stark, daß bereits *seit 1760/70* eine *Nettoeinfuhr an Nahrungsmitteln* vorgenommen werden mußte, wenn man von der Ausdehnung der englischen Agrarproduktion während der Kontinentalsperre absieht. *Fertig- und Halbwaren* aus *der* sich entwickelnden *Industrie prägten* seit den letzten Jahren des 18. Jahrhunderts das Bild der *Ausfuhren* zum Kontinent. Von der Struktur der Ausfuhr her gesehen, war England – weil mehr industrialisiert als Deutschland – ein typisches Beispiel für die Entwicklung des Außenhandels unter dem Einfluß der Industrialisierung. In Deutschland war durch die noch stark agrarischen Teile Ostelbiens, Nordwestdeutschlands und Bayerns der Außenhandel der eines nur partiell industrialisierten Landes.

- *Frankreich* hatte in seiner Außenhandelsstruktur etwa die *gleichen Verhältnisse wie Deutschland.* Erst *ab den 70er Jahren des 19. Jahrhunderts blieb* Frankreich mehr agrarisch orientiert, d. h. *die industrielle Entwicklung* blieb hinter der Deutschlands *zurück.*
- *Rußland begann* zwar etwa *1880* ebenfalls *mit der Industrialisierung.* In dem großen Land lagen aber die Verhältnisse anders als in den westeuropäischen Industrieländern:
  - *Es fehlte* ein ausgebautes, bereits einen größeren Teil (etwa 20 v.H.) der Bevölkerung ernährendes *vorindustrielles Gewerbe.* Die Manufakturen des Adels und das Kustargewerbe waren auch zusammen nicht von entscheidender Bedeutung, zumal da in beiden Einrichtungen das persönliche Interesse der Produzenten nicht geweckt werden konnte.
  - Die *Industrialisierung mußte* in Rußland *wegen* der *Größe des Landes* und der relativ *dünnen Besiedlung andere Dimensionen annehmen,* um in gleicher Weise wie bei den westeuropäischen Ländern den Außenhandel zu beeinflussen.

Die aufkommende *russische Industrie* produzierte für den Binnenmarkt und *konnte* auch hier noch *nicht den Bedarf befriedigen.* Die *Nahrungsmittel* nahmen einen *immer größeren Teil der Ausfuhr* ein, Halbfabrikate bestimmten die Einfuhr. Selbst bei Beginn des Ersten Weltkrieges hatte sich für Rußland diese Situation nicht geändert, wenn auch der Keim für die Wandlung durch die Wirtschaftspolitik Wittes gelegt war.

Der Binnenhandel

Der Binnenhandel stieg im gleichen Maße oder sogar noch stärker als der Außenhandel. Durch die *zunehmende nichtlandwirtschaftliche Bevölkerung* war ein immer größerer Teil der Menschen für den Grundbedarf vollständig vom Markt abhängig. Der Binnenhandel hatte zwei Betätigungsfelder:

– *Die Versorgung der Bevölkerung,* insbesondere mit Konsumgütern. Vor allem in den kleinen Städten und Dörfern *nahm die Zahl der Händler* je 1000 Einwohner *zu.*
  – Im Jahre *1835* gab es *in Preußen* weniger als 9,5 Händler je 1.000 Einwohner, 1873 waren es etwa 15. In Sachsen, das wesentlich dichter besiedelt war, waren es um 1870 bereits 25 Händler.
  – Daneben traten *seit den 60er Jahren* die (von Lassalle bekämpften) *Konsumvereine* oder -genossenschaften auf. *1875* gab es schon *179 Konsumvereine mit fast 100.000 Mitgliedern* und einem Umsatz von 30,4 Mill. Mark (300 Mark je Mitglied bei einem Jahresarbeiterlohn von 500 – Baumwollspinnerei – bis 1.000 Mark – Metallindustrie –).
– *Der Handel mit von der Wirtschaft* und nicht den privaten Haushalten nachgefragten Gütern wurde vor allem vom Großhandel betrieben, z. T. auch von den Produzenten. Dieser Handel hatte vor allem für den *Absatz der Industrieprodukte* zu sorgen. Der Ausbau eines dichten und beständigen Lieferungsnetzes machte wenigstens für den Binnenhandel einen Teil der bisherigen Messen überflüssig. Der „Vertreter" kam langsam auf, auch der Interessenvertreter am Sitz der Regierung. So wurden z. B. die Bemühungen Krupps um staatliche Subventionen für sein Gußstahlprojekt von seinem Interessenvertreter in Berlin unterstützt. Gerade der *Großhandel* war bereits in vorindustrieller Zeit *mit einem großen Kapitalaufwand* (und mit hohen Gewinnen) betrieben worden, so daß manche Industrieunternehmen sich aus der Eigenproduktion eines Händlers entwickelt hatten. *Zwischen* der Weiterentwicklung des *Großhandels und* der *Industrie* bestand daher auch jetzt ein *enger* (auch persönlicher) *Zusammenhang.*

c) Das Geld- und Bankwesen

Das Geld- und Währungssystem

Während des zweiten Drittels des 19. Jahrhunderts bestand in Deutschland eine *Silberwährung*:

- *1830* ging man *in Preußen* von der Doppelwährung, in der das Gold aber nur eine geringe Rolle gespielt hatte, zur Silberwährung über.
- *1837* wurde der *süddeutsche Münzverein* gegründet.
- *1838* wurde der *Dresdner Münzvertrag* zwischen den Staaten des Deutschen Zollvereins geschlossen.

Die beiden Verträge von 1837 und 1838 erwähnen nur noch Silbermünzen, so daß man seit den 30er Jahren von einer Silberwährung in den meisten Gebieten Deutschlands sprechen kann (lediglich Bremen behielt die Goldwährung bci).

Im *internationalen Bereich* wurde die Entwicklung des Geldwesens durch *zwei Probleme* geprägt:

- Die *Tendenz zum Zusammenschluß* mehrerer Gebiete (oder Staaten) zu einem einheitlichen Münzgebiet, z. B. der „lateinische Münzbund" 1865 (Frankreich, Belgien, die Schweiz, Italien und Griechenland), *bis hin* zu Erwägungen über ein einheitliches *Weltwährungssystem.*
- Die Entscheidung *einzelner Staaten* für die *Goldwährung*, die Silberwährung oder die Doppelwährung. Zu einer abschließenden und *dauerhaften Regelung* kam es *erst* in der Zeit *seit den 70er Jahren.*

Im allgemeinen wurden die Staatsfinanzen in Ordnung gehalten oder gebracht, so daß die Währungen in den meisten europäischen Staaten in dieser Zeit stabil blieben.

Das Bankwesen

Bis in die Mitte der *30er Jahre* des 19. Jahrhunderts war das Bankwesen hinsichtlich der Ausleihe von Geldern hauptsächlich auf *zwei Geschäftsbereiche* ausgerichtet:

- Den *Staatskredit* und
- den *hypothekarischen Kredit.*

Eine *Finanzierung des gewerblichen Bereiches* durch die Banken gab es *allenfalls über das Wechselgeschäft.* Das änderte sich *mit den 30er Jahren.* Vor allem die Kölner Bankhäuser schalteten sich nunmehr auch in die *Finanzierung der Industrie im Rheinland* ein.

Wichtige *Bankgründungen* im zweiten Drittel des 19. Jahrhunderts waren:

- 1834: *Bayerische Hypotheken- und Wechselbank* in München (als Notenbank mit einem Emissionsrecht von 8 Mill. fl, später 12 Mill. fl).
- 1834: *Leipziger Bank*, ebenfalls als Notenbank (1873 gab es in Deutschland noch 33 Notenbanken).
- 1846: *Preußische Bank* zu Berlin. Zwei Gründe führten zur Errichtung dieser Bank:
  - Private Bemühungen zur Gründung von Notenbanken sollten aufgefangen werden (Kapital 10 Mill. Taler, davon 1 Mill. vom Staat). Notenausgaberecht: 1846 21 Mill. Taler; ab 1856 unbegrenzt.
  - Die 1765 gegründete „Königliche Giro- und Lehnbanco" war dazu benutzt worden, einen Teil des verfassungswidrigen Haushaltsdefizites abzudecken. Sie konnte daher nicht als private Notenbank benutzt werden.

Während *diese drei Banken* (und bis 1866 auch noch einige Privatbanken) *als Notenbanken* gegründet worden waren und unter staatlicher Leitung bzw. Aufsicht standen, wurden *ab 1848 weitere Privatbanken* ohne Notenprivileg gegründet, die eindeutig in ihren Geschäften auf die *Finanzierung der Wirtschaft* ausgerichtet waren:

- 1848: *A.-Schaaffhausen'scher Bankverein-AG*. Hier handelte es sich um die erste als Aktiengesellschaft gegründete Bank. Bisher war man der Ansicht gewesen, Banken nicht als AGs zu konzessionieren. Die preußische Regierung genehmigte diese Gründung zunächst auch nur als Ausnahme, nämlich als Auffanggesellschaft für die illiquide gewordene Schaaffhausen'sche Bank.
- 1851: *Disconto-Gesellschaft* durch David Hansemann gegründet (Berlin).
  - Anfangs als Kreditgeber für Handel und Handwerk tätig.
  - 1856 Umwandlung in Kommanditgesellschaft auf Aktien (Verbreiterung der Kapitalbasis) und Finanzierung größerer Projekte: Eisenbahn und Industrie.

– 1853: Bank für Handel und Industrie (Darmstadt).

Die Zeit von *1850 bis 1857* war damit durch *zwei parallele Entwicklungen* gekennzeichnet:

– Es enstanden zahlreiche *Notenbanken,* etwa 30 bis 1857. Die kleineren von ihnen hatten zum Teil ohne Rücksicht auf die Deckungsmöglichkeiten Noten ausgegeben und überschwemmten von den mitteldeutschen Kleinstaaten, wo sie hauptsächlich ihren Sitz hatten, Nord- und Süddeutschland. Das Notenbankwesen geriet dadurch in eine Krise, die erst mit den Gesetzen des Norddeutschen Bundes vom 27. III. 1870 (Notenbankgesetz) und vom 16. VI. 1870 (Staatspapiergeldgesetz) endgültig beseitigt worden war. Von *1850 bis 1871* war der *Notenumlauf von 120 auf 1.300 Mill. Mark* (umgerechnet) *angestiegen.* Durchschnittlich waren 1871 370 Mill. Mark ungedeckter Noten im Umlauf.
– Die Bemühungen zur *Gründung von Privatbanken* ohne Notenausgabe in Form von *Aktiengesellschaften* wurden in den 50er Jahren von der preußischen Regierung *noch verhindert.* Wie schon Hansemann benutzten auch andere den Weg der Kommanditgesellschaft. Diese und die bisherigen Privatbanken mußten den Bedarf an Bankleistungen des größten Teiles der Wirtschaft befriedigen; obgleich darin ein Hemmnis für die industrielle Entwicklung zu sehen ist, läßt sich eine konkrete Behinderung nicht nachweisen. Die *Industrie finanzierte sich* in den ersten Jahrzehnten nur geringfügig durch Banken, meistens *über Gewinne* oder durch *persönliche Darlehen* oder *Beteiligungen.*

Die Handels- und Bankenkrise des Jahres 1857 bedeutete lediglich einen Einschnitt, weil man nunmehr auch von seiten des Publikums vorsichtiger wurde. Eine grundsätzliche Neuregelung des Bankwesens erfolgte erst ab 1870.

Die *Eisenbahnfinanzierungspapiere bestimmten* in Deutschland *seit 1837* (Aktien der Linie Berlin-Potsdam) das Geschehen an der *Börse*, nicht zuletzt als Folge der schon genannten Gewinne.

Die Berliner Baisse vom *Juni 1844* war die *erste große Börsenkrise*, die von diesen neuen Kapitalanlagemöglichkeiten (*Eisenbahn*) ausging, die Baisse vom Herbst 1873 die letzte (da danach die Eisenbahnen vom Staat aufgekauft wurden, einer Spekulation also die Substanz entzogen wurde).

In die *Mitte des 19. Jahrhundert* sind auch die *Anfänge des genossenschaftlichen Kreditwesens* einzuordnen:

- Für den ländlichen Raum und dort insbesondere für die *Landwirtschaft*: Friedrich Wilhelm *Raiffeisen* (1818-1888) und Wilhelm Haas (1839-1913) als Begründer der späteren landwirtschaftlichen Genossenschaften mit einer *Verbindung von Bank- und Warengeschäften*, die sich vor allem auch in der Zeit der rückläufigen Agrarpreise seit dem Ende der 70er Jahre bewährt haben.
- Für den *gewerblichen Bereich*, insbesondere für das Handwerk: Hermann *Schulze-Delitzsch* (1808-1883). Dabei legte er im *Gegensatz zu Lassalle* (und dessen Idee der Produktionsgenossenschaften) entscheidenden Wert auf die *drei Grundsätze*: *Selbsthilfe, Selbstverantwortung und Selbstverwaltung.*

4. Das öffentliche Finanzwesen

Die Staatseinnahmen

Die Staatseinnahmen bestanden um 1835 in Deutschland aus folgenden Blöcken:

20 v.H. Domänen, Forsten, Fischerei
11 v.H. Staatsgewerbeanstalten, Regalien, Staatseisenbahnen
31 v.H. Direkte Steuern
32 v.H. Indirekte Abgaben (einschl. Zölle)
6 v.H. andere Quellen (einschl. Neuverschuldung)

und veränderten sich bis 1875 (Reich und Länder):

11 v.H. Domänen, Forsten, Fischerei
11 v.H. Staatsgewerbeanstalten, Regalien, Staatseisenbahnen
25 v.H. Direkte Steuern
47 v.H. Indirekte Abgaben
6 v.H. andere Quellen (einschl. Neuverschuldung)

Insgesamt läßt sich feststellen:

- *Pro Kopf der Bevölkerung* entwickelten sich die Staatseinnahmen wie folgt:

1800 = 12 Mark
1821 = 18 Mark
1838 = 16 Mark
1841 = 15 Mark
1850 = 16 Mark
1860 = 21 Mark
1872 = 32 Mark

Bis zur Mitte des 19. Jahrhunderts war also *zunächst ein Rückgang, mit* der stärkeren Zunahme der *Industrialisierungsauswirkungen ein* starkes *Anwachsen* der Staatseinnahmen pro Kopf der Bevölkerung zu beobachten.

- Die *Domänen- und Forsteinnahmen wuchsen nicht mehr* im gleichen Maße mit, da der Domänenbesitz nicht ausgedehnt wurde.
- Die *Eisenbahnen konnten* diesen *Rückgang nicht ausgleichen*, zumal da 1876 noch etwa die Hälfte aller Bahnen privat betrieben wurde (und dem Staat nicht gerade die rentabelsten Strecken verblieben).
- Der relative *Rückgang der direkten Abgaben* bedeutete bei einer starken Zunahme des Produktivkapitals und der arbeitslosen Einkommen eine *Senkung der Steuerlastquote* der Kapitaleigner.
- Die *indirekten Abgaben,* einschließlich der Zölle, nahmen einen immer *größeren Anteil* an den Staatseinnahmen ein: Der *Verbraucher hatte* einen ständig *wachsenden Teil der Staatslast zu tragen.*

Die *Finanzquellen* der Städte und der übrigen Gemeinden waren sehr uneinheitlich. Der Zufall (und die historische Entwicklung) beherrschten noch die Einnahmestruktur (Abgaben auf den Warenverkehr, Grundsteuern usw.).

Die Staatsausgaben

Die Staatsausgaben hatten folgende Zusammensetzung und *Entwicklung*:

1835 = 40 v.H. Militärausgaben
15 v.H. Schuldendienst
20 v.H. Hofausgaben
25 v.H. Zivilausgaben

1873 = 25 v.H. Militärausgaben
15 v.H. Schuldendienst
8 v.H. Hofausgaben
52 v.H. Zivilausgaben

Ein wichtiger Posten innerhalb der Ausgaben war die Finanzierung der Eisenbahnen durch direkte Beteiligung oder durch Zuschüsse. Als Finanzierungsquellen hierfür kamen neben den Steuern und Abgaben in Betracht: Budgetüberschüsse, Kredite oder Mittel aus Fondsvermögen.

Die Finanzen der *Gemeinden* waren zunächst noch bestimmt:
– Von den *Ausgaben* für die arme Bevölkerung (*Armenwesen*).
– Von den Anfängen des Ausbaues der *Infrastruktur*, der besonders in den größeren Städten in den 60er und 70er Jahren im Zusammenhang mit der zunehmenden Urbanisierung ständig wuchs.

5. Die Landwirtschaft

Die Entwicklung der deutschen *Landwirtschaft* wurde in der Zeit von *1835 bis 1873* durch folgendes *charakterisiert*:
– Die *von 1826 bis 1875* ständig *steigenden Agrarpreise*.
– Die *Ausdehnung des* landwirtschaftlichen *Produktionsvolumens*.
– Die *starke Verschuldung* der Landwirtschaft trotz der vorgenannten zwei Aspekte, die eigentlich eine Verbesserung der Ertragslage hätten bringen müssen.
– Der nur *langsame Übergang* zur Änderung der *Produktionstechnik*.

Die Entwicklung der Agrarpreise

Seit dem *Tiefstand der Agrarpreise* in der Mitte der *20er Jahre* war ein nur kurzfristig, aber dabei stark unterbrochener *Anstieg der* landwirtschaftlichen *Erlöse* je Produkteinheit zu beobachten, vgl. Abbildung 34. (Der langfristige Trend wird durch die Gerade dargestellt.) Man sprach von einem *wachsenden Tauschwert der Agrarprodukte* (Max Sering). Erst in der nächsten Periode – ab 1876 – brach diese Entwicklung ab.

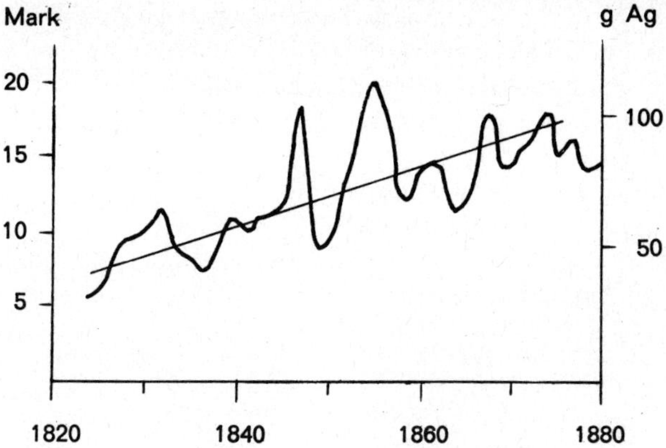

Abb. 34: Entwicklung der Getreidepreise (2/3 Roggen und 1/3 Weizen) je 100 kg von 1825 bis 1880

Die Entwicklung der landwirtschaftlichen Produktion

Die *durch die Bauernbefreiung* in Gang gesetzte *Aufwärtsentwicklung der* landwirtschaftlichen *Produktion* setzte sich auch im zweiten Drittel des 19. Jahrhunderts fort:

– Die *Ausdehnung der* jährlich bebauten *Ackerflächen* von etwa 1820 bis 1875 *um rund 40 bis 45 v.H.* fand je zur Hälfte vor und nach 1835 statt. Um 1860 war dieser Prozeß im wesentlichen abgeschlossen.

  Quellen für die Ausdehnung der bebauten Ackerflächen waren:

  – *Gemeinheitsteilungen* (Umwandlung von bisher gemeinsam beanspruchten Flächen in individuelle Nutzflächen) waren nach 1835 stärker zu finden als vorher.
  – *Kultivierung von Ödland* (bisher landwirtschaftlich überhaupt nicht genutzter Boden) wurde in verstärktem Maße erst nach dem Anstieg der Agrarpreise sinnvoll und war daher ebenfalls hauptsächlich nach 1830/35 zu finden.
  – Die *Bebauung der Brache* setzte bereits in den letzten Jahrzehnten des 18. Jahrhunderts ein und war bis auf Reste (die sich z. T. noch bis ins 20. Jahrhundert erhalten haben) im ersten Drittel des 19. Jahrhunderts abgeschlossen.

– Die *Erhöhung der Erträge* je Flächeneinheit war vor allem in den 40er und 50er Jahren zu finden. Während die Ertragssteigerungen im ersten Drittel des 19. Jahrhunderts kaum mehr als 10 v.H. betrugen, stiegen sie beim Getreide nunmehr um weitere 50 bis 55 v.H.
– Der *verstärkte Anbau von Blattfrüchten* kam über den Feldfutterbau (Klee usw.) der Tierhaltung und über den Kartoffel- und Zuckerrübenanbau auch der Ernährung der Menschen mit pflanzlichen Produkten zugute.

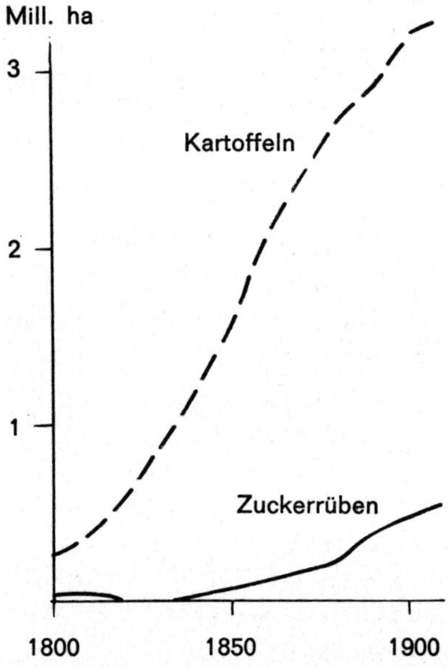

Abb. 35: Entwicklung der Anbaufläche für Kartoffeln und Zuckerrüben in Deutschland von 1800 bis 1910

– Eine *verbesserte Fütterung der Tiere* erhöhte die *Leistungen je Tier* und mit der zahlenmäßigen *Ausdehnung der Viehhaltung* die gesamte tierische Produktion.
  – Die *Ertragssteigerung je Tier* war dabei im wesentlichen zur Mitte des Jahrhunderts abgeschlossen:

Milch je Kuh pro Jahr: um	1835 =	900 l
	1850 =	1150 l
Schlachtgewicht je Kuh:	1835 =	160 kg
	1873 =	190 kg
je Schwein:	1835 =	50 kg
	1873 =	75 kg

Die *Zahl der Tiere* stieg ebenfalls stark an, vgl. Abbildung 36 (Wertzuwachs von 2 auf 5,8 Mrd. Mark).

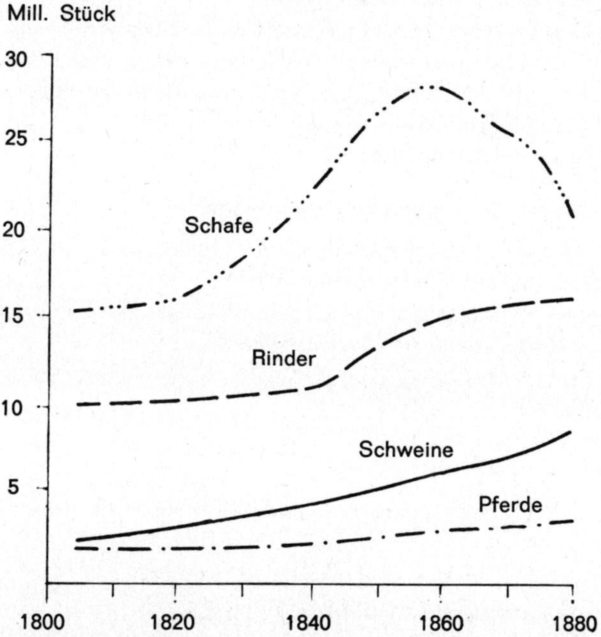

Abb. 36: Die Entwicklung der Viehhaltung in Deutschland von 1800 bis 1880 in Mill. Stück

Insgesamt trat die *Erhöhung der Agrarproduktion* also ein:

– Durch eine *intensivere Nutzung des Bodens* und durch eine *Ausdehnung der* bearbeiteten *Flächen*.

– Durch eine *intensivere Tierhaltung* und durch eine *Ausdehnung der Tierhaltung.*

Nicht oder kaum mitgewirkt haben dabei die erst in Ansätzen vorhandenen:
– Tierzüchterischen oder pflanzenzüchterischen Maßnahmen (Auswahl der Elterntiere und der Mutterpflanzen nach Leistung).
– Künstliche Düngung.

Man kann daher im Ergebnis sagen, daß die Zeit bis 1873 gekennzeichnet war durch eine verstärkte Ausnutzung der natürlichen und innerlandwirtschaftlichen Möglichkeiten.

Die Erhöhung der Produktion und der Produktivität *ermöglichte die Ernährung der wachsenden Bevölkerungszahl,* so daß bis Anfang der 70er Jahre Deutschland kein Agrareinfuhrland (per Saldo) war und die Außenhandelsbilanz der ersten Industrialisierungsphase nicht belastet werden mußte.

Die zunehmende Verschuldung der Landwirtschaft

Die Erhöhung der landwirtschaftlichen Produktion, der Produktivität und der Agrarpreise hatte eine erhebliche *Zunahme der Agrareinkommen* zur Folge. In Preisen von 1913 gemessen entwickelte sich die *landwirtschaftliche Wertschöpfung:*

1835 = 3,5 Mrd. Mark = 100
1850 = 4,4 Mrd. Mark = 126
1864 = 6,0 Mrd. Mark = 172
1878 = 6,9 Mrd. Mark = 197.

Die Zahl der in der *Landwirtschaft Tätigen* stieg gleichzeitig von

1835 = 7,8 auf
1878 = 9,5.

Die *Pro-Kopf-Wertschöpfung* erhöhte sich damit

von 1835 = 450 Mark = 100
auf 1878 = 725 Mark = 161.

Die *trotzdem* eingetretene starke *Verschuldung* der Landwirtschaft hatte mehrere *Ursachen:*

– Die *Investitionen* (Erhöhung des lebenden und toten Inventars, der Gebäude und Verbesserungen des Bodens) machten *12 bis*

15 Mrd. Mark (in Preisen von 1913) aus. Bei einem Gesamtagrarprodukt von rund 220 Mrd. Mark in dieser Periode wurden etwa 6 v.H. hierfür verwendet (von 1952 bis 1972 etwas mehr als 10 v.H.).

Die *bäuerlichen Betriebe* waren *noch* durch *Ablösungszahlungen* stark belastet. Die in 43 Jahren aus den bäuerlichen Betrieben aufgebrachten Summen dürften bei der Ablösung einer durchschnittlichen Jahresbelastung von 2 bis 3 Taler je Hektar und Jahr insgesamt etwa 4 bis 5 Mrd. Mark Ablösungen und weitere 7 Mrd. Mark Zinsen betragen haben, zusammen also *11 bis 12 Mrd. Mark.*

- Sog. *Besitzschulden*, d. h. Schulden, die dadurch entstanden waren, daß der Erwerber eines Hofes nicht genügend Mittel hatte, um den Betrieb schuldenfrei zu übernehmen (bei Kauf Restkaufpreishypothek; bei Erbfall Abfindungshypothek für weichende Erben).
- *Schuldaufnahmen* durch im Verhältnis zum Einkommen aus dem Hof *überdimensionierte Lebenshaltung.*

Investitionen beeinflußten im allgemeinen die Produktion und damit auch die Einkommenslage positiv. Trotzdem waren die anderen drei Ursachen die eigentlichen Gründe für die hohe Verschuldung. Man kann dabei aber folgende Unterschiede feststellen:

- Die *Ablösungen* brachten die *Bauern* vor allem in den ersten Jahren nach ihrer Festsetzung in Bedrängnis, zumal soweit sie mit den niedrigen Agrarpreisen in den 20er Jahren zusammengefallen waren. Wer diese Krisensituation ohne Verkauf des Hofes überstanden hatte, konnte mit den zunehmenden Agrarpreisen seine Schulden vermindern, so daß die Bauernhöfe im allgemeinen in den 70er Jahren nicht mehr gar zu hoch verschuldet waren.
- Die sog. *Besitzschulden und* die *Konsumtivkredite* waren mehr eine Eigenart der *Rittergüter.* Der Adel war bis zum Ende des 18. Jahrhunderts allein berechtigt, „Rittergüter" zu besitzen. Bis auf wenige Ausnahmen hielt man dieses Prinzip auch durch. Im 19. Jahrhundert wurde dieses Privileg aufgehoben. Infolge dieser Regelung wechselten Rittergüter im 19. Jahrhundert ihren Besitzer wie die heißesten Spekulationspapiere:

- In sieben preußischen Provinzen mit 11.771 Rittergütern waren von 1835 bis 1864 an Besitzveränderungen zu verzeichnen (nach Sombart):

7.903 =	33 v.H. =	Vererbungen
14.404 =	61 v.H. =	Freiwillige Verkäufe
1.347 =	6 v.H. =	Zwangsversteigerungen

  In Ostpreußen waren von 1835 bis 1885 77,2 v.H. aller Rittergüter durch freiwillige oder zwangsweise Verkäufe aus dem Eigentum der Besitzerfamilien des Jahres 1835 gekommen.
- 1880 waren 64,33 v.H. aller ostdeutschen Rittergutsbesitzer bürgerlich, d. h. ihre Familien waren meistens erst im 19. Jahrhundert durch Kauf in den Besitz des Gutes gekommen.

Als Beispiel sei hier der hinterpommersche Besitz der Familie von Podewils zu Podewils genannt:

- Nach der Besitzstandskarte von 1780 gehörte dieser Familie ein geschlossener Komplex von 11 Orten mit 8 Gütern.
- Bis in die 70er Jahre des 19. Jahrhunderts reduzierte die Familie („freiwillig" wegen hoher Schulden) ihren Besitz auf knapp die Hälfte.
- Der verbleibende Rest von etwa 2.500 ha war in den 80er Jahren so verschuldet, daß er ebenfalls verkauft werden mußte (an den Schöneberger Millionenbauern Max Hewald).

Die *Verschuldung der deutschen Landwirtschaft* in den 80er Jahren ergibt sich aus einer Zusammenstellung bei Sombart: Danach waren „hochverschuldet" (mit mehr als 60 v.H. des Schätzwertes) folgende Betriebsgruppen, vgl. Tabelle.

Tabelle 10: Mit mehr als 60 v.H. des Schätzwertes verschuldete landwirtschaftliche Betriebe in v.H. aller Betriebe

Betriebsgruppe	Ostelbien	Westelbien
Güter	54,7 v.H.	13,5 v.H.
Groß- und Mittelbauern	19,9 v.H.	7,5 v.H.
Kleinbauern	14,8 v.H.	10,6 v.H.

Die *Sonderstellung der* ostelbischen *Rittergüter* hinsichtlich der Verschuldung gegenüber allen anderen Gruppen ist eindeutig (und der schnelle Besitzwechsel im 19. Jahrhundert hatte keineswegs zu einer Gesundung geführt).

Im Prinzip setzte sich damit eine *Entwicklung* fort, die bereits im *ausgehenden Mittelalter begonnen* hatte:

- Die Landwirtschaft, der ländliche Raum und die landwirtschaftliche Bevölkerung sind für denjenigen, der dort eine „herrschende" Rolle spielen kann (Bündelung der Rechte und Besitz einer *„herrschaftlichen" Behausung*), *Statussymbol.*

- Der *Boden* wird *als* wertbeständige (oder gar als im Wert steigende) *Ware* betrachtet, und trotzdem (oder wegen der dadurch bedingten geringen Bindung) trennt man sich freiwillig oder erzwungenermaßen schnell wieder von ihm.
- Das *ökonomische Prinzip* wird auf die Gewinnung einer Rente beschränkt, jedoch *nicht auf die aktive Gestaltung* (zur Verbesserung der Ertragsverhältnisse) ausgedehnt.

Die *Feudalisierung* der über Jahrhunderte hin vor allem aus dem *Kaufmannsstand* kommenden Landkäufer (Waren- und Geldhandel als gewinnbringendste Tätigkeit) ist vom Ende des 15. Jahrhunderts bis zum Ersten Weltkrieg weit verbreitet gewesen.

Die Technisierung des landwirtschaftlichen Produktionsprozesses

Obgleich eine *Fülle an technischen Neuerungen* für einzelne landwirtschaftliche Tätigkeiten *bereits im 18. Jahrhundert bekannt* war und sich auch im zweiten Drittel des 19. Jahrhunderts *zahlreiche Fabriken* mit der Herstellung von *landwirtschaftlichen Maschinen* beschäftigten, blieb die „Industrialisierung", d. h. eine der Anwendung des *technischen Fortschrittes* im sekundären Sektor parallele Entwicklung in der Landwirtschaft, *in den Anfängen* stecken.
Unterscheidet man *Antriebs- und Arbeitsgeräte,* dann sah es wie folgt aus:

- Als *Arbeitsgeräte* gab es im zweiten Drittel des 19. Jahrhunderts Sä-, Futterschneide-, Dresch-, Kornreinigungs-, Rüben- und Kartoffelquetschmaschinen, Heuwender, Buttermaschinen usw., insbesondere seit 1851 die Mähmaschine nach dem Prinzip von McCormick (1834 erfunden). Im Prinzip war für die meisten Tätigkeiten eine arbeitssparende Maschine entdeckt und wurde auf dem Markt angeboten.
- Die *Antriebskraft* war jedoch noch problematisch. Zwar wurde die Dampfkraft auch in der Landwirtschaft angewendet, jedoch erst an wenigen Stellen; seit den 50er Jahren zum Pflügen (Dampfpflug) und als stationäre Kraftquelle. Immerhin wies G. v. Viebahn 1868 bereits auf die mögliche Bedeutung der Antriebsmaschine

hin: Sie konnte die Zugtiere ersetzen, die noch als Futterfläche „ein Fünftel des tragbaren Bodens" benötigten. Hier wurde eine Entwicklung vorausgeahnt, die mit dem Traktor in den USA in den 20er und 30er Jahren des 20. Jahrhunderts und in Deutschland erst nach 1950 in Gang kam.

Die geringe Beweglichkeit der Dampfmaschine auf normalem Boden und auf Wegen bewirkte, daß die Industrialisierung der Landwirtschaft weit hinausgeschoben wurde. Denn die Ausrichtung der beginnenden Mechanisierung auf tierische Zugkräfte bedeutete, daß für einen Großbetrieb nur wenige Kostenvorteile gegenüber einem spannfähigen mittelbäuerlichen Hof bestanden. Hinzu kam die nur kurzfristige Einsatzmöglichkeit der Maschinen.

Insgesamt blieb die *Landwirtschaft* noch *weitgehend vorindustriellen Produktionsmethoden verhaftet.* Die niedrigen Löhne und die hohen Agrarpreise bis in die 70er Jahre des 19. Jahrhunderts haben sicher diese Behinderung der Entwicklung unterstützt, da die in Geldeinheiten ausgedrückte Grenzproduktivität der beiden Faktoren Arbeit und Kapital nicht den Übergang zur kapitalintensiven Produktion förderte.

6. Die sozialen Verhältnisse

Die *sozialen Verhältnisse* der Zeit von 1835 bis 1873 wurden *beeinflußt*:

- Von der *Einkommensentwicklung*, vor allem der abhängig Beschäftigten.
- Von der *Beschäftigungslage.*
- Von den *Arbeitsbedingungen.*
- Von den eigenen und fremden *Hilfsmöglichkeiten* in Notfällen.

Die rechtlichen und wirtschaftlichen Gestaltungsmöglichkeiten des täglichen Lebens wurden für die Mehrzahl der Arbeitnehmer auf Grund der schlechten Ausprägung der genannten Verhältnisse eingeengt. Die unvollständigen Hilfsmaßnahmen der öffentlich-rechtlichen Institutionen (Staat, Gemeinden, Kirche) veranlaßten die *Arbeitnehmer*, sich durch *Zusammenschlüsse* gegen die Arbeitgeber in eine bessere Position zu bringen.

Die Entwicklung der Einkommen

Die *Grundzüge der Einkommmensentwicklung* sind aus Abbildung 7 (S. 27) ersichtlich. Daraus ergibt sich, daß im zweiten Drittel des 19. Jahrhunderts
- eine *Verschlechterung* der Einkommenslage *gegenüber den 20er Jahren* eingetreten war,
- daß *aber* das Reallohnniveau *noch über dem an der Wende vom 18. zum 19. Jahrhundert* lag.

Trotz dieses *relativ hohen Realeinkommens* war aber die *Einkommenslage* breiter Bevölkerungsschichten *weiterhin schlecht*:
- Das Bevölkerungswachstum war *nicht* begleitet von einer *Erhöhung* der *landnutzenden Familienzahl*, so daß immer mehr Menschen hinsichtlich ihrer Ernährung (und damit für mindestens zwei Drittel und mehr ihrer Aufwendungen) marktabhängig wurden.
- Die *Arbeitsbedingungen* waren sehr schlecht, so daß für die Erlangung eines normalen Wochenlohnes 90 Stunden und mehr aufgebracht werden mußten; die *Regenerationskosten* der Arbeitskraft lagen dadurch besonders *hoch*.
- Die eigentlichen *Arbeitsbedingungen* waren zudem *gesundheitsschädigend*, wie schon die Beschreibung der Kinderarbeit im vorhergehenden Kapitel (S. 105f.) gezeigt hat.

Die Beschäftigungslage

Genaue Zahlenangaben über die Beschäftigtenlage in der Zeit von 1835 bis 1875 lassen sich nicht machen. Nach den zeitgenössischen Berichten kann man im wesentlichen folgende zeitliche *Abschnitte unterscheiden*:
- *1830 bis 1855*

  (1) *Frauenarbeit und Kinderarbeit* als Kennzeichen einer unterbeschäftigten Bevölkerung (die gezwungen ist, Personen mit geringeren Lohnansprüchen arbeiten zu lassen), deuten ebenso wie (2) die zahlreichen Klagen über die *geringen Einkommenschancen* und

  (3) die *niedrigen Löhne* auf eine ausgedehnte Arbeitslosigkeit hin.

(4) Die *steigenden Ausgaben der Städte für das Armenwesen* und (5) die *hohen Auswandererzahlen* unterstreichen dies.

- *1855 bis 1875 verbesserte* sich die *Beschäftigungslage* erheblich, und zwar aus zwei Gründen:
  - Die Entwicklung der *Metallindustrie* führte zu einer wachsenden *Aufnahme von Arbeitskräften.*
  - Der *Bau der Eisenbahnen* nahm eine große Zahl auch *ungelernter Arbeitskräfte* auf. Geht man davon aus, daß je km neuer Strecken etwa 400 Jahresarbeitseinheiten benötigt wurden, dann ergibt sich folgender Bedarf der Eisenbahnen je Jahr:

1835/1840	= ∅	37.000 Arbeitskräfte
1841/1850	= ∅	220.000 Arbeitskräfte
1851/1860	= ∅	220.000 Arbeitskräfte
1861/1870	= ∅	320.000 Arbeitskräfte
1871/1880	= ∅	570.000 Arbeitskräfte
1881/1890	= ∅	360.000 Arbeitskräfte
1891/1900	= ∅	340.000 Arbeitskräfte
1901/1910	= ∅	360.000 Arbeitskräfte

  Dies bedeutete, daß nach der Mitte des 19. Jahrhunderts bis zu 5 v.H. der nicht in der Landwirtschaft Tätigen Arbeit im Eisenbahnbau fanden. Die im Zusammenhang mit dieser Tätigkeit auftretenden Probleme (Arbeitsbedingungen, Unterbringung usw.) veranlaßte die preußische Regierung schon 1846, eine Verordnung betreffend die bei dem Bau von Eisenbahnen beschäftigten Handarbeiter zu erlassen.

Kurzfristige Schwankungen infolge konjunktureller Wachstumsunterbrechungen sind in dieser langfristigen Entwicklung nicht berücksichtigt worden.

Die Arbeitsbedingungen

Die Entwicklung der *Arbeitszeit* zeigt zunächst den Rahmen der Arbeitsbedingungen, vgl. Abbildung 37.

Bei der Beurteilung dieser *Durchschnittswerte* ist zu bedenken:

- Nicht wenige *Arbeiter (und Kinder)* hatten *mehr als 90 Stunden in der Woche* zu arbeiten.

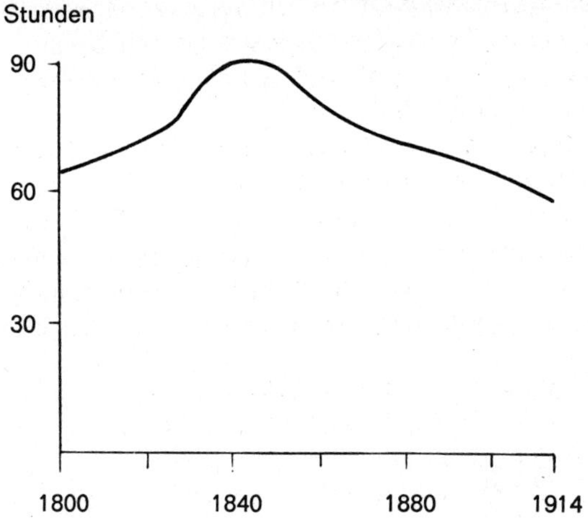

Abb. 37: Wöchentliche Arbeitszeit (in Stunden) der Lohnarbeiter in Deutschland 1800 bis 1914

- Das noch *unterentwickelte Nahverkehrssystem* brachte den Arbeitenden z. T. *lange Anmarschwege*, so daß meistens weniger als 8 Stunden je Tag zum Schlafen verblieben.
- Der *Sonntag* war *keineswegs von der Arbeit ausgenommen*, so daß häufig auch nicht die Möglichkeit eines vollen Ruhetages bestand.

Die *Arbeitsplatzbedingungen* wurden ebenso wie die *Kinder-* und *Frauenarbeit* verbessert:

- *In Preußen* wurde der *Staat aktiv*, weil letztlich die *Tauglichkeit der Rekruten abnahm* (Bericht des Generals von Horn aus dem Jahre 1828).
- Es dauerte aber *trotzdem noch bis 1839*, ehe die Ministerialbürokratie ein entsprechendes Gesetz vorlegen und beschließen lassen konnte.
- Das *Gesetz vom 9. März 1839* schützte lediglich Jugendliche:
  - *Kinder unter 9 Jahren* sollten überhaupt *nicht* mehr zur *Fabrikarbeit* herangezogen werden. (An anderen Arbeitsstätten wie Heimarbeit, Handel und Landwirtschaft galt diese Einschränkung nicht).

- *Jugendliche zwischen 9 und 16 Jahren* wurden hinsichtlich der *Arbeitszeit (maximal 10 Stunden,* einschließlich 1,5 Stunden Pause je Tag) und vor Nachtarbeit (zwischen 21 und 5 Uhr) geschützt.

Dieses *Gesetz* hatte folgende *Nachteile*:

- Die *Einschränkungen* waren *zu gering.*
- Es bestanden *zuwenig Kontrollmöglichkeiten,* zumal da man zuzunächst örtliche Beamte und aus Handwerkern, Fabrikanten und Kaufleuten zusammengesetzte „Gewerberäte" mit der Überwachung beauftragte (Unter den 15 Mitgliedern der Gewerberäte waren zwar auch vier Arbeitnehmer, die aber kündbar waren und außerdem nicht objektiv ausgewählt wurden).
- Die *Strafen* bei Zuwiderhandlungen lagen mit 5 Taler (im Wiederholungsfall mit maximal 50 Taler) *zu niedrig,* wenn man sie mit dem Jahreslohn eines Arbeiters von 80 Taler und eines Jugendlichen von 30 Taler vergleicht. Die Beschäftigung eines Jugendlichen unter gesetzeswidrigen Bedingungen für ein Jahr hätte selbst die Höchststrafe im Wiederholungsfall bereits wieder ausgeglichen.

- Die *geringe Wirkung des Gesetzes* von 1839 kam immer wieder *in amtlichen Berichten* der Regierungspräsidenten zum Ausdruck.
- *1845* wurde das *Trucksystem verboten,* d. h. die Unsitte, die Arbeiter teilweise mit den von ihnen produzierten Waren zu entlohnen, d. h. sie zur Besorgung eines Teiles des Absatzes zu zwingen.
- *1853* wurde die *fakultative Fabrikeninspektion* eingeführt; *obligatorisch* wurde sie in allen deutschen Staaten erst *1878.*
- Auch andere Staaten begannen um 1840 mit dem *Kinderschutz (Bayern 1840, Österreich 1842* usw.).
- Der *Frauenschutz* beschränkte sich auf:
  - Das *Verbot der Tätigkeit in Bergwerken* und anderen Arbeitsstätten mit schwersten Arbeitsbedingungen.
- *Beschränkungen der Arbeitszeit* und *Schutz der Wöchnerinnen* für drei Wochen kamen *erst später* auf.

Hilfsmöglichkeiten in Notfällen

Die *Einkommensenge der Lohnarbeiter* und die umfangreiche, die *Gesundheit stark beanspruchende Arbeit* führten dazu, daß

- der einzelne *gesundheitlich* sehr *anfällig* war,
- *Arbeitsunfälle* sehr *verbreitet* waren und
- die *Arbeiter aus eigener Kraft nicht* in der Lage waren, solche *Notsituationen* kurzfristig zu *überstehen.*
- Die *dauernde Arbeitsunfähigkeit war* gleichbedeutend mit einer *dauernden Verurteilung* auch der Familienangehörigen *zu den schlechtesten Lebensbedingungen.*

In solchen Notfällen konnte *Hilfe aus drei Quellen* kommen:

- Die *Gemeinden* hatten in Fortsetzung der Armengesetzgebung der vorindustriellen Zeit (und durch Übernahme der entsprechenden kirchlichen Funktionen aus früheren Zeiten) überall dort zu helfen, wo der in Not Geratene
  - sich nicht selbst helfen konnte und
  - auch keine anderen Hilfsquellen verfügbar hatte.

  Dieses *Subsidiaritätsprinzip der Gemeinden* ist unter den Namen Wohlfahrt, Fürsorge und Sozialhilfe bis in die Gegenwart erhalten geblieben.
- Die *Arbeiter* gründeten *eigene Hilfseinrichtungen.* So gab es z. B. *in Preußen 1847 insgesamt 66 seit 1800 geschaffene Unterstützungskassen der Arbeiter.* Die *Bemühungen zum Ausbau* dieser Einrichtungen bis hin zur Schaffung einer „Deutschen Arbeiterversicherungsgesellschaft“, auf Anregung Lassalles 1863, *kamen aber nicht zum Durchbruch*:
  - Das *Solidaritätsdenken* unter der Arbeiterschaft war *zuwenig* ausgebildet.
  - Der *Staat war* trotz der seit 1869 bestehenden Koalitionsfreiheit gegenüber solchen von ihm nicht in Abhängigkeit und nicht unter Kontrolle stehenden Einrichtungen *abweisend eingestellt.*
  - (*Marx* und damit seine Anhänger in der deutschen Arbeiterbewegung waren *ebenfalls gegen* solche Hilfskassen, *da* dadurch die *Krise des kapitalistischen Systems* und damit der Übergang

zur Gesellschaftsformation des Sozialismus *hinausgezögert worden wäre).*

- Die *Betriebe* schufen selbst und unabhängig von staatlicher oder gewerkschaftlicher Beeinflussung eine ganze Reihe von *sozialen Einrichtungen,*
  - um den *Arbeiter vor* den schlimmsten *Notfällen zu schützen,*
  - *sicher dabei auch an die eigenen Vorteile einer über die sozialen Einrichtungen* zusätzlich *an den einzelnen Betrieb gebundenen Arbeiterschaft* denkend (Die Aufrechterhaltung der Ansprüche an die betrieblichen Einrichtungen bei Arbeitsstellenwechsel ist auch heute nur eine Forderung der Gewerkschaften, d. h. noch nicht gesetzlich abgesichert).

  Die ersten *betrieblichen Einrichtungen* reichen bis in das *18. Jahrhundert* zurück:
  - 1717 Schaffung einer *Hilfskasse des Blaufarbenwerkes Pfannenstiel* im Erzgebirge.
  - 1788 *Hilfskasse der Firma Andreae in Mülheim am Rhein.*
  - *1814* soll es bereits *in Preußen 1.931 Kassen für Fabrikarbeiter mit 455.583 Mitgliedern* gegeben haben (Claßen), so daß jeder dritte im Gewerbe Tätige jedenfalls teilweise gegen Notfälle abgesichert gewesen ist, eine mindestens recht skeptisch zu beurteilende Zahl, selbst wenn man die Verlagsarbeiter zu den Fabrikarbeitern zählt.
  - Die *Mehrzahl der betrieblichen Einrichtungen* wurde *ab etwa 1835* gegründet (Krupp 1836), als die Notlage der Arbeiter der wachsenden industriellen Unternehmen immer mehr anwuchs. Zunächst waren es Krankenkassen; mit einer Verschiebung von etwa zwei Jahrzehnten kamen Alterskassen hinzu, da die damit zusammenhängenden Probleme erst später in größerem Umfang auftraten.
  - 1876, d. h. *vor der Einführung der gesetzlichen Sozialversicherung,* gab es in Deutschland die aus Tabelle 11 ersichtlichen *Sozialeinrichtungen in 4.850 Betrieben mit 609.659* männlichen und weiblichen *Arbeitern.*

Bemerkenswert an dieser Zusammenstellung ist:

- Die Vielfalt der Einrichtungen

Tabelle 11: Zahl der sozialen Einrichtungen in 4.850 Betrieben im Jahre 1876 in Preußen (nach Claßen)

Art der Einrichtung	Zahl der Betriebe
Reingewinnbeteiligung	439
Kapitalbeteiligung	61
Sparkasseneinrichtungen	216
Fürsorge für Wohnungen	1.655
Fürsorge für Ernährung	1.043
Billige Beschaffung von Nahrungsmitteln	284
Fürsorge für Kleidung usw.	893
Gesundheitspflege	1.637
Seelsorge	43
Erziehung und Unterricht	254
Geistige und sittliche Ausbildungen	78
Sonstige Einrichtungen	292

– Aus der isolierten Benennung der einzelnen Einrichtung ist nicht ersichtlich, ob für die Arbeiter im Einzelfall wirklich ein Vorteil damit verbunden war (z. B. Seelsorge, Erziehung und Unterricht).
– *Betriebskrankenkassen gab es 1876* in Deutschland:
2.600 mit 700.000 Mitgliedern.

Insgesamt sollen *in Krankenkassen der Gemeinden* (von ihnen zur Verringerung des Armenetats geschaffen), *des Handwerks und der sonstigen gewerblichen Wirtschaft* (ohne die Knappschaftskassen)

1.839.652 Arbeiter versichert gewesen sein, d. h. etwa 35 v.H.

Daneben gab es *88 Knappschaftskassen für 255.408 Bergleute.* Die Bergleute waren fast vollzählig versichert.

Trotz dieser umfangreichen Absicherungen blieben aber zwei Probleme:

– Die *Lückenhaftigkeit (Fehlen der Versicherungen).*
– Die *teilweise geringe*, für die Bestreitung der notwendigsten Lebenshaltungskosten nicht ausreichenden *Leistungen.*

Die Anfänge der Arbeiterzusammenschlüsse

Im Prinzip gab es bei den *Vereinigungen der Arbeiter drei Richtungen:*

- *Politische Gruppierungen*, die auch die nicht unmittelbar mit den Arbeiterfragen (Arbeitsplatz, -zeit, -lohn usw.) zusammenhängenden Probleme in ihren Aktionsbereich einbezogen (etwa mit den heutigen politischen Parteien vergleichbar).
- *Vereinigungen,* die sich auf die *eigentlichen Arbeiterfragen* konzentrierten (Arbeitswelt). (Etwa mit den heutigen Gewerkschaften vergleichbar).
- Zusammenschlüsse, die sich vor allem mit außerhalb der beiden genannten Bereiche liegenden Tätigkeiten beschäftigten (*Arbeiterbildungsvereine,* Gesangsvereine usw.).

Diese drei Richtungen sind

- *nicht immer getrennt* in verschiedenen Zusammenschlüssen vorhanden gewesen,
- vor allem in Zeiten der Benachteiligung oder des Verbots der ersten beiden Richtungen *dienten Gruppierungen der dritten Art als Ausweichbereiche.*
- Im übrigen waren auch hinsichtlich der *Mitglieder Überschneidungen* vorhanden, so daß die drei genannten Richtungen eher Unterschiede in der Tätigkeitsrichtung als in der Art der Zusammenschlüsse gewesen sind.

Die *zeitliche Entwicklung* ist etwa folgendermaßen gewesen:

- In den *30er und 40er Jahren* des 19. Jahrhunderts kam es zur Gründung einer ganzen Reihe von *Arbeiterbildungsvereinen,* die aber *ohne große Bedeutung* für die Interessen der Arbeiter blieben, wenn man von den organisatorischen Erfahrungen der ersten unabhängigen Zusammenschlüsse, die bei den späteren Gruppierungen eingebracht werden konnten, absieht.
- Daneben gab es lediglich *sporadische Zusammenschlüsse für die* Durchsetzung einzelner Ziele in der *Gestaltung der Arbeitswelt.* Diese Bewegungen konnten allerdings die Weiterentwicklung der sozialen Verhältnisse erheblich beeinflussen, wie *z. B. der Weberaufstand 1844* in Schlesien gezeigt hat.

- *Ab 1848* wurden mehrere *gewerkschaftsähnliche Arbeitervereinigungen* gegründet. In England kamen die ersten „Trade Unions" bereits am Ende des 18. Jahrhunderts auf. Sie waren allerdings über Jahrzehnte in ihren Aktionen durch Verbote und Behinderungen eingeengt.
- *1848* Gründung des *Deutschen Nationalbuchdruckervereins.*
  1849 Gründung des Thüringischen Buchdruckervereins.
  Beide Vereine hatten aber auch Arbeitgeber in ihren Reihen, sind also *keine echten Arbeitervereinigungen* gewesen.
- *1862 Fortbildungsverein für Buchdrucker*: Trotz des auf einen Bildungsverein hindeutenden Namens ist hierin die erste Gewerkschaft zu sehen: Vertretung der Arbeiterinteressen gegen die Arbeitgeber stand im Mittelpunkt der Tätigkeit.
- *1863* Gründung von *zwei deutschen Arbeitervereinigungen*
  - *Lassalle*: *Allgemeiner Deutscher Arbeiterverein* (nichtmarxistisch; für den sozialen Frieden zwischen dem bestehenden, nur zu reformierenden Staat und den Arbeitern).
  - Sonnemann, *Bebel* (und später auch Liebknecht): *Verband Deutscher Arbeitervereine* (marxistisch).
- *1869* Gründung der *Sozialdemokratischen Arbeiterpartei* aus dem Verband Deutscher Arbeitervereine und einigen Lassalleanern (Eisenacher Programm).
- *1875* Übertritt auch der übrigen Lassalleaner (unter dem Zwang des Verbotes der beiden Parteien) zu den Sozialdemokraten und Gründung der *Sozialistischen Arbeiterpartei Deutschlands* (Gothaer Programm; von K. Marx wegen fehlenden Hinweises auf die natürliche Notwendigkeit der Entwicklung abgelehnt), die sich
- *1891* nach der Aufhebung des Sozialistengesetzes in *Sozialdemokratische Partei Deutschlands umtaufte* (Erfurther Programm; praktisch ohne Gedanken von Lassalle).
- *Erst nach 1868* kam es zur Gründung verschiedener *Gewerkschaften* vor allem auf Anregung des aus England beeinflußten Hirsch (Hirsch-Dunckersche Gewerkvereine). Eine wichtige Voraussetzung hierfür war die Aufhebung der Koalitionsverbote:

Sachsen 1861; Preußen 1867; die übrigen deutschen Staaten meistens erst durch das Notgewerbegesetz von 1868 und die Gewerbeordnung von 1869.

- Daneben entstanden *„freie" Gewerkschaften*, die aber 1879 teilweise wieder aufgelöst wurden.
- Nach einem kräftigen Aufschwung der Gewerkschaftsbewegung erfolgte in den *70er Jahren der Niedergang aus mehreren Gründen*:
  - *Der Staat* zeigte seine *Gegnerschaft* zu diesen Vereinigungen (bis zu Verboten).
  - *Unglückliches Taktieren bei Streiks* (Waldenburger Bergarbeiterstreik) *und* innere *Streitigkeiten* (bei den freien Gewerkschaften) führten zu einem Rückgang der Mitgliederzahlen.
  - Die *Marxisten lehnten* die auf eine *Zusammenarbeit mit den Arbeitgebern* ausgerichteten Gewerkschaften *ab*, da so lediglich die Krise des kapitalistischen Systems hinausgezögert würde.

Im ganzen läßt sich sagen, daß die Arbeitervereinigungen in den 70er Jahren ihren ersten Tiefpunkt erreicht hatten.

Die Unruhen (Revolutionen) der Jahre 1832 und 1848 waren mehr politisch-verfassungsmäßig begründet und dadurch auch (indirekt) sozial und wirtschaftlich. Die These von der (mißglückten) „bürgerlichen" Revolution des Jahres 1848 steht im Widerspruch zur starken Beteiligung der Lohnabhängigen, d. h. des (städtischen) Proletariats. Weder die Ereignisse des Jahres 1848 noch das „Manifest der Kommunistischen Partei" von Karl Marx und Friedrich Engels haben einen entscheidenden Anstoß für die Entwicklung der Arbeitervereinigungen gegeben. Der Schwerpunkt der Koalitionsaktivitäten der Arbeiter in den 60er Jahren zeigt deutlich eine Parallelität und einen Zusammenhang zum Schwerpunkt der ersten Industrialisierungsphase.

Der Ausbau der Industrie (1873 bis 1914)

In der Zeit von der Reichsgründung bis zum Ersten Weltkrieg entwickelte sich *Deutschland zum Industriestaat,* d. h. die Industrie gewann die beherrschende Stellung innerhalb der deutschen Volkswirtschaft, so daß von ihr die wirtschaftlichen und die gesellschaftlichen Verhältnisse entscheidend beeinflußt wurden.

Die wichtigsten *Probleme dieser Zeit* waren:

- Die *Gründerkrise* von 1873.
- Der Druck auf die inländischen gewerblichen und landwirtschaftlichen Preise durch *Rückgang der Weltmarktpreise* in den folgenden Jahren. Die Reaktion hierauf war der Übergang zur *Zollschutzpolitik für Industrie und Landwirtschaft* (sog. Neomerkantilismus).
- Die *Urbanisierung* und *„Proletarisierung“* nahmen ein solches Ausmaß an, daß man von seiten des Staates zur *Sozialschutzpolitik* überging (Sozialgesetzgebung), aber auch das Sozialistengesetz schuf.
- Zugleich etablierten sich *Interessengruppierungen* unterschiedlicher Art bei industriellen Arbeitgebern und Arbeitnehmern, bei Landwirten und Handwerkern.

Die Gestaltung des Lebens derjenigen, die als Arbeitnehmer in den Städten wohnten, d. h. *die soziale Frage, wurde zum zentralen Problem* der letzten vier Jahrzehnte vor dem Ersten Weltkrieg, und zwar nicht nur in Deutschland, sondern in allen sich industrialisierenden Ländern der Erde.

1. Die Weiterentwicklung des sekundären Sektors

a) Die Gründerkrise des Jahres 1873

Die ersten beiden Jahrzehnte nach der Reichsgründung wurden durch die sog. *Gründerkrise* und ihre Folgen geprägt. Das Erscheinungsbild läßt sich kurz auf wenige allgemeine Punkte reduzieren:

- Eine *sprunghafte Ausdehnung* der Kapazitäten (Nettoinvestitionen) und
- der *Produktion* (Ausnutzung der neugeschaffenen Kapazitäten) *bis 1873* wurde
- *abgelöst durch* eine *Periode des Überangebotes* und damit der *Preissenkungen* und infolgedessen
- der *Verlangsamung des wirtschaftlichen Wachstums.*

Da sich die *Krisenerscheinungen nicht auf Deutschland beschränkten:*

- konnte der *Export* den inländischen Nachfrageausfall *nicht kompensieren,* ja
- das auch auf dem Weltmarkt herrschende Überangebot bewirkte sogar über die *Einfuhr von Waren* nach Deutschland auf einzelnen Märkten eine *weitere Einengung der inländischen Absatzmöglichkeiten.*

Die Entwicklung des Nettosozialproduktes (zu Marktpreisen) zeigt, daß die Börsenkrise im Oktober 1873 in Berlin keineswegs der Scheitelpunkt einer gleichmäßigen vorhergehenden Aufwärts- und nachfolgenden Abwärtsentwicklung gewesen ist, vgl. Abbildung 38.

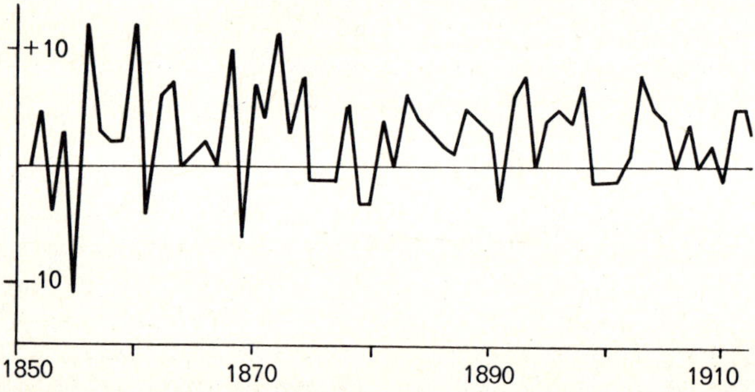

Abb. 38: Jahresraten des wirtschaftlichen Wachstums von 1850 bis 1913 in realen Einheiten

Der *mehrjährige Anstieg des Nettosozialproduktes von 1870 bis 1874* wurde durch folgende Faktoren hervorgerufen:

- Der *Aufschwung* des Jahres *1870 glich* lediglich die *Reduzierung* des vorhergehenden Jahres *aus.*

- Die Ende 1870 und in den Jahren 1871 und 1872 einsetzenden *Investitionen* führten vor allem *1872* zu einer *überhitzten Nachfrage*. Diese Investitionen waren vorgenommen worden
  - auf Grund der *steigenden Nachfrage nach Kriegsmaterial*, ferner
  - auf Grund der nach sonstigen Produkten steigenden *Nachfrage*, die zum Teil während des Krieges *aufgeschoben* war *und* die zum Teil durch die *Wachstumserwartungen* infolge der neuen politischen Verhältnisse bedingt war.
- Das Jahr *1873* brachte *im Börsen- und Geldgeschäft* einen *Höhepunkt* (und die Krise). Die 1873 noch angebahnten Investitionen wurden aber trotz der Krise teilweise noch bis 1874 vorgenommen. Dies trifft vor allem auch für den Eisenbahnbau zu:
  Neu in Betrieb genommene Eisenbahnstrecken in Deutschland:

1868	668 km
1869	955 km
1870	1.495 km
1871	1.595 km
1872	1.353 km
1873	1.331 km
1874	1.642 km
1875	2.437 km
1876	1.161 km
1877	1.200 km
1878	1.049 km

  Erst *1875* lag sogar der *Höhepunkt* für die Übernahme neuer Strecken, eine Folge der relativ langen Produktionsdauer von Eisenbahnen (Erdarbeiten, Brückenbauten usw.).

Die *Liquidität* und damit die Finanzierungsmöglichkeiten waren bei der Entwicklung *der Wirtschaft von* entscheidender *Bedeutung*. Hier hatten die *französischen Reparationsleistungen ab 1871* einen starken Einfluß, der *häufig* allerdings *überschätzt* wird, indem die volle Summe als Beeinflussungsgröße herangezogen wird. Die Höhe, die Beschaffung und die Verwendung der Mittel ist aus folgender Zusammenstellung ersichtlich:

- Die *französischen Reparationen* betrugen etwas mehr als 5 Mrd. Francs (5 Mrd. Kriegsentschädigung; 0,3 Mrd. Zinsen; 0,27 Mrd. Kontributionen usw.).

- Frankreich zahlte die *letzte* (eigentlich erst im März 1874 fällige) *Rate* bereits im *Sommer 1873*.
- Die Mittel kamen aus folgenden Quellen:
  - *Inländische und ausländische* Zeichner von *Anleihen* des französischen Staates versahen Frankreich mit mehr Mitteln als es für die Reparationen benötigte. Frankreich hatte etwa 12 bis 13 Mrd. Francs Kapital im Ausland, das teilweise von den privaten Eignern in inländische Staatsanleihen umgewandelt wurde. (Die beiden 1871 und 1872 angebotenen Staatsanleihen waren mit fast 50 Mrd. Francs weit überzeichnet. Allein 26 Mrd. Francs waren vom Ausland, einschließlich deutschen Kapitaleignern, gezeichnet.) Die Zeichnungsplätze der zweiten Anleihe von 1872 über 3 Mrd. Fr. – gezeichnet 43,8 Mrd. Fr.! – waren Paris, London, Amsterdam, Antwerpen, Genf, Wien, Hamburg, Köln und Frankfurt).
  - Die *Devisenbeschaffung* war ebenfalls *nicht problematisch.* Es wurden gezahlt:

    125 Mill. Fr. Noten der Bank von Frankreich.
    105 Mill. Fr. Noten und Münzen aus Deutschland.
    273 Mill. Fr. französische Goldmünzen.
    239 Mill. Fr. französische Silbermünzen
    1.448 Mill. Fr. englische, belgische und holländische Wechsel.
    2.799 Mill. Fr. deutsche Wechsel.

    (Die Mittelbeschaffung durch den Staat und die Devisenbeschaffung waren für die deutschen Reparationen nach 1918 das die Staatsfinanzen und den internationalen Kapitalmarkt beherrschende Problem; vgl. Bd. 3).
- Die *Verwendung* der Mittel (5,57 Mrd. Fr. = 1.485 Mrd. Taler = 4.455 Mrd. Mark):

  609 Mill. Mark Invaliden
  667 Mill. Mark Kriegsschäden usw.
  346 Mill. Mark Festungsbau
  432 Mill. Mark Eisenbahn Elsaß-Lothringen
  120 Mill. Mark Kriegsschatz (Juliusturm in Spandau)
  127 Mill. Mark Militär
  24 Mill. Mark Rücklage Reichstagsgebäude
  18 Mill. Mark Dotationen
  2048 Mill. Mark Länder und Kredite
  27 Mill. Mark Verschiedenes (z. B. 5 Mill. Mark für die Post)

Die *Auswirkungen* der französischen Zahlungen auf die wirtschaftliche Entwicklung Deutschlands lassen sich nicht von den *übrigen* einwirkenden *Faktoren* isolieren. Zu beachten ist bei der Beurteilung:

- Die *Aufbringung* der Mittel war *international*, auch wenn Frankreich selbst als Schuldner am stärksten beteiligt war. Da *ein Teil der Mittel aus Deutschland* stammte, kann nicht der volle Betrag von 5 Mrd. Fr. den Kapitalmarkt in Deutschland belastet haben.
- Ein Teil der *Reparationen* ist aus Deutschland *in andere Länder abgeflossen*. So sollen *etwa 1 Mrd. Mark* allein *nach Wien* transferiert worden sein, anscheinend durch Staatsschuldentilgung frei gewordene Gelder.
- Die *Bezahlung der Eisenbahnen in Elsaß-Lothringen*, die *Anlage eines Kriegsschatzes* und ein *Teil der Ausgaben für Festungsbau* und Kriegskosten haben ebenfalls den deutschen Kapitalmarkt *nicht unmittelbar* und kurzfristig berührt.

Im Ergebnis wird man davon ausgehen können, daß allenfalls etwa *2,5 bis 3 Mrd. Fr.* einen unmittelbaren Einfluß auf den Kapitalmarkt bis zum Herbst 1873 gehabt haben. Auch dieser Betrag war noch groß genug für die Schaffung eines Ungleichgewichtes bei Börsen und Banken, zumal wenn man ihn mit dem *Nettosozialprodukt* der damaligen Zeit vergleicht:

- Deutschland = 16 Mrd. Fr.
- Frankreich = 22 Mrd. Fr.

Selbst eine Jahresrate von wenig mehr als 1 Mrd. Fr. bedeutete *6 bis 7 v.H. des Volkseinkommens* (vergleichbar mit etwa 40 Mrd. Mark 1971 in der Bundesrepublik!!).

Für die Beurteilung der *Entstehung der Gründerkrise* ist aber nicht nur die Betrachtung des deutschen Kapitalmarktes, sondern *auch die internationale Lage* von Bedeutung:

- Die Krise war zunächst in *Budapest* durch Einzahlungsforderungen der Franko-Ungarischen Bank offen aufgetreten, obgleich noch zwei Wochen zuvor von dieser Bank eine Dividende von 12,5 v.H. für den 1. Juli 1873 angekündigt worden war.
- Einige *Wiener Bankhäuser* wurden in den folgenden Tagen *zahlungsunfähig*.

- Von *Mai bis Oktober 1873* häuften sich die *Zahlungsunfähigkeiten an verschiedenen Börsenplätzen.*
- *In den USA* konzentrierte sich – wie zuvor die Spekulation – die *Krise* auf die *Eisenbahngesellschaften.*
- Im *Oktober 1873* kam es dann zu einer *Konzentration der Krisenerscheinungen auf Berlin,* so daß man dazu neigte, diese Krise in erster Linie auf die gerade abgeschlossenen französischen Reparationsleistungen zurückzuführen.

In Wirklichkeit sind *verschiedene Faktoren an* der Entstehung der *Krise beteiligt* gewesen:

- *Seit 1868* hatte die *Spekulation in Wertpapieren* an fast allen Börsenplätzen immer weiter um sich gegriffen.
- Die *Gründung von Aktiengesellschaften* hatte in dieser Zeit auf Grund
  - der *Beseitigung des Konzessionssystems* (in Preußen ab 1870) *oder*
  - der *großzügigen Handhabung des Konzessionssystems* (in Österreich)

  sprunghaft *zugenommen.* Das Entscheidende hierbei war die teilweise geringe Einzahlungspflicht, so daß ein großer Teil der Aktien nur zu weniger als 50 v.H. eingezahlt wurde.

  In *Österreich* wurden von 1867 bis 1873 etwa *1.000 Aktiengesellschaften* mit einem Nominalkapital von 8 Mrd. Mark konzessioniert.

  In *Deutschland* wurden allein von 1871 bis 1873 mehr als *500 Aktiengesellschaften* mit einem Nominalkapital von 2,9 Mrd. Mark gegründet.
- Eine *international* zu beobachtende übermäßige *Ausdehnung der Produktionskapazitäten* verringerte die Möglichkeit, durch Export die eigene *Überproduktion* im Ausland abzusetzen.

Man wird auf Grund dieser verschiedenen Gesichtspunkte davon ausgehen können, daß

- die Gründerkrise *nicht* überwiegend durch die *französischen Reparationen* hervorgerufen wurde,
- sondern daß es sich um eine *internationale Krise* gehandelt hat,
- die *für Deutschland* in ihrer Wirkung *durch die Transferleistungen aus Frankreich verstärkt* wurde.

b) Die Zusammenhänge zwischen Gründerkrise und wirtschaftlicher Entwicklung von 1873 bis 1893

Die Einordnung der Gründerkrise in die Gesamtentwicklung des *wirtschaftlichen Wachstums* in den letzten Jahrzehnten vor dem Ersten Weltkrieg (vgl. Abbildung 38, S. 204) zeigt, daß der *starke Einschnitt mehr im Kapital- und Börsenbereich als in der Produktionsentwicklung* zu finden war. Zwar wies das wirtschaftliche Wachstum von 1875 bis 1880 insgesamt fünf Jahre negativer Werte auf (bis auf das Jahr 1878), jedoch wurde dadurch nur die von 1870 bis 1874 vorhandene überhöhte Steigerung korrigiert.

- Der *Rückgang der Aktienkurse* machte die Überspekulation besonders deutlich. Der Kurswert der Aktien von 444 deutschen Aktiengesellschaften betrug:

  1872 = 4.528 Mrd. Mark
  1873 = 2.444 Mrd. Mark

  Auch dieser starke Kursverlust von durchschnittlich 46 v.H. ist zum wesentlichen Teil als eine *Angleichung an den tatsächlichen Wert* der Aktiengesellschaften zu betrachten, d. h. den *Kursverlusten* standen entsprechende nicht gerechtfertigte *Gewinne in den vorhergehenden Jahren* gegenüber. Gewinner und Verlierer waren allerdings häufig nicht identisch.
- Die *langfristigen Durchschnitte* der *Zunahme der Beschäftigtenzahl und des Volkseinkommens* zeigen, daß die 70er und 80er Jahre gegenüber der vorhergehenden und gegenüber der nachfolgenden Periode keine anhaltenden krisenhaften Besonderheiten aufzuweisen hatten, vgl. Tabelle 12.

Tabelle 12: Entwicklung der Beschäftigtenzahl und des Volkseinkommens von 1852 bis 1913

Periode	Zahl der Beschäftigten	Zunahme des realen Volkseinkommens
1852 bis 1872	+ 17 v.H.	+ 72 v.H.
1873 bis 1893	+ 28 v.H.	+ 58 v.H.
1893 bis 1913	+ 36 v.H.	+ 68 v.H.

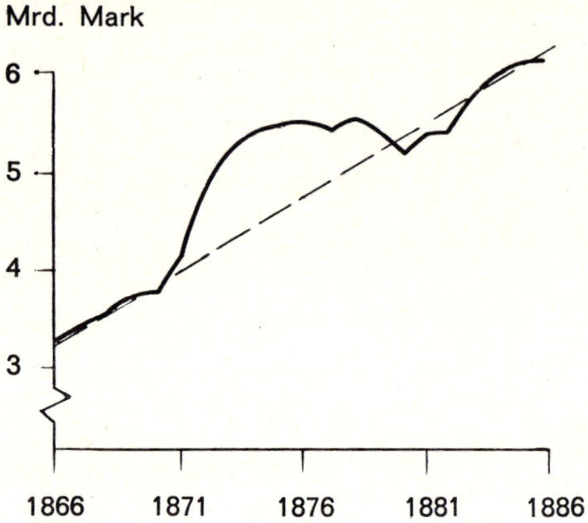

Abb. 39: Entwicklung der Wertschöpfung in Industrie und Handwerk von 1866 bis 1886 in Preisen von 1913

Hinsichtlich der Zahl der Beschäftigten zeigt die Zeit von 1873 bis 1893 Werte, die zwischen den vorhergehenden und den nachfolgenden Jahrzehnten lagen. Die Zunahme des realen Volkseinkommens (in Preisen von 1913) war zwar in der mittleren Periode niedriger, jedoch unter Berücksichtigung der Sicherheit der statistischen Angaben aus der damaligen Zeit nicht so sehr, daß man von einer Zeitspanne der Stagnation für die beiden Jahrzehnte insgesamt sprechen könnte.

- Die *Ertragslage* der gewerblichen Wirtschaft wurde in den Jahren von *1875 bis 1880* gegenüber den unmittelbar vorhergehenden erheblich eingeengt:
  - Das *Produktionsvolumen stagnierte, so daß die auf Grund der zusätzlichen Investitionen* erforderlichen Mittel für die Verzinsung des Kapitals, insbesondere des aufgenommenen Fremdkapitals nicht durch eine volle Ausnutzung der zusätzlichen Kapazitäten aufgebracht werden konnten. Die Entwicklung der Produktionsvolumina im Durchschnitt des ganzen Gewerbes war aber eher eine Periode der Stagnation als der Depression, zumal da im wesentlichen die zuvor überhöhten Wachstumsraten lediglich ausgeglichen wurden, vgl. Abbildung

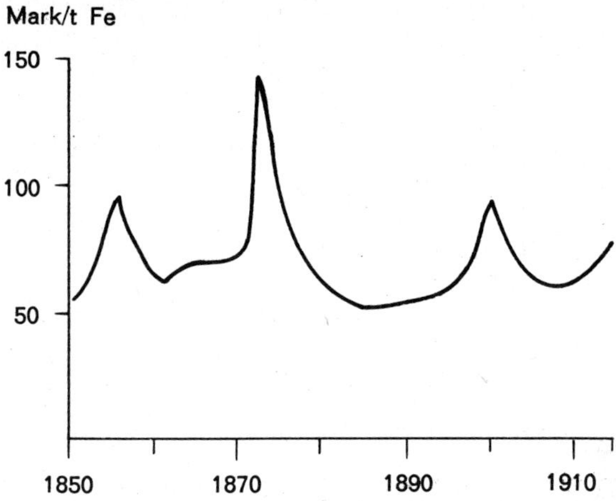

Abb. 40: Die Roheisenpreise in Mark je Tonne von 1850 bis 1914

39. Die gestrichelte Gerade in der Abbildung deutet den Idealzustand eines steten langfristigen Wachstums an. Die ununterbrochen steigende Produktion des Bergbaues wurde nicht mit berücksichtigt.

– Die *Preise für gewerbliche Produkte* waren einige Jahre stark rückläufig. Aber auch dies darf nicht zu dramatisch gesehen werden, selbst wenn dabei Preisstürze auf weniger als die Hälfte vorgekommen sind; denn *in Wirklichkeit* wurde *nur* der für wenige Jahre unterbrochene *langfristige Trend einer Verringerung der gewerblichen Produktpreise* wieder aufgenommen, nachdem dieser Vorgang für wenige Jahre durch eine kräftige Überhöhung unterbrochen war. Diese Feststellung gilt bis auf wenige Ausnahmen sowohl für Halbfabrikate als auch für Fertigprodukte, vgl. Abbildungen 40 und 41.

In Abbildung 41 wurde der langfristige Trend wiederum mit einer Geraden wiedergegeben. Der Rückgang der Preise setzte sich bis zum Ersten Weltkrieg fort, auch wenn er langsam schwächer wurde. Der technische Fortschritt erlaubte und ermöglichte es, die Preise für industrielle Waren allgemein und damit auch für Investitionsgüter zu reduzieren.

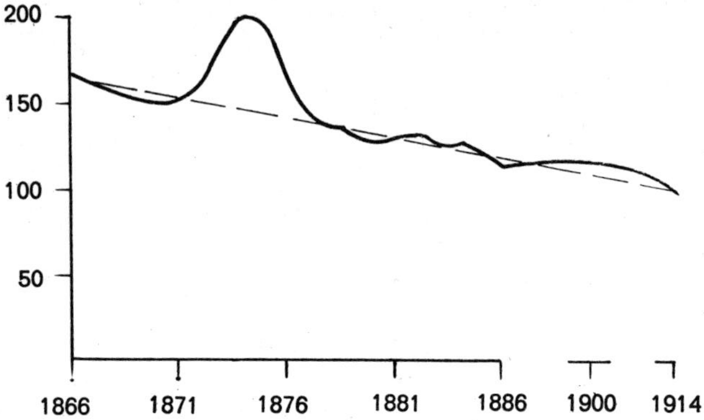

Abb. 41: Preise für Investitionsgüter von 1866 bis 1914 (1913 = 100)

– In welchem Maße die *Preisveränderungen das Bild von der Ertragslage verfälschen,* zeigt Abbildung 42.

Kapitalstock und Kapitaleinkommen verliefen angenähert parallel, sowohl in laufenden Preisen als auch in Preisen von 1913. Die gestrichelte Linie in Abbildung 42 zeigt auch hier wieder den *langfristigen Trend,* der lediglich *durch die Überhöhung* der Preise *in den 70er Jahren unterbrochen* worden ist. Von 1876 bis 1880 ist nur ein verlangsamtes Wachstum beider Größen zu verzeichnen. Man wird daher abschließend zu dieser Problematik sagen können:

– *Nicht eine Verschlechterung der Ertragslage* hat die Wirtschaft in Bedrängnis gebracht,
– *sondern* allenfalls eine im Hinblick auf den Absatz und damit auf die erzielbaren Erlöse *zu kräftige Ausdehnung der Kapazität,* so daß vor allem der Spielraum für die Bedienung einer durch *übermäßige Investitionen* und Gewinnerwartungen *übersteigerten Fremdfinanzierung* zu klein wurde (z. B. bei Krupp).

– *Im übrigen* wäre bei einer vollen *Anwendung* des bekannten *technischen Fortschritts* noch eine stärkere *Preisreduzierung möglich* gewesen, wie das Beispiel Englands zeigte, wo die Inlandspreise für nicht wenige Waren um etwa 30 v.H. unter den deutschen Inlandspreisen gelegen haben.

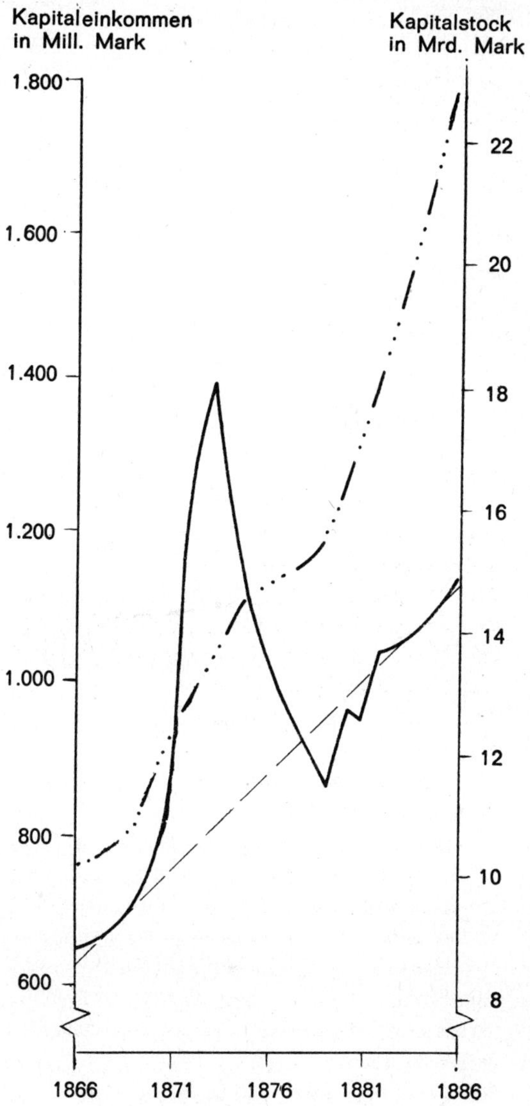

Abb. 42: Entwicklung des Kapitaleinkommens (in Mill. Mark ––) und des Kapitalstockes (in Mrd. Mark —) in laufenden Preisen und des Kapitalstockes (in Mrd. Mark –. .–) in Preisen von 1913 im Gewerbe

c) Der Neomerkantilismus

Die *Reaktion auf den Rückgang der Preise* in wenigen Jahren auf fast die Hälfte für verschiedene Industriewaren war folgende:

Der Übergang zur Schutzzollpolitik

Die Stabilisierung des *stark überhöhten Preisniveaus* Anfang der 70er Jahre war nach Ansicht der vom Rückgang der Preise Betroffenen insbesondere *durch die freie Einfuhr* von Eisen und anderen Waren *bedroht.* Man forderte daher mit Erfolg eine Erschwerung der Importe durch die Festsetzung von Einfuhrzöllen:

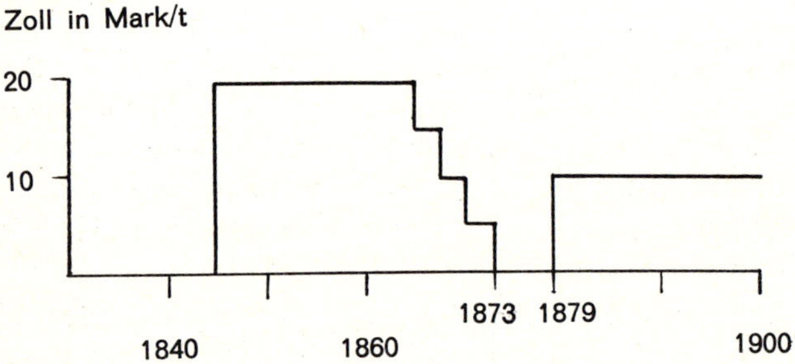

Abb. 43: Entwicklung der Einfuhrzölle auf Roheisen in Deutschland von 1830 bis 1900

- Die seit 1873 zunächst gänzlich abgeschafften *Zölle auf Roheisen* wurden daher *1879* wieder *eingeführt* und auf einen Satz festgegelegt, der mit 10 Mark je t etwa 17 bis 18 v.H. des seit 1879 bestehenden Marktpreises umfaßte, d. h. ab englischem Hafen mußten von den etwa 60 Mark je t, die als Erlös auf dem deutschen Binnenmarkt erzielt werden konnten, 10 Mark für Zoll und weitere etwa 10 bis 12 Mark für Fracht- und Versicherungskosten abgezogen werden. Die englische Eisenindustrie mußte und konnte etwa 30 v.H. unter dem deutschen Hüttenwerkspreis Roheisen anbieten.
- *Eisenwaren* wurden teilweise *wesentlich höher* mit Zoll *belastet:*

  Grobeisen war bis 1877 zollfrei und wurde danach mit 35 bis

160 Mark je Tonne belegt (in Abhängigkeit von der Warengattung).

Feineisen wurde je Tonne bis 1865 mit 600 bis 3.000 Mark und ab 1865 mit 240 bis 600 Mark Zoll belegt. Hier trat durch die Zollbestimmungen des ausgehenden 19. Jahrhunderts keine Änderung ein.

Ob diese Wirtschaftspolitik mit Recht *als Neomerkantilismus* bezeichnet wurde und wird, *muß bezweifelt werden*:

- *Ein wichtiger Bestandteil des Merkantilismus* war die Verbesserung der Wettbewerbslage der eigenen Wirtschaft, vor allem des Gewerbes auf dem internationalen Markt mit Hilfe der *Zollpolitik*.
- Darüber hinaus hätte *aber auch im Inneren eine Unterstützung des Gewerbes*, die *Neuansiedlung* von Betrieben *in Regionen mit Arbeitskräfteüberschuß* und die *Förderung einzelner Branchen* dazu gehört. Die einzige (und nicht gering zu veranschlagende) Unterstützung des Staates bestand darin, daß man der Wirtschaft in der Organisation ihrer Märkte und in der damit verbundenen Verringerung der Wettbewerbsmöglichkeiten völlige Freiheit beließ.

Auch die parallelen Erscheinungen in der Landwirtschaft und der Übergang zu einer aktiven Sozialpolitik des Staates lassen sich nur deshalb unter den Begriff „Neomerkantilismus" subsumieren, weil eine *genaue Begriffsdefinition fehlt.* Der Schutz einzelner Wirtschaftszweige und Bevölkerungsgruppen, insbesondere durch eine Benachteiligung der (ausländischen) Konkurrenz vermittels Zollerhebungen, ist *ein* wesentlicher, aber nicht *der* wesentliche Teil merkantilistischer Wirtschaftspolitik.

Die Bildung von Verbänden und Interessenvertretungen

Drei Gruppen von Zusammenschlüssen wurden von den *Unternehmern* zur Verbesserung ihrer wirtschaftlichen Position geschaffen:

- *Kartelle* und kartellartige Vereinigungen sollten durch *wettbewerbshindernde Absprachen* vor einem weiteren Preisverfall schützen:

- Preisvereinbarungen.
- Festlegung der Produktionsvolumina.
- Absprachen über Absatzprobleme (Absatzgebiete usw.).
- *Arbeitgeberverbände* sollten die Position der Unternehmer *gegenüber* den Einflüssen der Arbeitervereinigungen (*Gewerkschaften*) verbessern.
- Daneben wurde eine größere Zahl von *Verbänden* gegründet, die sich als *Interessenvertreter* für eine Förderung des jeweiligen Produktionsbereiches bei der Regierung und an anderen Stellen einsetzen sollten.

Die zeitlich unterschiedlichen Schwerpunkte des Entstehens solcher Zusammenschlüsse zeigt Abbildung 44.

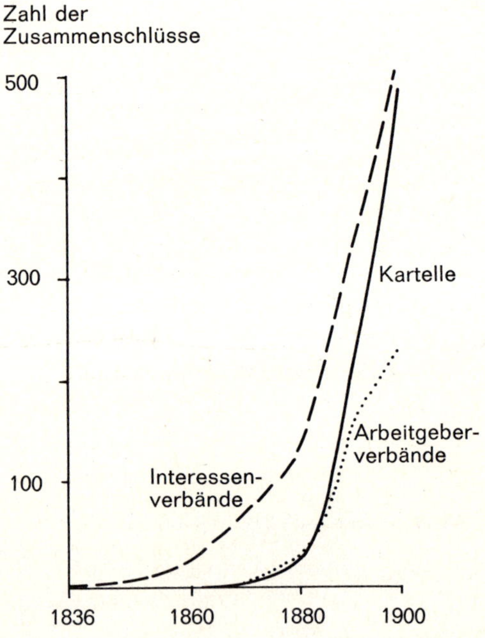

Abb. 44: Die Zahl der in Deutschland bestehenden Verbände in der Zeit von 1836 bis 1900

- Erstaunlich ist zunächst die *große Zahl an Interessenverbänden* der gewerblichen Wirtschaft, die bereits *vor 1870 bestanden* (z. T. lobby-ähnliche Zusammenschlüsse).
- Die Mehrzahl der *Kartelle* wurde *erst nach 1880* gegründet, d. h. zu einer Zeit, als die schwierigste Zeit des Preisrückganges bereits überstanden war.
- Trotz der *zunehmenden Konzentration in der Wirtschaft*, wie z. B. in der Eisenindustrie, wo die Zahl der Betriebe bis Ende der 80er Jahre von 218 auf 110 zurückging und damit ein bis zum Ersten Weltkrieg erhaltenes Niveau erreicht wurde („Reinigungseffekt" der Gründerkrise), wurden zahlreiche Kartelle gebildet. Die *geringe Zahl der an einem Kartell Beteiligten* (im Vergleich zu den Arbeitgeberverbänden) erklärt den steilen Anstieg der Kartelle über die Arbeitgeberverbände hinaus. Im übrigen dürfte die geringe Zahl der an einem Kartell Beteiligten manchmal auch den späteren Prozeß des gänzlichen Zusammenschlusses gefördert haben, so daß dann das *Kartell als* eine *Vorstufe der Konzentration* zu betrachten ist.

d) Die Entwicklung der gewerblichen Produktion bis 1914

Das trotz der Gründerkrise vorhandene *langfristige Wachstum* der gewerblichen Wirtschaft bis 1914 machte sich *in fast allen Branchen* bemerkbar. Gegenüber den beiden vorhergehenden Perioden wies die Zeit von 1873 bis 1913 sogar eine noch stärkere Zunahme der Zahl der im sekundären Sektor Beschäftigten auf:

- 1800 bis 1835 = + 45 v.H.
- 1835 bis 1873 = + 67 v.H.
- 1873 bis 1913 = + 114 v.H.

Die *unterschiedliche Entwicklung* der einzelnen Gewerbezweige wird aus der Betrachtung der Entwicklung der Beschäftigtenzahl in den *einzelnen Branchen* deutlich (vgl. Abbildung 24, S. 136 und Tabelle 8, S. 137):

- *Einige* Gewerbe hatten ein *überdurchschnittliches Wachstum*:
  - *Metallgewerbe* = + 210 v.H.

- *Baugewerbe* = + 208 v.H.
- *Bergbau* = + 201 v.H.

Das *Baugewerbe* erhöhte *insbesondere* in der Zeit von *1873 bis 1893* seinen Anteil an der Gesamtzahl der im Gewerbe Beschäftigten von knapp 10 auf etwa 14 v.H. Die ausgedehnte Bautätigkeit in diesen beiden Jahrzehnten hatte offensichtlich einen wesentlichen Anteil an der Tatsache, daß die Gründerkrise nicht zu starke Auswirkungen zeigte.

- *In einer weiteren Gruppe* von Gewerben war *ebenfalls* ein *überdurchschnittliches Wachstum* zu verzeichnen, das aber nicht die Werte der drei schon genannten Branchen erreichte:

  - *Chemie, Steine, Erden* = + 162 v.H.
  - *Feinmechanik, Optik, Elektro* = + 161 v.H.

  Die Feingeräteindustrie, einschließlich der aufkommenden Elektroindustrie, gehörte offensichtlich ebenso wie die chemische Industrie zu den Wachstumsindustrien, die nur deshalb noch nicht so hohe Werte wie die Metallgewerbe erreichten, weil sie noch zu sehr am Anfang ihrer Entwicklung standen. Mit der chemischen und der Elektroindustrie kam im übrigen ein neuer Typ von Gewerbe auf, nämlich ein stark von den Technikwissenschaften abhängiger Produktionszweig.

- *Durchschnittliche Werte* in der Zunahme der Beschäftigtenzahl hatten lediglich zwei Branchen aufzuweisen:

  - *Holz, Druck und Papier* = + 120 v.H.
  - *Nahrungsgewerbe* = + 111 v.H.

- *Unter dem Durchschnitt,* und zwar weit darunter, lag nur ein Gewerbezweig:

  - *Textil, Bekleidung und Leder* = + 32 v.H.

  Nach absoluten Zahlen war bei diesem Gewerbe zwar noch kein Schrumpfen zu verzeichnen. Es blieb aber weit hinter dem allgemeinen Wachstum zurück. Da es zuvor die größte Beschäftigtenzahl aufzuweisen hatte, bestimmte seine nur verhaltene Entwicklung in starkem Maße die gesamte numerische Entwicklung. Nach 1873 setzte sich die industrielle Produktionsweise im Textilbereich vollständig durch (vgl. Abbildung 25, S. 145). In dem Rückgang des Anteiles an der Beschäftigtenzahl des sekundären Sektors ist in erster Linie eine Folge der Industrialisierung und damit eine Steigerung der Produktivität (vgl. S. 146) zu sehen, da das Produktionsvolumen weiter anstieg.

Die Entwicklung der gewerblichen Produktion stand in Abhängigkeit von:

- Der *Zahl der Beschäftigten.*
- Der *Entwicklung der Arbeitsproduktivität* (als Ausdruck der technischen Entwicklung des Produktionsprozesses).

Während die Zahl der Beschäftigten in etwa feststeht, ist eine Differenzierung der gesamten aus der gewerblichen Produktion fließenden Gütermenge nach Gewerbezweigen nur angenähert zu bestimmen. Unter diesem Vorbehalt läßt sich folgende *Produktivitätsentwicklung* für die Zeit *von 1873 bis 1913* feststellen:

– Insgesamt	= + 90 bis 100 v.H.
– Im einzelnen:	
Metall	= + 270 v.H.
Textil	= + 115 v.H.
Bergbau	= + 67 v.H.
Steine, Chemie	= + 60 v.H.
Holz, Druck	= + 40 v.H.
Nahrung	= + 30 v.H.
Bau	= + 20 v.H.

Diese *Übersicht zeigt* einen mit der Einführung des technischen Fortschrittes zusammenhängenden *unterschiedlichen Industrialisierungsgrad* der einzelnen Gewerbezweige. Dabei ist besonders bemerkenswert:

- Das *Baugewerbe* hatte seinen Anteil an der Gesamtzahl der im Gewerbe Tätigen in der Zeit von 1875 bis 1893 von knapp 10 v.H. auf fast 14 v.H. erhöhen können. Die zunehmende Urbanisierung der 70er und 80er Jahre verstärkte die Nachfrage nach Leistungen dieses Gewerbezweiges, so daß das Baugewerbe teilweise in diesen Jahrzehnten das wirtschaftliche Wachstum entscheidend beeinflußte und zugleich durch seine verstärkte Nachfrage nach Arbeitskräften (insgesamt erhöhte sich die im Baugewerbe Beschäftigtenzahl von 0,53 auf 1,055 Mill. Arbeitnehmer) mithalf, die infolge der überdurchschnittlichen Produktivitätssteigerungen im Metall- und im Textilbereich wieder verbreitete Arbeitslosigkeit oder Unterbeschäftigung teilweise abzubauen.

Wichtig blieb für die gesamtwirtschaftliche Entwicklung, daß das *Baugewerbe* nur *in sehr geringem Maße* dem technischen Fortschritt zugänglich war, denn

- der *Gesamtdurchschnitt* der gewerblichen Produktivität wurde erheblich *nach unten* gezogen
- und über die *hoch bleibenden Baukosten* wurden die *Einkommen aller Haushalte stark belastet,* so daß dadurch eine erhebliche Verminderung der Realeinkommenszunahme bewirkt wurde, vgl. Abbildung 45.

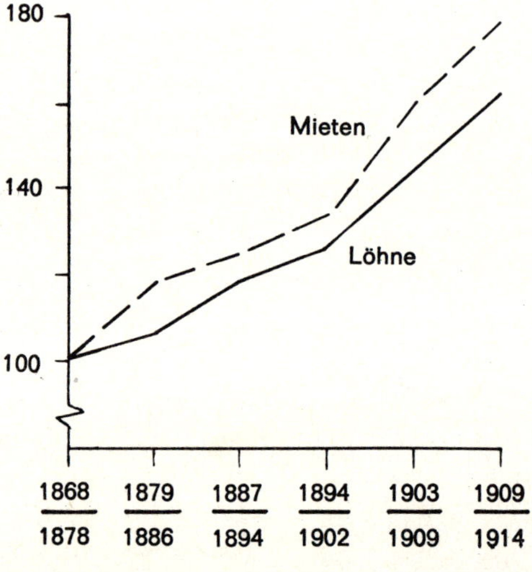

Abb. 45: Entwicklung der Mieten und der Löhne (1868/1878 = 100)

- Die Industrialisierung wurde weiterhin vom Metallgewerbe und von der Textilbranche getragen. Dabei übertraf das *Metallgewerbe* die Textilbranche in der Produktivitätssteigerung erheblich.
- Der Ausbau der *Schwerindustrie* bis zum Ersten Weltkrieg führte

dazu, daß Deutschland die nach der Gesamtproduktion an Eisen und Eisenwaren stärkste Industrie besaß. Gemessen an der gesamten industriellen Produktion je Einwohner lag England jedoch nach wie vor weit an der Spitze. Dort war vor allem der landwirtschaftliche Sektor auf einen geringeren Anteil an der gesamten Bevölkerung reduziert worden als in Deutschland. Die höhere Wertschöpfung je Beschäftigtem in der Industrie gegenüber der Landwirtschaft führte deshalb in England zu einer insgesamt höheren Wertschöpfung je Einwohner, unabhängig davon, daß die englische Industrie gerade im metallverarbeitenden Gewerbe weiterhin einen teilweise recht erheblichen Vorsprung in der technischen Entwicklung behielt.

2. Der Übergang zur Agrarschutzpolitik

In der Zeit seit 1875 begann man auch in der *Agrarpreispolitik* von der Idee des *Freihandels abzugehen* und eine Schutzpolitik zu betreiben, die bis in die Gegenwart in ihren damals geschaffenen wesentlichen Bestandteilen erhalten geblieben ist. Anlaß für die Änderung der Agrarpolitik waren die ebenfalls fallenden Agrarpreise.

a) Die Agrarpreise

Das Erscheinungsbild der sinkenden Agrarpreise und die davon ausgehenden Auswirkungen

Das *langfristige Absinken der Weltmarktpreise* für Agrarprodukte und damit auch der Preise in Deutschland führte zur Abkehr von der bis dahin weitgehend bestehenden Zollfreiheit. Gerade die ostdeutschen Getreideproduzenten waren bei ständig steigenden Getreidepreisen Anhänger der sie begünstigenden Freihandelslehre gewesen.

Das folgende Schaubild macht deutlich, daß die Getreidepreise in Deutschland bis in die ausgehenden 90er Jahre des 19. Jahrhunderts zurückgingen. Dabei ist aber zu berücksichtigen, daß die *Schutzzollpolitik seit 1880 die deutschen Preise über dem Weltmarktniveau hielt.*

Der langfristige Trend ist durch eine durchgehende Gerade darge-

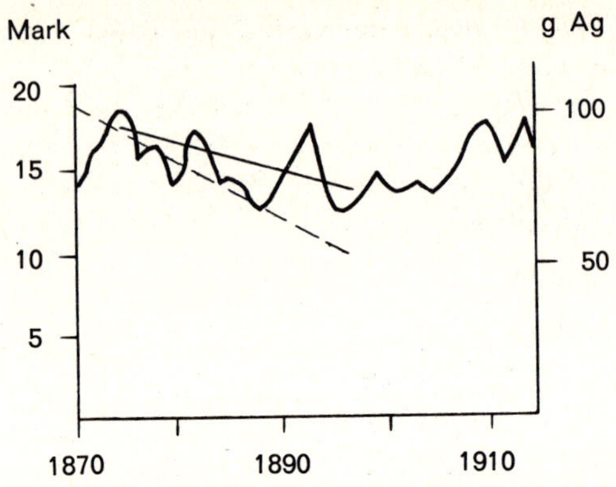

Abb. 46: Entwicklung der Getreidepreise von 1870 bis 1914 (Gewichtung: Weizen zu Roggen = 1 : 2)

stellt worden. Die gestrichelte Linie gibt den Weltmarkttrend wieder. Die *Differenz* zwischen beiden Trends wurde *durch die Zollabgabe bewirkt.*

Da die *Preise für tierische Produkte nicht sanken*, vgl. Abbildung 47, ergaben sich unterschiedliche Einflüsse auf die einzelnen Betriebsgrößen:

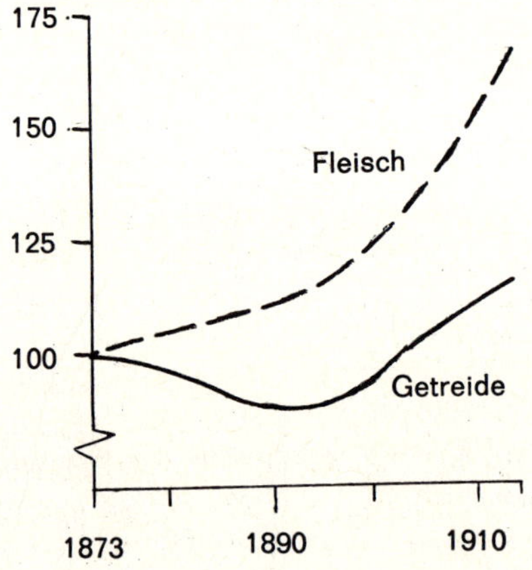

Abb. 47: Entwicklung der Preise für Getreide und für tierische Produkte (Fleisch) von 1873 bis 1913 (1873 = 100)

– *Größere Betriebe hatten* im allgemeinen einen *höheren Anteil Getreide* an ihren Verkaufsprodukten,
– während bei den *kleineren Betrieben* die *Viehhaltung stärker ausgedehnt* war. Der Anteil an der Nutzfläche und am verkauften Getreide in drei verschiedenen Betriebsgrößengruppen ist in Abbildung 48 dargestellt.

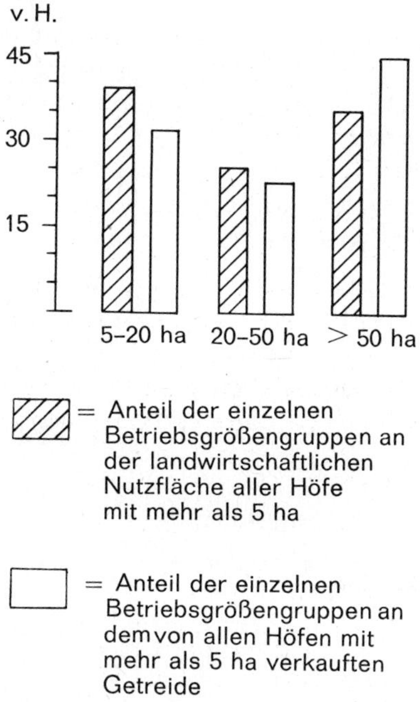

Abb. 48: Getreideverkauf und Nutzfläche je Betriebsgrößengruppe in Deutschland vor 1914

Abbildung 48 zeigt:
– Nach der Getreidemenge hatten die *Großbetriebe* insgesamt und je Flächeneinheit einen *größeren Vorteil von hohen Getreidepreisen* als jede der beiden anderen Gruppen.
– Die *Betriebe mit weniger als 50 oder mit weniger als 20 ha* Nutzfläche wurden auf Grund des hohen Anteiles dieser Gruppen an

der gesamten Nutzfläche *aber ebenfalls zu Nutznießern der hohen Getriedepreise.*

- Da *diese Betriebe* zugleich *Futtergetreide zukaufen* mußten, konnte deren *Begünstigung jedenfalls teilweise wieder kompensiert* werden, sofern sie nicht dieses Getreide zu einem wesentlich niedrigeren Preis erwerben konnten (Gerste und Hafer unterlagen keinem Einfuhrzoll).

Es ist *fraglich, ob* überhaupt die *Agrarpreisentwicklung* oder ob die hohe Verschuldung, mit der die Landwirtschaft in die Periode der Preissenkung hineingegangen ist, *verantwortlich war für* die teilweise vorhandene *Illiquidität.* Ein Vergleich der *langfristigen Entwicklung der Preise* zeigt, daß lediglich das zwischen 1850 und 1878 *überhöhte Preisniveau* abgebaut worden ist. Die niedrigen *Preise des Jahres 1894* sind immerhin *noch fast doppelt so hoch gewesen wie die von*

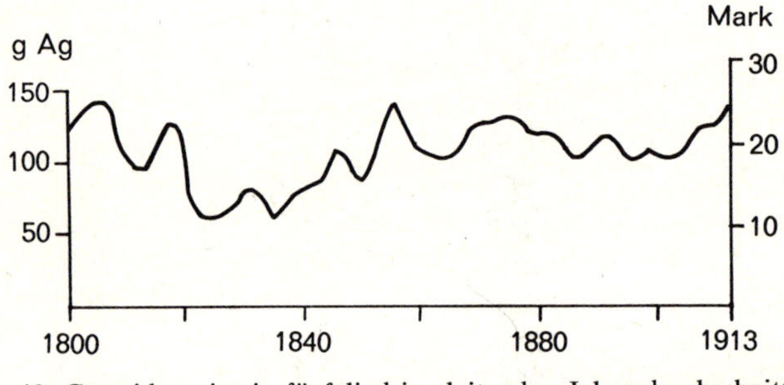

Abb. 49: Getreidepreise in fünfgliedrig gleitenden Jahresdurchschnitten von 1800 bis 1913 in Gramm Silber (g Ag) je 100 kg (2/3 Roggen, 1/3 Weizen)

1824, so daß unter Berücksichtigung der inzwischen erreichten Produktivitätszunahme von etwa

- 85 v.H. je Beschäftigtem,
- 28 v.H. je Flächeneinheit und
- 35 v.H. je Kapitaleinheit

eine Schutzzollpolitik möglicherweise überhaupt nicht oder jedenfalls in wesentlich geringerem Maße nur erforderlich war. Selbst bei Berücksichtigung

- der gestiegenen Nominallöhne,
- der Lebenshaltungskosten und
- der Preise für von der Landwirtschaft benötigte gewerbliche Produkte

hätte ein Rückgang der Agrarpreise um mehr als ein Drittel bei fehlender Überschuldung der Landwirtschaft kurzfristig überbrückt werden können. Langfristig, d.h. auf Dauer, begann aber seit 1883/86 eine bis in die Gegenwart währende Disparität in der Entwicklung der Agarpreise und der industrieorientierten Preise. Nominal stiegen die von den industriellen Arbeitsplätzen bestimmten Löhne bis 1914 um gut 5o v.H. (vgl. Abbildung 45, S. 220) und die Großhandelspreise, vor allem industrieller Waren, ebenfalls um fast 50 v.H. (vgl. Abbildung 60, S. 274). Die Getreidepreise nahmen zwar nur um etwa 30 v.H. (vgl. Abbildung 49, S. 224), die für tierische Produkte jedoch fast um 60 v.H. (vgl. Abbildung 47, S. 222) zu. Die Landwirtschaft geriet auf Grund der im Vergleich zur Industrie langsameren Produktivitätsentwicklung in keine so günstige Gewinnsituation wie die Industrie.

Die Ursachen des Preisrückganges

Als *Ursachen* werden meistens genannt:
- die starke *Ausdehnung der Getreideproduktion* in Übersee (vor allem in den USA) und
- die *kostengünstigere Produktionsmöglichkeit* in den überseeischen Gebieten (im Verhältnis zu Europa, insbesondere zu Deutschland).

Die *Entwicklung der Weizenproduktion in den USA von 1849 bis 1907* zeigt Tabelle 13. Die sich nicht linear entwickelnden Hektarerträge weisen daraufhin, daß man diese Zusammenstellung mit großer Vorsicht verwenden muß.

Es wird aber der Trend der Entwicklung deutlich. Die jährlich mit Weizen bebaute Fläche verdoppelte sich fast von 1869 bis 1879. Dies hatte verschiedene Wirkungen:
- Ein Anstieg der Weizenernten.
- Ein Absinken der Hektarerträge auf Grund der geringen Kultur des neu in Nutzung genommenen Bodens.

Tabelle 13: Die Entwicklung der Getreideproduktion in den USA

Jahr	Fläche in ha	Ernte in t Weizen	
		je ha	insgesamt
1849	3.200.000	0,87	2.800.000
1859	5.800.000	0,81	4.700.000
1869	7.700.000	1,01	7.800.000
1879	14.900.000	0,69	10.300.000
1889	14.500.000	0,86	12.500.000
1899	16.400.000	0,92	14.900.000
1907	18.200.000	0,95	17.300.000

Ursachen für die Zunahme der Weizenausfuhren aus den USA waren:

- Die umfangreiche neue *Siedlungswelle* nach den Sezessionskriegen *erweiterte das Ackerland.*
- *Da* aber *auch die Bevölkerung stark anstieg* und sich die *Pro-Kopf-Weizenerzeugung nur von 190 auf 197 kg erhöhte,* ist hierin allein noch nicht die überproportionale Ausdehnung der Ausfuhr begründet. Die Weizenproduktion erhöhte sich von 1866 bis 1900 um 123 v.H., die Bevölkerungszahl um 117 v.H.: *0,45 Mill. t* hätten dadurch *mehr ausgeführt* werden können, d. h. der Getreidebedarf für 2 bis 3 Mill. Menschen.
- *Entscheidend war* vielmehr die *starke Ausdehnung der Viehhaltung* auf 0,6 Rinder je Einwohner (in Deutschland 0,3) und die damit bereits bis 1875/1880 erreichte *Fleischversorgung* von *mehr als 70 kg Fleisch* pro Person (in Deutschland etwa 40 kg; in der Bundesrepublik 1971 70 bis 75 kg). Der *Weizenverbrauch pro Kopf* der Bevölkerung *fiel* dadurch in den USA *von etwa 185 auf 160 kg.* Etwa *3 Mill. t Weizen* wurden damit zusätzlich *für* den *Export frei.*

Für die gesamte Weltproduktion liegen die Steigerungszahlen nur für die Zeit ab 1878 vor:

1878 = 185 Mill. t Weizen, Roggen, Hafer, Gerste und Mais
1908 = 295 Mill. t

Die *wichtigsten Überschußländer waren Rußland, die USA, Rumänien und Argentinien.* Eine Übersicht der Länder mit dem größten Nettoexport ist in Tabelle 14 zusammengefaßt.

Tabelle 14: Nettoexport an Getreide und Mehl der wichtigsten Überschußländer der Welt 1888 und 1907 (in Mill. Tonnen)

Land	1888	1907
USA	3,5	7,6
Rußland	8,6	7,0
Argentinien	0,3	4,2
Rumänien	1,7	3,2
Kanada	0,2	1,1
Britisch-Ostindien	2,2	0,9

Auch hier können die *Exportziffern* nur die Größenordnung der Ausfuhren angeben, denn die *starken Schwankungen* in den Ernteergebnissen der meistens nicht intensiv genutzten landwirtschaftlichen Flächen hatten erhebliche jährliche Abweichungen zur Folge. Die wichtigsten Einfuhrländer waren die europäischen Industrieländer, vgl. Tabelle15.

Tabelle 15: Nettoimport an Getreide und Mehl der wichtigsten Einfuhrländer 1888 und 1907 (in Mill. Tonnen)

Land	1888	1907
Großbritannien	7,4	9,9
Deutschland	1,7	6,1
Belgien	1,1	2,1
Niederlande	0,7	1,2
Frankreich	3,0	1,1

Vom *Gesamtertrag* an Weizen, Roggen, Gerste, Hafer und Mais wurden zu beiden Zeitpunkten *etwa 10 v.H. international gehandelt.*

Die *starke Ausdehnung der Agrarproduktion* und das zunehmende Angebot auf dem Weltmarkt waren jedoch *nicht allein ursächlich für* die langfristig *niedrigen Getreidepreise* gewesen. Sofern die Preise nicht mehr kostendeckend gewesen wären, wäre eine Reduktion der Produktion eingetreten, jedenfalls bei einem zunächst relativ wenig beeinflußten Weltmarkt.

Die Frage ist daher, in welchem Maße die *Exportländer kostengünstiger produzieren konnten.* Hierbei ist zu unterscheiden zwischen den beiden wichtigsten Getreideexporteuren:

- USA:
  - Im allgemeinen wird auf die *Senkung der Transportkosten* hingewiesen:
    - Der *Ausbau des Eisenbahnnetzes* schloß den Getreidegürtel an die Küstenstädte an.
    - Die *Frachtraten* für Getreide fielen von 100 auf 20 in der Zeit von 1873 bis 1894 für die Überquerung des Atlantik.

    Das kann aber nicht ausschlaggebend gewesen sein, denn damit lagen die Frachtkosten (für durchschnittlich 1.000 km Eisenbahn oder Binnenschiffahrtsstrecke und mehr als 7.000 km Seeweg) immer noch höher als der Weg vom Erzeuger zum Verbraucher in Mitteleuropa über 800 bis 1.000 km Landstrecke.
- Die *billigere Produktion* (Kosten) war vielmehr entscheidend:
    - Der Preis für *die Bodennutzung* lag in Deutschland bei 35 bis 60 Mark/ha, bei 8 bis 10 Mark/ha in den USA, wo der Boden auch keineswegs unbegrenzt zur Verfügung stand und daher 1900 35 v.H. des genutzten Landes Pachtland war. Bei durchschnittlichen Weizenerträgen bedeutete dies, daß je t Weizen etwa 28 Mark in Deutschland und 10 Mark in den USA als Pachtpreis kamen.
    - Da die Differenz zwischen den loco-Hof-Preisen der amerikanischen Farmer und der deutschen Erzeuger etwa 50 bis 55 Mark je t betrug, müssen 30 bis 35 Mark durch *unterschiedliche Produktionskosten* verursacht worden sein (130 zu 165 Mark).
- *Rußland*: Hier kommen ebenfalls neben den *sinkenden Transportkosten* die geringeren Produktionskosten in Betracht. Während aber für die USA die technisierte und daher billigere Produktionsweise ausschlaggebend war, ist es in *Rußland der niedrige Lebensstandard der ländlichen Bevölkerung* gewesen: billige, kaum mit mehr als dem Existenzminimum ausgestattete Bauern und Landarbeiter ermöglichten den Verkauf des russischen Getreides zu niedrigen Preisen auf dem Weltmarkt.

b) Die Reaktion auf das Absinken der Agrarpreise

Der Übergang zur Schutzzollpolitik

Als *mögliche Reaktion* der staatlichen Agrarpolitik auf den Preisabfall auf dem Weltmarkt sind zu nennen:

- Die *Hinnahme einer Einkommensreduktion* bei Bauern, Landwirten und Landarbeitern (analog dem *russischen Beispiel*).

- Die *Verbesserung der Einkommenslage durch* den Übergang zur *technischen Neuerung mit kostensenkendem Ergebnis* (analog dem *amerikanischen Weg*).
- Die *Hinnahme des Preisrückganges* und einer daraus folgenden *Verringerung der unrentablen landwirtschaftlichen Produktion* (der von *England* beschrittene Weg).
- Das *Ausweichen auf landwirtschaftliche Produktionszweige*, die *von dem Preisfall nicht so stark oder überhaupt nicht betroffen* waren, unter Inkaufnahme erheblicher Besitzveränderungen in der Landwirtschaft, nämlich dort, wo dieser Anpassungsprozeß nicht oder zu zögernd befolgt wurde (der *niederländische und dänische Weg* durch Ausweichen auf die tierische Produktion und die Erzeugung von gärtnerischen Früchten).
- Der *Übergang zu einem Zollschutzsystem* (Einfuhrzoll), um so das inländische Preisniveau in einem bestimmten Maße über dem Weltmarktpreisniveau zu halten (*der französische und der deutsche Weg*).

Die *Motivation für die Schutzzollpolitik* war vielfach:

- Die *Finanzverfassung des Reiches* war aufgebaut auf folgenden Hauptquellen:
  - *Zolleinnahmen* (das Reich wurde in dieser Hinsicht als eine Fortsetzung des Deutschen Zollvereins angesehen), so daß der Reichsregierung für die bessere finanzielle Beweglichkeit eine Erhöhung der Zölle entgegenkam.
  - *Matrikularbeiträge* der einzelnen Staaten Deutschlands. Bei der Festsetzung dieser Matrikularbeiträge war das Reich von den Ländern abhängig, so daß man schon aus diesem Grunde die Ergiebigkeit der Zollquelle gern förderte.
- Die speziellen *Interessen der getreideerzeugenden Landwirtschaft.*
- Die *allgemeinen Interessen der Wirtschaft für Schutzzölle,* da die Überproduktion auf dem Agrarmarkt zusammenfiel mit einer Überproduktion auch im gewerblichen Sektor. Dadurch trat die eigenartige Situation ein, daß die Industrie die Schutzzollpolitik allgemein (d. h. auch in der Landwirtschaft) unterstützte, obgleich sie doch den eigenen Interessen an

- niedrigen Agrarpreisen
- d. h. niedrigen Lebenshaltungskosten und
- d. h. niedrigen Löhnen

entgegenstand.

Die *Agrarschutzzollpolitik* war somit *Teil der gesamten Schutzzollpolitik.* Die *wichtigsten,* sich allerdings z. T. erst in den 90er Jahren etablierenden *Kräfte aus der Landwirtschaft* waren:
- Die *Bauernvereine,* vor allem in den katholischen *Bauerngebieten* Süd- und Westdeutschlands (1862 Westfälischer Bauernverein als erste Gründung).
- Der *„Bund der Landwirte",* gegründet 1893, der vor allem die Interessen der (*großbetrieblichen*) *Getreideerzeuger* vertrat.

Die Regelung des Zollschutzes

Die Tariffestsetzungen innerhalb des Deutschen Zollvereins hatten nur noch geringe Zölle übriggelassen. Die letzten in den 70er Jahren wirksamen Regelungen für landwirtschaftliche Produkte stammten vom 1.V. 1864, 25.V. 1868, 17.V. 1870 und 7.VI. 1873. *Seit 1865 war die Einfuhr von Getreide zollfrei.* Die 1879 mit Wirkung vom 1. Januar 1880 eingeführten Zölle lagen bei:

1880 bis 1885	=	10 Mark	
1885 bis 1887	=	30 Mark	
1887 bis 1891	=	50 Mark	je t Weizen oder Roggen
1891 bis 1906	=	35 Mark	
1906 bis 1913	=	75 Mark für 1 t Weizen und	
1906 bis 1913	=	70 Mark für 1 t Roggen	

Teilweise gab es von diesen Zöllen seit dem Beginn der 90er Jahre auf Grund von Handelsverträgen Abweichungen. *Ab 1894* erhielten Exporteure von Getreide (aus den küstennahen Provinzen Ostdeutschlands) die Möglichkeit, anderes Getreide selbst oder durch Dritte zollfrei einzuführen (sog. *Einfuhrscheine*).

Neben den *Getreidezöllen* wurden auch *Viehzölle* eingeführt. Während die oben genannten Regelungen von 1865 bis 1868 eine Ermäßigung der Viehzölle brachten, wurde *1870 für die gesamte Vieheinfuhr Zollfreiheit* gewährt, mit *Ausnahme* der Einfuhr von *Schweinen* (2 Mark je Stück) und von Spanferkeln (0,3 Mark je

Stück). Die für die Getreidezölle wichtigen Gesetze von 1879, 1885, 1891 und 1902 setzten auch wieder neue Einfuhrzölle für die verschiedenen Tierarten fest, mit Ausnahme der Ziegen. Die Zölle lagen z. B. bei der Ochseneinfuhr zwischen 20 und 30 Mark. Ab 1880 wurden auch von tierischen Produkten Einfuhrzölle erhoben.

Insgesamt gesehen wurden damit *die wichtigsten Produktionszweige der Landwirtschaft durch* eine große Zahl von *Zollbestimmungen begünstigt,* so daß man nicht von einer alleinigen Bevorzugung der getreideproduzierenden Großbetriebe sprechen kann. Die bäuerlichen Betriebe waren vielmehr teilweise über Getreideverkäufe (vgl. Abbildung 48, S. 223), teilweise über die tierische Produktion beteiligt. Sie waren aber insofern etwas ungünstiger gestellt, weil die *Zollsätze* in den letzten zwei Jahrzehnten vor dem Ersten Weltkrieg für *Getreide bei 22 bis 28* und für *Fleisch* „nur" bei *14 bis 24 v.H. des Produktwertes* gelegen haben.

c) Die Entwicklung der landwirtschaftlichen Produktion und der Produktionsverhältnisse

Die landwirtschaftliche Produktion

Die *landwirtschaftliche Produktion, einschließlich Forstwirtschaft und Fischerei, nahm* insgesamt in Preisen von 1913 in der Zeit von 1873 *bis 1913 um 90 v.H. zu* (von 5,9 auf 11,3 Mrd. Mark). Daran waren *beteiligt*:

- *Getreide* (Weizen, Roggen, Gerste, Hafer): von 16 auf 25 Mill. t, d. h. Steigerung um *56 v.H.*
- Sonstige pflanzliche Produkte (Kartoffeln, Zuckerrüben, Flachs usw.): Zunahme etwa 65 v.H.
- *Tierische Produkte*: Zunahme um *140 v.H.*

Hierin drückt sich eine *Entwicklung* in doppelter Weise aus:

- Die Landwirtschaft ging *stärker* zur *Veredelungswirtschaft* über (Veredelung der pflanzlichen Produkte über den Tiermagen) und intensivierte sich dadurch.
- Die *Menschen ernährten sich* in stärkerem Maße *mit tierischen Produkten* unter gleichzeitiger Abnahme des aus pflanzlicher

Nahrung kommenden Kalorienanteiles (im allgemeinen ist ein solcher Wandel das Kennzeichen für wachsende Realeinkommen).

Die *Wandlungen in der Viehhaltung* zeigt Abbildung 50.

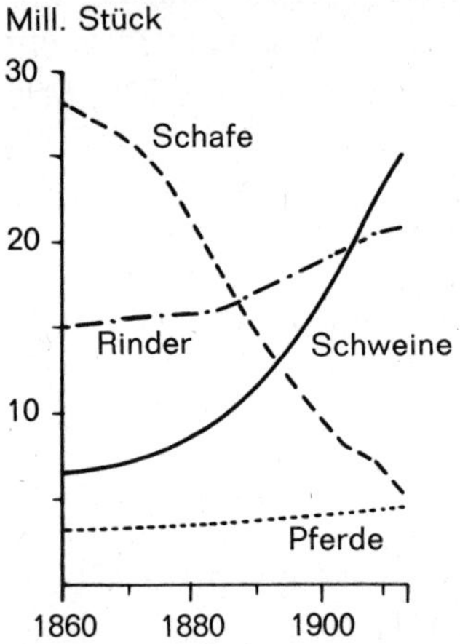

Abb. 50: Die Entwicklung der Viehhaltung in Deutschland von 1860 bis 1914 in Mill. Stück

Die Entwicklung auf dem Weltwollmarkt machte die Schafhaltung unrentabel. Die weitläufigen Besitzungen in Übersee konnten die Schafhaltung mehr ausdehnen und dadurch die Produktionskosten senken. Zudem war in *Deutschland nicht* wie in England die Möglichkeit für einen umfangreichen *Absatz von Schaffleisch* gegeben, so daß die Schafhaltung allein oder überwiegend über den Wollverkauf am Ertrag des einzelnen landwirtschaftlichen Betriebes beteiligt war.

Im gleichen Maße, wie sich die Schafhaltung verminderte, wurde die *Schweinehaltung ausgedehnt.* Selbst bei gleichem Umtrieb (Mastdauer; Zahl der jährlich je 1.000 Stück geschlachteten Tiere) erhöhte sich damit die Zahl der geschlachteten *Schweine pro 100 Einwohner auf das Doppelte.* Unter Berücksichtigung der besseren Fütterung und des damit verbundenen schnelleren Umtriebes, auch der dadurch größeren Schlachtgewichte wurde die *Schweinefleischversorgung* der Bevölkerung auf *mehr als das Doppelte* angehoben.

Der *Anstieg der Produktion* hatte unterschiedliche *Gründe*:

- Der *Preisrückgang* scheint sich nicht wesentlich ausgewirkt zu haben, allenfalls in dem Bemühen, die Einkommensausfälle durch eine Ausdehnung der Produktion zu kompensieren.
- *Nichtlandwirtschaftliche Düngestoffe*: Seit Liebigs Veröffentlichung „Die Chemie in ihrer Anwendung auf Agrikultur und Physiologie" im Jahre 1840 und auf Grund der Forschungen anderer dauerte es noch mehrere Jahrzehnte, bis die Düngung ein solches Ausmaß erreichte, daß sie einen wesentlichen Einfluß auf die Produktion hatte. *In den 80er Jahren erreichte der Düngemittelverbrauch* einen Umfang von mehr *als 1 v.H.* der landwirtschaftlichen *Betriebsausgaben (1913 = 6 v.H.)*. Verbrauch an N (Stickstoff) je ha: 1883 = 1 kg; 1913 = 6 kg.
- *Pflanzenzüchterische Verbesserungen* wirkten im Zusammenhang mit der stärkeren künstlichen Düngung.
- *Tierzüchterische Maßnahmen* und eine wissenschaftliche Durchdringung der *Tierernährung* verbesserten die Leistungen je Tier.
- Die *Einfuhr von tierischen Futtermitteln* (Getreide und Ölfrüchte) stieg bis zum Ersten Weltkrieg auf etwa eine Milliarde Mark und erreichte damit ein Drittel des gesamten Futterbedarfs. Ein großer Teil der Landwirtschaft war also ebenso wie in Dänemark am Ausbau der Veredelungswirtschaft auf ausländischer Futterbasis beteiligt.
- Der *technische Fortschritt* verbesserte ebenfalls die Ertragschancen und verringerte den Arbeitsbedarf je Produktionseinheit:
  - *Arbeitssparende Maßnahmen*: Drillen, Mähen und Dreschen mit Maschinen; vor allem Tätigkeiten, die in den Zeiten der Arbeitsspitzen (Bestellung, Ernte) lagen.
  - *Ertragssteigernde Maßnahmen*: Durch den Einsatz von Maschinen wurde
    - eine größere *Gleichmäßigkeit und Qualität* der einzelnen Arbeiten erreicht (z. B. Säen oder Dreschen), ferner
    - eine *zeitgerechtere* Durchführung der *Arbeit* ermöglicht, weil die Kapazität des einzelnen Betriebes so erweitert wurde, daß die optimalen Zeiten besser ausgenutzt werden konnten (z. B. geringere Ernteverluste).

Die landwirtschaftliche Wertschöpfung

Zunahme des Produktionswertes je Arbeitskraft (in Preisen von 1913):

– 1873 = 620 Mark im Jahr

– 1913 = 1.020 Mark im Jahr,

d. h. eine *Zunahme um 65 v.H.* Arbeitssparende Produktionsmethoden wurden auch schon deshalb für die Landwirtschaft interessant, weil *mit dem Anstieg der Löhne* in den letzten Jahrzehnten des 19. Jahrhunderts die *Arbeitskräfte auf dem Lande knapper* wurden und außerdem die höheren Kosten für Arbeit zum stärkeren Einsatz von Kapital (Maschinen) anreizten. Zum Teil wurden sogar Pläne erörtert, überseeische Arbeiter (Chinesen) in sklavenähnliche Arbeitsverhältnisse aufzunehmen.

Die *Löhne* lagen *in der Landwirtschaft niedriger als in anderen Wirtschaftsbereichen*, so daß man in der Zeit des konjunkturellen Aufschwunges zum Ende des 19. Jahrhunderts in den landwirtschaftlichen Großbetrieben einen Arbeitskräftemangel hatte. Die unterschiedliche *Wertschöpfung* in Preisen von 1913 *je Beschäftigten* zeigt, daß die *Chancen der Landwirtschaft zur Vermittlung von Einkommen* bereits seit der Jahrhundertmitte *ungünstiger* waren als in den Gewerben.

Überspitzt könnte man sogar sagen, daß die heute oft genannte Einkommensdisparität auf einem bereits bald nach der Mitte des 19. Jahrhunderts bestehenden Rückstand in der Entwicklung der Wertschöpfung je Beschäftigten beruhte. *Trotz* der auch hier zu findenden *starken Produktivitätszunahme blieb* der *primäre Sektor* gegenüber der übrigen volkswirtschaftlichen Entwicklung und vor allem auch gegenüber dem Gewerbe (Industrie, Handwerk, Bergbau) *zurück.*

Die Entwicklung der Betriebsgrößen

Die *Betriebsgrößenstruktur* der Landwirtschaft *änderte sich* ab 1873 *nicht* wesentlich. So wie sich auch schon in den Jahrzehnten vor 1873 die Zusammenkäufe und die Parzellenverkäufe in etwa die Waage hielten, wurde auch jetzt keine erhebliche Änderung durch die Er-

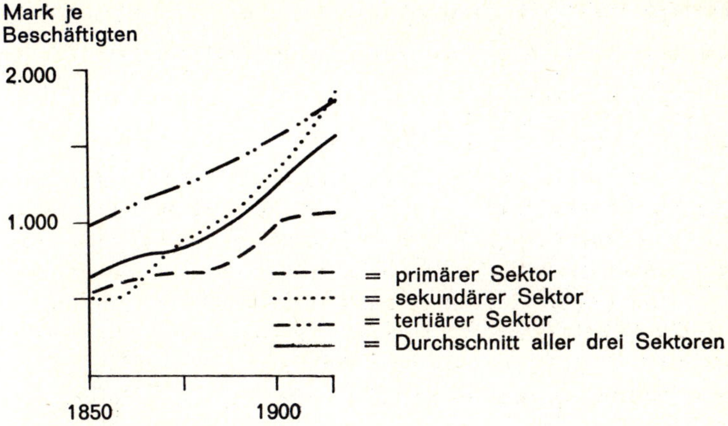

Abb. 51: Wertschöpfung je Beschäftigten in den drei Wirtschaftssektoren von 1850 bis 1914 in Preisen von 1913

richtung von *Siedlerstellen auf Gütern* erreicht. Insgesamt wurden etwa 40.000 Siedlerstellen von 1886 bis 1914 auf mehr als 500.000 ha errichtet. Damit waren *ungefähr 1,5 v.H. der* gesamten landwirtschaftlichen *Nutzfläche Deutschlands* oder 6,5 v.H. der von Betrieben mit mehr als 100 ha bewirtschafteten Flächen *in* meistens *klein- und mittelbäuerliche Betriebe umgewandelt.* Die Betriebsgrößenstruktur Deutschlands lag in der Zeit von 1873 bis 1913 ungefähr bei den in Tabelle 16 zusammengefaßten Werten.

Tabelle 16: Betriebsgrößenstruktur der deutschen Landwirtschaft vor 1914

Betriebsgrößengruppe	Zahl der Betriebe	Anteil an der landw. Nutzfläche in v.H.
Weniger als 2 ha	3.200.000	5,6
2 bis 5 ha	1.000.000	10,1
5 bis 20 ha	980.000	29,3
20 bis100 ha	280.000	30,8
Mehr als 100 ha	25.000	24,2
	5.485.000	100,0

- Geht man davon aus, daß die Mehrzahl der Betriebe zwischen 2 und 100 ha als klein-, mittel- und großbäuerlich zu bezeichnen ist, dann wurden *70 v.H. der landwirtschaftlichen Nutzfläche von Bauern bewirtschaftet.*
- Die *Mehrzahl der Betriebe über 100 ha war in den 7 östlichen Provinzen Preußens* zu finden (Ostpreußen, Westpreußen, Posen, Pommern, Brandenburg, Schlesien, Sachsen), nämlich 17.729 = 71 v.H. *Dort* lag der *Anteil* dieser Betriebsgrößengruppe *bei etwa 40 v.H.* der landwirtschaftlichen Nutzfläche.
- Die *Kleinbetriebe mit weniger als 2 ha* je Hof *waren* entweder
  - *Sonderkulturbetriebe* (Weinbau, Gemüse) oder
  - *Nebenerwerbsbetriebe,* die von Industriearbeitern und anderen nicht in der Landwirtschaft Arbeitenden als Feierabendbetriebe geführt wurden.

Die *Agrarpolitik* stand hinsichtlich der *Betriebsgrößen* vor folgendem Problem:

- Politisch wurde die *Begünstigung der bäuerlichen Betriebe* gefordert:
  - Durch Ansiedlungen auf parzellierten Gütern.
  - Durch Propagierung der geschlossenen Hofvererbung.

  Grund:
  - Eine Bauernfamilie wurde als ein besonders gesunder und daher zu fördernder Bestandteil des Volkes angesehen.
  - Die Ansiedlung deutscher Bauern in den stark mit polnischen Bevölkerungsteilen gemischten Provinzen Posen (= 63 v.H. von 1,9 Mill. Einwohnern 1913) und Westpreußen (= 52 v.H. von 1,5 Mill. Einwohnern 1913).
- Der *Großbetrieb* war eigentlich viel *besser* in der Lage, zur kapitalistischen, d. h. *zur technisch fortschrittlichen Landwirtschaft* überzugehen und damit parallel zur Industrialisierung im gewerblichen Bereich für eine *Verbilligung der Nahrungsmittel* und eine Anhebung der landwirtschaftlichen Einkommen zu sorgen. Die Einführung der Schutzzölle verzögerte den Zwang (oder beseitigte ihn zunächst sogar) zur Änderung und Weiterentwicklung der Produktionsmethoden wie etwa in den USA.

Insgesamt wurde *1879 ein Weg in der Agrarpolitik beschritten*, der *bis in die Gegenwart* hinein nicht mehr verlassen wurde und auf Grund der inzwischen stark verzögerten Entwicklung auch nicht mehr ohne erhebliche Beeinträchtigungen und Nachteile für die Mehrzahl der Landwirte verlassen werden kann.

3. Die Entwicklung des Dienstleistungssektors

Die 70er Jahre waren für die drei wichtigsten Teile des Dienstleistungssektors mit erheblichen Wandlungen verbunden:
- *Verkehrswesen*:
  - Zunehmende *Verstaatlichung der Eisenbahnen.*
  - Schiffsverkehr: *Dampfschiff und Metallschiff lösen Segelschiff und Holzschiff fast vollständig ab.*
- *Handel*:
  Der *Export* wurde seit etwa 1865 ein wichtiger *Mitträger des Industrialisierungsprozesses.*
- *Geld- und Bankwesen*:
  - Übergang zur *Goldwährung.*
  - Gründung einer Reichsbank als *zentrale Notenbank.*
  - *Privatbanken als Finanzierungsinstitute der Industrie.*

a) Das Verkehrswesen

Der Chausseebau

Wenn auch das Netz der festen Straßen bis 1873 relativ weit ausgebaut war, so wurde der Ausbau des *Chauseenetzes nach 1873 doch weiter fortgesetzt,* so daß *1913 mehr als 300.000 km feste Straßen* vorhanden waren (1873 = 115.000 km). Dieses umfangreiche bis 1913 entstandene *Straßennetz* war von *zweifacher Bedeutung*:
- *Jedes Dorf* war bis auf wenige Ausnahmen an den Verkehr *angeschlossen,* d. h. jedes Dorf konnte alle Waren leichter und billiger als bisher in die Stadt bringen und von dort beziehen. Während der Ausbau bis 1873 noch allgemein der Wirtschaft zugute kam, d. h. auch der Industrie durch die Verbindung von Orten mit und ohne industrieller Produktion (Pendlerverkehr), so war der

Ausbau nach 1873 vor allem für die Landwirtschaft von Bedeutung, da jetzt auch all die hauptsächlich landwirtschaftlich orientierten Orte mit einbezogen wurden.

– *Darüber hinaus profitierte* aber vor allem *die* Entwicklung der *Individualmotorisierung*, d. h. der *Autoverkehr, zu einem 50 Jahre später liegenden Zeitpunkt* hiervon. Die feine Verästelung der festen Straßen brachte dafür eine breite Basis, ermöglichte zugleich aber ohne große weitere Aufwendungen in der ersten Zeit auch die Ausdehnung dieses Verkehrs bis in die letzten Dörfer.

Insgesamt waren bis *zum Ersten Weltkrieg etwa 6 bis 7 Mrd. Mark* in die Überlandstraßen *investiert*, ein Betrag, der sich nur schätzen läßt, da ein Teil der Kreisstraßen mit bäuerlichen Spanndiensten gebaut worden war, die nicht in die Berechnungen mit eingegangen sind.

Die Eisenbahn

Neben der *Weiterentwicklung des Eisenbahnnetzes* von

1873 = 21.200 km auf
1913 = 63.700 km

brachte die Zeit nach 1873 vor allem die Einführung des Staatsbahnsystems in Deutschland.

In den meisten europäischen Staaten bestand eine Diskussion über die Bevorzugung des *Staats- oder des Privatbahnsystems*. Nur bei wenigen war wie z. B. in Belgien die Bahn von vornherein hauptsächlich staatlich. Während man in Österreich zunächst dem Staatsbahnsystem huldigte, dann aber mangels öffentlicher Mittel zum Privatsystem überging und später teuer die Privatbahnen wieder aufkaufte, war man *in Deutschland* im allgemeinen *bis in die 70er Jahre* hinein für *das gemischte System*, auch wenn die Inhaber der Staatsmacht (und der Staatsfinanzen) gern die Eisenbahnen als Einnahmequellen in ihrem Bereich gehabt hätten (Preußen, Bayern, Sachsen). Einige deutsche Länder hatten von Anfang an im wesentlichen das Staatsbahnsystem: Württemberg, Baden, Hannover, Hessen-Kassel, Nassau.

Das *Privatbahnsystem* wurde am längsten und striktesten *in England und in den USA* durchgehalten.

Die *Gründe für die Einführung des Staatsbahnsystems* seit den 70er Jahren in Deutschland:

- Die *Privatbahnen* waren meistens jeweils nur *auf* bestimmte *rentable Linien ausgerichtet*, so daß
  - in unmittelbarer Nähe *kein sich verästelndes Netz* entstehen konnte und
  - durch den *Übergang zu anderen Linien Formalitäten* beim Frachtverkehr und beim Personenverkehr *den Transport komplizierten* (unterschiedliche Beförderungspreise und -bestimmungen; Zuganschlüsse usw.).
- Man überließ es dem *Staat*, die *unrentablen Verkehrsverbindungen* zu errichten und zu unterhalten (Gebirgsbahnen, besonders extrem in den Alpen).
- Die *Vielzahl der Tarife* bedeutete eine Erschwerung und fehlende Transparenz des Transportgeschäftes.
- Aus *strategischen Gründen* war eine Vereinheitlichung mit einer *uneingeschränkten Beweglichkeit* des rollenden Materials erforderlich.
- Die gerade *in Norddeutschland* auf Grund der wenigen Gebirgsstrecken *hohe Rentabilität* der einzelnen Strecken verlockte zu einer *Verbesserung der staatlichen Finanzlage* durch ein umfangreiches und vereinheitlichtes Eisenbahnsystem in der Hand des Staates.
- Der *freie Wettbewerb* zwischen einzelnen Strecken *war aus technischen Gründen nicht möglich*, so daß *Gewinnüberhöhungen* nicht zu vermeiden waren.

Die Bemühungen zur *Verwirklichung der Staatseisenbahnen* waren *in Deutschland nach 1873 allgemein*. Jedoch wurde der wesentliche Vorteil dadurch *zunichte gemacht*, daß sich außer Hessen kein deutsches Land zur Gründung einer *„Reichseisenbahn“* entschließen konnte. Preußen war von sich aus umfangreich genug, den Vorteil einer territorial begrenzten Staatseisenbahn zu erreichen. Aber gerade die zahlreichen kleineren Länder von Bayern bis Oldenburg weigerten sich und gründeten oder beließen ihre lokalen Staatseisenbahnen.

Die *„Reichsbahn“ entstand erst nach dem Ersten Weltkrieg.*

Die Entwicklung zu den (separaten) Staatseisenbahnen ist aus Abbildung 52 ersichtlich.

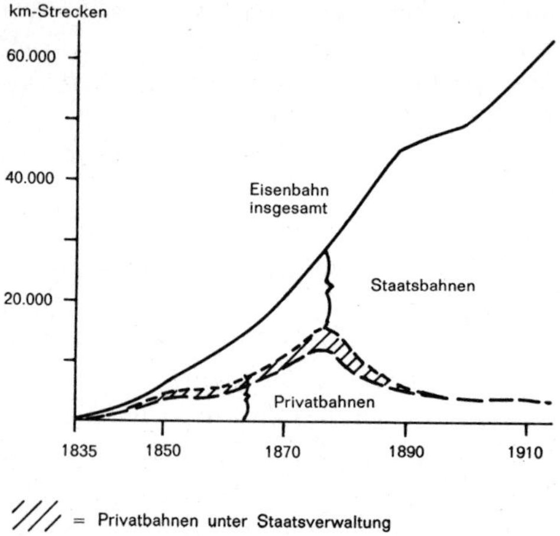

Abb. 52: Rechtliche Zuordnung der Eisenbahnen in Deutschland von 1835 bis 1914

Der *Einschnitt in der Staatsbahnpolitik ab 1877* ist deutlich an dem Rückgang der Privatbahnen zu erkennen. Die Staatsbahnen konnten ihr Streckennetz von 1876 bis 1914 von 13.800 km auf 60.300 km, d. h. um 340 v.H. erhöhen:

250 v.H. durch die Errichtung *neuer Strecken* und

90 v.H. durch die *Übernahme privater Eisenbahnen.*

Diese Zahlen zeigen, daß zwar der Wandel in der Eisenbahnpolitik nicht unbedeutend gewesen ist, daß die Vermehrung der Staatsbahnen aber zum überwiegenden Teil auf die Erweiterung des Bahnnetzes überhaupt zurückzuführen ist.

Mit der Ausdehnung des staatlichen Eisenbahnnetzes war für die staatliche Finanzwirtschaft ein erheblicher Vorteil verbunden, denn *vor dem Ersten Weltkrieg* warfen die *Eisenbahnen noch hohe Gewin-*

ne ab. So hatte die öffentliche Hand (Gemeinden, Länder, Reich) in Deutschland zusammen rd. 0,81 Mrd. Mark erwerbswirtschaftliche Einnahmen aus den Eisenbahnen bei Gesamteinnahmen von 7,3 Mrd. Mark je Jahr in der Zeit kurz vor dem Ersten Weltkrieg (1876: 150 Mill. bei 1,4 Mrd. Mark). Die gesamten Staatseinnahmen stammten also zu beiden Zeitpunkten *zu jeweils etwa 10 bis 11 v.H.* aus Eisenbahnüberschüssen. In den Jahren vor 1913 hatte dieser Anteil für einige Jahre sogar noch höher gelegen.

Die Entwicklung des Nahverkehrs

Wenn auch *Chaussee und Eisenbahn nicht nur dem Fernverkehr* dienten, sondern *auch dem täglichen Verkehr in den* sich immer mehr verdichtenden *Industriezonen*, so konnten sie doch nicht den gesamten Nahverkehrsbedarf decken. Dafür entwickelten sich *andere Formen*. Als Verkehrsmittel sind hier *im weitesten Sinne* zu nennen:

- Der Ausbau des *innerstädtischen Straßennetzes*, vor allem für die Versorgung der dort wohnenden Bevölkerung mit Waren.
- Die Verbesserung des *Personennahverkehrs in den Städten* durch die Einführung und Verbreitung des *Fahrrades*:

  Mit der Anwendung des 1888 von Dunlop erfundenen Luftreifens (Freilauf ab 1900) wurde das Fahrrad zum verbreitetsten Individualverkehrsmittel bis zum Ersten Weltkrieg.

  In einigen Ländern Deutschlands wurde das Fahrrad jedoch als ein *Luxusgegenstand* angesehen und daher *mit einer besonderen Steuer* (ähnlich der bald auch eingeführten Kraftfahrzeugsteuer) belegt: Hessen, Lübeck, Schwarzburg-Rudolstadt: 3 bis 10 Mark im Jahr. Andere Länder mit Fahrradsteuern: Frankreich, Italien, Rußland, Niederlande und Belgien (Lohnarbeiter waren von der Steuerpflicht häufig befreit oder hatten nur einen ermäßigten Satz zu leisten).
- Als öffentliche Verkehrsmittel gewannen *in den 70er und 80er Jahren pferdegezogene schienengebundene (Pferdebahnen)* und *schienenunabhängige (Pferdeomnibusse)* Wagen Bedeutung (New York 1852, Paris 1854, Berlin 1865: Pferdestraßenbahnen). In manchen Städten, vor allem in den USA, wurde auch der Dampfmaschinenantrieb hierfür benutzt.
- Die erste *elektrisch betriebene Straßenbahn* wurde 1881 von *Siemens in Lichterfelde (Berlin)* in Betrieb genommen. Diese technische Neuerung verdrängte die Pferdebahnen bis zum Ende

des 19. Jahrhunderts fast vollständig. *1913* hatten *mehr als 100 Städte in Deutschland elektrisch betriebene Straßenbahnen*. Als untere Grenze galt im allgemeinen dabei eine Einwohnerzahl von 50.000 und eine Fläche von 15 qkm. Es gab aber auch Straßenbahnen, die *einzelne Städte* miteinander *verbanden (z. B. Hannover-Hildesheim)*.

- Die *Straßenbahn* wurde bald *ergänzt* durch
  - *straßenunabhängige Schnellbahnsysteme* (S-Bahnen) und
  - *Untergrundbahnen* (U-Bahnen).

  Beide Bahnformen waren dort zu finden, wo die Ausdehnung des Stadtgebietes eine im Straßenverkehr nicht erreichbare Beschleunigung des innerstädtischen Verkehrs erforderlich machte. Die *erste Untergrundbahn* (mit Druckluftbetrieb) wurde *1863* in London in Betrieb genommen, *die erste Untergrundbahn auf dem Kontinent in Budapest 1896* (Berlin 1902).

Die Bedeutung der Straßen- und innerstädtischen Schnellbahnen wird aus Tabelle 17 deutlich.

Tabelle 17: Beförderungsleistungen von Eisenbahn und Straßenbahn in Deutschland (1873 bis 1913)

	Leistung in Mrd. Personenkilometer	
Jahr	Eisenbahn	Straßen- und Schnellbahnen
1873	5,7	1,0
1883	7,4	1,0
1893	12,7	2,1
1903	22,6	5,6
1913	41,4	11,8

Bedenkt man, daß die Eisenbahnfahrten im Durchschnitt eine längere Strecke umfaßten als die Straßenbahnfahrten, dann wird man die täglichen *Fahrten im Nahverkehr* bei den Straßenbahnen und bei den Eisenbahnen als das *Hauptverkehrsaufkommen* bezeichnen können, der Eisenbahn aber nur den zweiten Platz geben, da der größere Teil der Arbeiter in den Städten selbst wohnte. Der Strom der Arbeiter *aus den den Industriestädten benachbarten Orten* konnte meistens nur mit Hilfe der Eisenbahn (*Pendlerverkehr*) bewältigt werden.

Telefon und Telegraphie ergänzten und verbesserten die bereits durch die Eisenbahnen geförderten Leistungen der Post:

Telegraphie:
- Eröffnung des öffentlichen Telegraphenverkehrs in Preußen 1849.
- 1872 in ganz Deutschland 4.038 Telegraphenstationen.
- 1913 47.485 Telegraphenstationen.

Telefon:
- 1881 = 7 Orte mit 1.504 Fernsprechstellen (weniger als 5 Mill. Gespräche).
- 1900 = 15.533 Orte mit 289.647 Fernsprechstellen (691 Mill. Gespräche).
- 1913 = 40.843 Orte mit 1.387.000 Fernsprechstellen (2.518 Mill. Gespräche).

Die Seeschiffahrt

In der Seeschiffahrt trat eine *weitere Verbesserung der Leistungsfähigkeit*
- in Anpassung an den mit der Industrialisierung *wachsenden Transportbedarf* und
- unter Ausnutzung der *durch die Industrialisierung gegebenen Möglichkeiten* ein.

Drei Punkte sind hier zu nennen:
- Die *Antriebskraft* wurde verstärkt wetterunabhängig gemacht durch eine *Reduzierung der Segelschiffe.*
- Als *Material* wurde *Eisen* und schließlich – nachdem Lloyd in London seit 1880 auch bereit war, Stahlschiffe zu versichern – auch *Stahl* verwendet. Bei gleicher Größe trugen diese Schiffe mehr als Holzschiffe:

  Eigengewicht in v.H. der Wasserverdrängung:

Holzschiff	=	46 bis 50 v.H.
Eisenschiff	=	35 bis 44 v.H.
Stahlschiff	=	29 bis 36 v.H.

1879 wurden in England bereits 10 v.H. aller Schiffe aus Stahl gebaut (um 1900 fast 100 v.H.).
- Die *Tonnage je Schiff wurde größer* (eine Folge der ersten beiden Punkte).

Die *Frachtraten sanken um* etwa *18 v.H.* (1873 bis 1913), was keineswegs dem Produktivitätsfortschritt entsprach.

Der *Übergang vom Segel- zum Dampfschiff* und die zugleich eintretende *Vergrößerung der Schiffe* zeigen die Abbildungen 53 und 54. Dabei kann man in etwa davon ausgehen, daß der Übergang vom Holz- zum Eisenschiff der Änderung der Antriebskraft, d. h. Abbildung 53, entspricht.

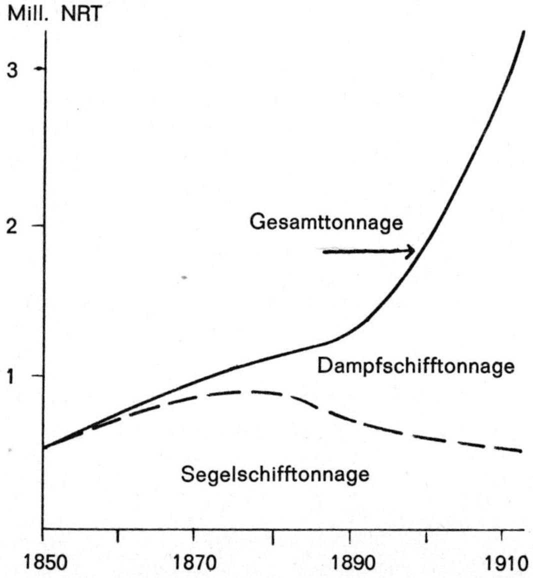

Abb. 53: Entwicklung der Schiffstonnage in Deutschland unter Berücksichtigung der Verteilung auf Segel- und Dampfschiffe von 1850 bis 1914

Eigenartig ist bei der Kurve der durchschnittlichen Tonnage *je Dampfschiff der Rückgang in den 70er Jahren.* Es ist *nicht zu erken-*

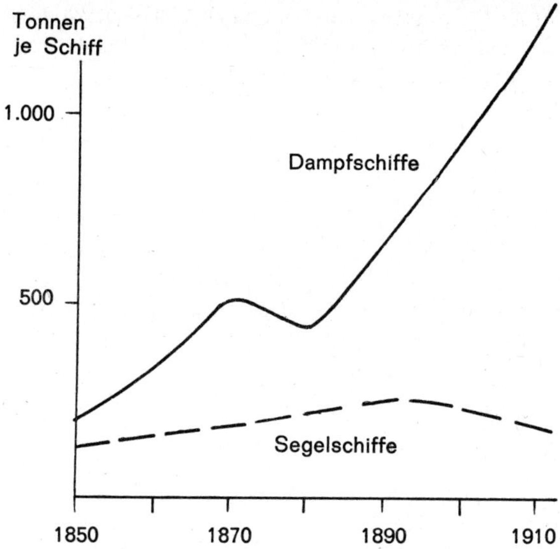

Abb. 54: Durchschnittliche Größe der Schiffe in Deutschland von 1850 bis 1914

nen, worauf dies zurückzuführen ist. In Betracht kommen:

- Die *Stagnation der Entwicklung des Außenhandels* und damit ein geringerer Anteil der größeren Überseedampfer am Gesamtschiffbau. In realen Einheiten, d. h. ohne Berücksichtigung der Preisschwankungen, ist der Außenhandelsrückgang jedoch nicht stark und lange andauernd gewesen. Außerdem hätten die Frachtraten als Barometer der Beschäftigungslage in der Überseeschiffahrt dies für mehrere Jahre signalisieren müssen.
- Der *Übergang zum Eisen- und Stahlschiff* und damit die Vergrößerung der Leistungskraft auch bei einer Reduzierung der Schiffsgröße. Obgleich gerade in den 70er und 80er Jahren die erste große Welle des Baues von Eisen- und Stahlschiffen in Deutschland einsetzte, ist aber nicht ersichtlich, weshalb diese große Welle kleinere Schiffe gebracht haben sollte, als sie vorher bereits erprobt waren.

– Eine weitere *Möglichkeit* wäre, daß in diesen beiden Jahrzehnten in erster Linie die *Küstenschiffahrt ausgebaut* wurde. Das hätte aber wiederum die durchschnittliche Tonnage noch mehr herabsetzen müssen.
– Vielleicht ist die Abweichung auch in *unterschiedlichen statistischen Methoden* begründet.

Im übrigen ergab sich seit 1873 eine Verschiebung in den *Standorten* der Schiffahrt, vgl. Abbildung 55.

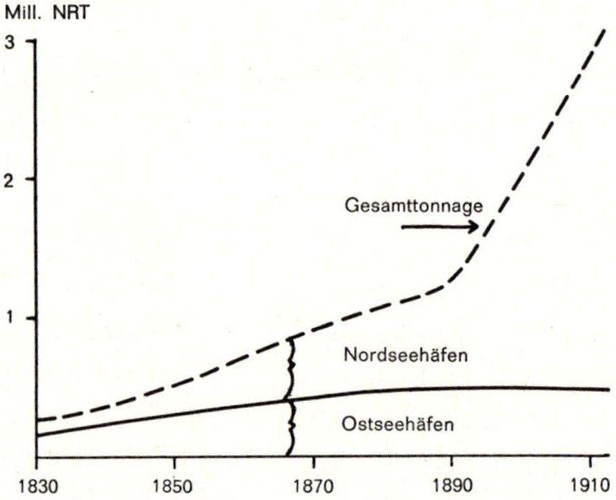

Abb. 55: Verteilung der deutschen Handelsschiffstonnage von 1830 bis 1914 auf die Heimathäfen an Nord- und Ostsee

Man kann im 19. Jahrhundert *drei Perioden in der Verteilung der deutschen Schiffahrt* (gemessen an der Tonnage) zwischen Ost- und Nordsee erkennen:

– *Bis 1835* waren *zwei Drittel* der Schiffstonnage *in Ostseehäfen* beheimatet. Dieses starke Übergewicht der Ostsee hatte mehrere Gründe:
  – *Preußen dominierte hier als Handelsmacht* und versuchte, die eigene Schiffahrt zu fördern.
  – *Getreide war das wichtigste Massengut* der vorindustriellen Zeit und aus den Ostseehäfen Königsberg, Danzig und Stettin ging der größte Teil der Getreideexporte Preußens und über Danzig

auch des russisch-polnischen Hinterlandes an der Weichsel in die Niederlande und nach England.
- *Hamburg und Bremen hatten eine viel stärkere Diversifikation* (Warenauffächerung) ihres Handels, aber ein geringeres Gewichtsvolumen.

- *Im zweiten Drittel* des 19. Jahrhunderts *stieg der Nordseehandel* im Verhältnis stärker an, auch wenn der preußische Handel (über die Ostsee) weiterhin zunahm. Die *Bestimmungsgründe* waren:

Ostseehandel:
- *Zunahme der Getreideausfuhren* von 1835 = 50 Mill. Mark auf 1870 = 195 Mill. Mark.
- Seit 1834 verbesserte sich die *Handelsposition Preußens durch die Gründung des Deutschen Zollvereins.*

Nordseehandel:
- Die *zunehmende Industrialisierung des Hinterlandes.*
- Die im Verhältnis zum Ostseehinterland
- günstigere *Lage Hamburgs* (Sachsen, Böhmen, d. h. sich stark industrialisierende Gebiete).

- Von *1873 bis 1913* konzentrierte sich dann der *Zuwachs* der Schiffstonnage *fast völlig* (seit 1880 sogar völlig) *auf die Nordseehäfen,* eine Folge des immer stärker hervortretenden wirtschaftlichen Dualismus auf Grund der geringen industriellen Entwicklung in den ostelbischen Gebieten (mit Ausnahme von Teilen Schlesiens und von Berlin, die aber über das märkische Binnenschiffahrtssystem zum Hamburger Hafen orientiert waren).

Die Binnenschiffahrt

Die *Binnenschiffahrt* hatte *drei* große *Aufgaben*:
- Die *Versorgung der Industriezentren* mit Rohstoffen (z. B. Eisenerz über den Dortmund-Ems-Kanal) und der Abtransport der fertigen Waren.
- Die *Versorgung der Bevölkerung* in den stark wachsenden Stadtzonen (z. B. Umschlagplätze für Getreide in Duisburg und Mannheim für die Industriezentren an der Ruhr und am Oberrhein).

- Die *Verbesserung der Wettbewerbslage* für die von den Verbrauchszentren weit entfernt liegenden landwirtschaftlichen Produktionszentren.

Daher gab es zahlreiche Kräfte, die einen *weiteren Ausbau des Binnenschiffahrtsnetzes* forderten. Vor allem die Verbindung des westdeutschen Binnenschiffahrtsnetzes mit dem östlichen (*Rhein mit Elbe*) war ein Hauptstreitobjekt. *Gegen diesen Ausbau waren*:
- Die *Eisenbahn*, weil sie darin eine gewinnmindernde Konkurrenz sah.
- Die *ostdeutsche Landwirtschaft*, weil sie die Konkurrenz der über das Rheinmündungsgebiet eingeführten Nahrungsmittel auch auf dem mittel- und ostdeutschen Markt befürchtete.

Der *Ausbau des* sog. *Mittellandkanals* wurde daher nur zögernd und *schrittweise zwischen Rhein und Weser* vorgenommen und etwas weiter bis in die Gegend von Hannover fortgeführt.

Der *Main-Donau-Kanal* war ein weiteres wichtiges Vorhaben. *Insgesamt erweiterte sich das Binnenschiffahrtsnetz*
- von 3.400 km Kanälen und kanalisierten Flüssen auf 6.600 km und
- von 6.000 km natürlicher Flußläufe auf 6.800 km.

Damit machte auch die Binnenschiffahrt in diesem entscheidenden Stadium des weiteren Ausbaues der Industrialisierung einen gewaltigen Schritt nach vorn.

b) Der Handel

Der Außenhandel

Nach einer Periode der Stagnation in den 70er Jahren, wie sie sich aus Abbildung 30 (S. 172) ergibt, nahm der *Außenhandel erneut einen stürmischen Aufschwung*. Allerdings ist die Stagnation nur wertmäßig vorhanden gewesen. Da die Preise seit 1874 stark absanken, wurde bei stagnierenden Ausfuhrwerten ein großer Teil dieser Wertreduzierungen durch eine vermehrte reale Ausfuhr wieder ausgeglichen.

So hat z. B. *Krupp* gerade in den Jahren von 1874 bis 1889 einen *erhöhten Teil* seiner Produktion exportiert:

- *1875 bis 1880* wurden etwa 84 v.H. des von der Firma hergestellten *Kriegsmaterials* ausgeführt.
- *1880 bis 1883* gingen größere *Lieferungen* aus den Kruppwerken *zum Ausbau des Eisenbahnsystems in die USA.*

In den *90er Jahren,* mit *zunehmender inländischer Konjunktur,* ging dann der Exportanteil an der Produktion des Unternehmens *von etwa zwei auf ein Drittel zurück. Bei* steil ansteigender *Ausdehnung der Produktion* bedeutete dies jedoch *nicht* einen *Rückgang des Exports in absoluten Einheiten* gemessen.

Im allgemeinen war aber der *Weltmarkt* gerade *in den 70er Jahren mit Metallwaren reichlich versorgt.* Die Rüstungsgüter Krupps waren ein Spezialfall.

Im übrigen trat seit den *70er Jahren* in der *Außenhandelsstruktur eine wesentliche Wandlung* ein:

- Die *Nahrungsmittelbilanz wurde* für Deutschland *negativ*, d. h. per Saldo mußten mehr Nahrungsmittel eingeführt werden, und zwar lief diese Entwicklung fast genau parallel zu den Preissenkungen auf dem Weltmarkt.
- Während sich die *Rohstoffausfuhr* bis in die 70er Jahre bei 21 bis 26 v.H. der gesamten Ausfuhr gehalten hatte, *ging* ihr Anteil jetzt binnen weniger Jahre *auf 15 bis 16 v.H. zurück* und blieb auf diesem Niveau. Dies hatte folgende *Gründe*:
  - Die Industrialisierung war inzwischen so weit fortgeschritten, daß ein größerer Teil der *Rohstoffe im Inland verarbeitet* wurde.
  - Ein Teil der Rohstoffausfuhr war landwirtschaftlichen Ursprungs gewesen: Wolle und Flachs. Inzwischen wurden billigere *Textilrohstoffe* auf dem Weltmarkt angeboten (Wolle aus Australien und Flachs aus Osteuropa), so daß sogar ein großer Teil des inländischen Bedarfes *jetzt auf dem Weltmarkt* gedeckt wurde.
  - (Industrielle) *Halb- und Fertigwaren stiegen* in ihrem Anteil am Export von 51 auf 74 v.H. Deutschland war ein „Industriestaat“ geworden.
  - Die *Einfuhr von Halb- und Fertigwaren ging* von einem Drittel (34 v.H.) auf ein Viertel (24 v.H.) *zurück*, was ebenfalls ein Ausdruck der weiteren Industrialisierung war.

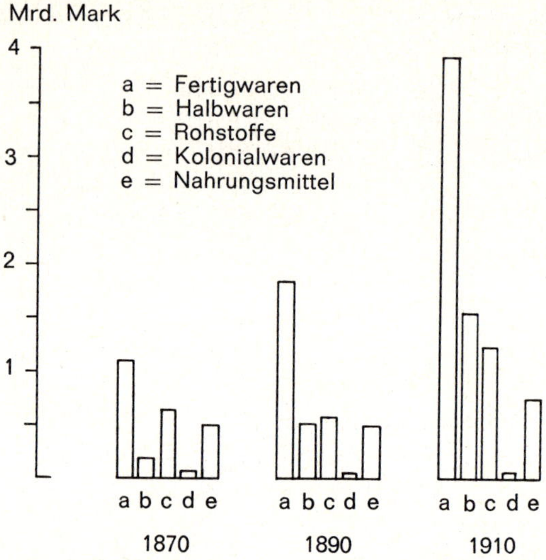

Abb. 56: Die Ausfuhr Deutschlands von 1870 bis 1910 in Mrd. Mark (1 Mark = 5,56 g Ag)

Zwei Schaubilder zeigen die Entwicklung des Außenhandels, vgl. Abbildungen 56 und 57.

Die *Bedeutung des Außenhandels für die deutsche Volkswirtschaft im 19. Jahrhundert* wird *aus* einer Wiedergabe des Exportanteiles am Nettosozialprodukt zu Marktpreisen deutlich (*Exportquote*), vgl. Abbildung 58.

Der *Aufschwung der sechziger Jahre* war mit einer kräftigen Nachfrage aus dem Ausland verbunden, ebenso wie seit der Mitte der 90er Jahre und im neuen Jahrhundert. Hier ergänzte *die von der Nachfrage aus dem Inland* in Gang gesetzte Konjunktur eine *durch steigende ausländische Nachfrage* getragene oder wenigstens *mitgetragene Konjunktur.* Zugleich zeigt sich aber auch, in welchem Maße der Zuwachsrückgang des Exportes durch die sinkenden Preise für gewerbliche Produkte auf dem Weltmarkt die Stagnation der 70er und 80er Jahre mitverursacht hatte. Auch hier wird das Bild auf Grund der Benutzung laufender Preise infolge der Preisminderungen

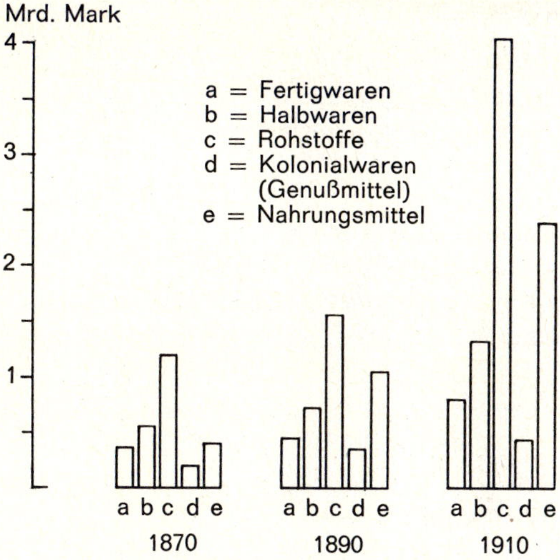

Abb. 57: Die Einfuhr Deutschlands von 1870 bis 1910 in Mrd. Mark
(1 Mark = 5,56 g Ag)

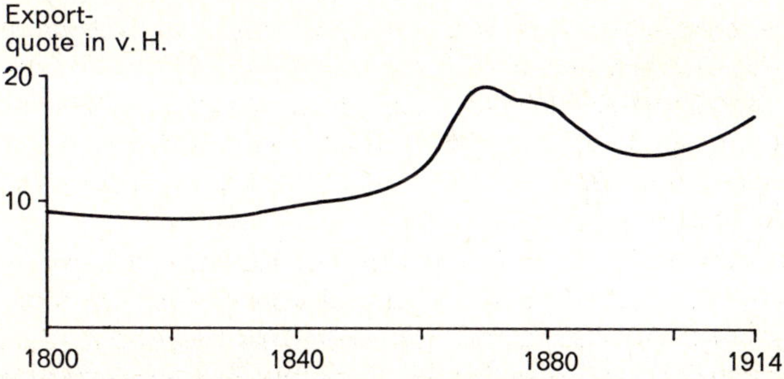

Abb. 58: Exportquote Deutschlands von 1800 bis 1914 (Export in v.H. des Nettosozialproduktes zu Marktpreisen)

aber verfälscht. Monetär handelte es sich um eine Stagnationsperiode, in realen Einheiten stieg aber der Export auch in diesen beiden Jahrzehnten, wenn auch langsamer.

Der Binnenhandel

Wie in der vorhergehenden Periode setzte sich auch jetzt die Entwicklung mit der *zunehmenden Lösung der Bevölkerung aus der Selbstversorgung* im Zusammenhang mit der Verstädterung im Binnenhandel fort.

Die Versorgung der Bevölkerung wurde sichergestellt durch:

- Die *Wochenmärkte*: Auf ihnen verkaufte *der (kleine) Landwirt* seine Produkte unmittelbar an den Verbraucher.
- Die Zahl der *Einzelhändler* je 1.000 Einwohner stieg weiterhin und erreichte in dicht besiedelten Gebieten (z. B. Sachsen) mehr als 50.
- Die Zahl der Konsumvereine erhöhte sich beträchtlich. An der Schwelle zum Ersten Weltkrieg hatten 2.394 Vereine etwa 2 Mill. Mitglieder mit einem Umsatz von mehr als 600 Mill. Mark im Jahr. Die Zahl der Konsumvereine hatte sich seit 1875 auf das Dreizehnfache erhöht, die Zahl der Mitglieder und der Umsatz auf das Zwanzigfache. Sofern aus den einzelnen Haushaltungen nur jeweils eine Person Mitglied in einer Konsumgenossenschaft war, waren mithin etwa 14 v.H. der 14,5 Mill. Haushaltungen Deutschlands im Jahre 1913 mit diesen Einrichtungen des Binnenhandels rechtlich verbunden. Der Umsatz der Konsumvereine erreichte aber nur 0,3 v.H. der 19,6 Mrd. M. 1913 verbrauchter Ernährungsgüter. Gemessen am gesamten Verbrauch lag der Anteil der Konsumvereine sogar nur bei 0,16 v.H. von 38,2 Mrd. M.
- Größere *industrielle* Betriebe hatten eigene (nicht genossenschaftlich organisierte) *Konsumanstalten* eingerichtet, um die Belegschaften
  - mit preiswerten Waren zu versorgen und
  - Einkaufsmöglichkeiten außerhalb der langen Arbeitszeiten zu geben.
- Neben diesen Einrichtungen kamen eine ganze Reihe von *Kaufhäusern (Magazine)* auf, die ein breites Angebot unter einem Dach vereinigten. Die ersten Magazine in Deutschland waren:
- 1874: Der Deutsche Offizierverein
- 1889: Das Warenhaus für deutsche Beamte

- 1891: Die Kaiserbazaraktiengesellschaft.
- Danach folgten zahlreiche weitere Gründungen, die teilweise aus kleinen Gemischtwarenhandlungen entwickelt worden waren: Hermann Tietz (Hertie), A. Wertheim, A. Jandorf, Gebr. Barasch usw.

  Noch 1870 warnte Schmoller vor dem Magazinhandel: „Das Magazinsystem ist sehr vielfach der eigentliche Tummelplatz des modernen Schwindels und Humbugs, ja der eigentlichen Betrügereien". Offensichtlich hatte er die Vorläufer der seit 1874 entstandenen größeren Magazine vor Augen.

In anderen Ländern reichten die Anfänge der *Warenhäuser* weiter zurück:

- *Frankreich:* In die 30er und 40er Jahre des 19. Jahrhunderts.
- *England* (entstanden aus Großhandelsgesellschaften) *und die USA* ("Department Stores"): Seit der Mitte des 19. Jahrhunderts.

c) Das Geld- und Bankwesen

Die Banken

Die vom Norddeutschen Bund durch die *Gesetze* des Jahres *1870* eingeleitete *Neuordnung des Bank- und Notenwesens* wurde durch die Reichsregierung fortentwickelt. Durch Gesetz vom *14. III. 1875 wurde die Reichsbank* gegründet und damit begann die Vereinheitlichung des Banknotenwesens:

- *Zunächst* beließ man *noch* das Banknotenausgaberecht den *32 übrigen Notenbanken* mit zusammen 135 Mill. Mark und der Reichsbank mit 250 Mill. Mark.
- Die ausgegebenen *Noten mußten bei der Reichsbank gedeckt sein*: Kursfähiges deutsches Geld, Reichskassenscheine, Goldbarren, ausländische Münzen, diskontierte Wechsel (mit höchstens drei Monaten Laufzeit).
- Eine *über das jeweilige Kontingent* der einzelnen Bank *hinausgehende Notenausgabe sollte mit 5 v.H. versteuert* werden.
- *Bis 1889 hatten 19 Notenbanken* zugunsten der Reichsbank *auf* ihr *Notenprivileg verzichtet,* so daß die Reichsbank nunmehr 286,799 Mill. Mark Emissionsrecht besaß. Bis 1900 waren weitere

6 Notenbanken ausgeschieden. 1914 gab es noch 5: Reichsbank, Bayerische Notenbank, Sächsische Bank zu Dresden, Württembergische Notenbank, Badische Bank.

– Wie schon die Preußische Bank, aus der die Reichsbank entstanden war, und wie eine Reihe anderer Notenbanken, war auch die *Reichsbank eine Privatbank* (nach dem Kapital) *mit staatlicher Leitung*.

  Anteilseigner waren z. B.: von Hansemann, von Oppenheim, von Bleichröder, von Rothschild, von Mendelssohn-Bartholdy, Woermann, Frentzel, Friedländer, von Siemens. Privatbanken und Industrielle, d. h. die „Großen" der Wirtschaft, waren Eigentümer der Reichsbank.

  Zahl der Anteilseigner: 1876 = 8.177, davon 17 v.H. im Ausland; 1913 = 18.799, davon 11 v.H. im Ausland.

Aber auch im Bereich der *Privatbanken* gab es im letzten Drittel des 19. Jahrhunderts *erhebliche Wandlungen*: Der allgemeine *Übergang zur Aktienbank*:

– in *Frankreich* hatten die *Brüder Péreire 1852* mit internationaler Finanzierungshilfe (z. B. auch unter Beteiligung Kölner Banken) die *Société Générale de Crédit* gegründet (entsprechend einer ähnlichen Einrichtung in Belgien: 1822 Société Générale). *Aufgabe dieser Einrichtung war*:
  – *Kredit für Grundeigentümer* (Bodenbank): Crédit Foncier.
  – *Kredit für Handwerker und Kaufleute*: Crédit Mutuel.
  – *Kredit für Großunternehmen* (Eisenbahn und Industrie): Crédit Mobilier.

– Die letztgenannte Abteilung sollte die Aktien von Großunternehmen im Besitz haben und sich selbst durch Obligationen (ähnlich einem Investment-Fonds) beim Publikum finanzieren.

  Die Brüder Péreire waren Anhänger des französischen Sozialreformers Graf Claude Henry de Rouvroy de SAINT-SIMON. Man verband mit der zentralen Finanzierungsgesellschaft den Gedanken einer zentralen, von Einzelinteressen unabhängigen Lenkung der gesamten Wirtschaft oder wenigstens der wichtigsten Unternehmen. Enfantin, ein Schüler Saint-Simons, war für einige Jahre maßgeblich in dem Unternehmen tätig.

– Wenn auch die Société Générale nicht Vorbild der deutschen *Industriefinanzierungs-Banken* gewesen war, sondern man sich mehr *an englischen Beispielen orientierte,* weil dort das Bankwesen am weitesten entwickelt war, so haben sie doch eine gewisse Ähnlichkeit mit dieser Einrichtung:

- *Hohe Beteiligungen an Wirtschaftsunternehmen,* vor allem über Aktien im Besitz der Bank.
- *Unterbringung von Aktien,* Industrieobligationen, Staatsanleihen und sonstigen Effekten.

Aus der großen Reihe der mit diesen Geschäften befaßten Banken seien die wichtigsten aus der Zeit vor dem Ersten Weltkrieg genannt:
- Deutsche Bank, gegründet 1870.
- Diskontogesellschaft, umgewandelt 1856.
- Dresdner Bank, gegründet 1872.
- Schaaffhausen'scher Bankverein, gegründet 1848.

Diese vier Banken hatten 1906 zwischen 90 und 204 Mill. Mark Beteiligungen.

- Der *Übergang zu Aktienbanken* war erst möglich, als *durch das Gesetz vom 11. VI. 1870* die Gründung von Aktiengesellschaften nicht mehr konzessionsbedürftig war. *Zuvor hatte man nur* ausnahmsweise eine Bank-AG genehmigt (*1848 der Schaffhausen'sche Bankverein*).

Die *letzten Jahrzehnte des 19. Jahrhunderts* brachten einen *schnellen Aufschwung des Bankwesens.*

- Die *Zahl der in Banken Beschäftigten stieg an* (in Preußen):

  1846 = 1.100 Personen
  1858 = 1.774 Personen
  1895 = 17.896 Personen
- Der *bargeldlose Zahlungsverkehr* war eine wichtige Voraussetzung für die Ausdehnung der Geldbeziehungen. Die Buchgeldumsätze der Reichsbank betrugen in Mrd. Mark: 1876 = 16,7; 1890 = 79,7; 1900 = 163,6; 1913 = 379,2.
- Die *fremden,* den Berliner 8 Großbanken anvertrauten *Gelder* wuchsen von 1875 = 302 Mill. M, 1895 = 1.236 Mill. M, auf 1913 = 6.182 Mill. an.

  Die *Zahl der Filialen* dieser Banken stieg: 1877 = 7; 1895 = 15; 1913 = 227.
- Die *„Produktion" des gesamten Banksektors* (W. G. Hoffmann) *erhöhte sich*:

  Von 1835 bis 1873 höchstens auf das Zehnfache.
  Von 1873 bis 1913 auf das Fünfzehnfache.
- Die Zahl und das Geschäftsvolumen der *Hypothekenbanken* nahmen als *Finanzierungsbasis für den Wohnungsbau,* aber auch für die Wirtschaft zu.

Hypothekenbanken: 1863 = 3
1870 = 11
1913 = 38

Das Geschäftsvolumen (Ausleihungen) dieser Banken stieg von
1863 = 0,04 Mrd. Mark über
1870 = 0,20 Mrd. Mark auf
1913 = 11,00 Mrd. Mark.

Die Banken waren ein wichtiger Bestandteil der industriellen Wirtschaft geworden.

Die Währung

Aber nicht nur das Bankwesen unterlag einer *Wandlung* in den letzten Jahrzehnten des 19. Jahrhunderts, sondern auch das *Währungssystem.*

Hatte man sich in den vorhergehenden Jahrzehnten noch mit der Frage beschäftigt, ob die Goldwährung, die allein *England (seit 1816)* hatte, oder ob die *am meisten verbreitete Silberwährung* oder ob die *ebenfalls vorhandene Doppelwährung* die günstigste für ein Land sein würde, so ging man *in den wichtigsten Staaten der Welt bis zur Wende zum 20. Jahrhundert* zur *Goldwährung* über.

Die *Einführung der Goldwährung in Deutschland* erfolgte:

- Durch *Gesetz vom 3. Juli 1873* (aber zunächst noch daneben Silberwährung).
- Durch *„Bekanntmachung" des Bundesrates vom 27. Juni 1907* Abschaffung der noch bestehenden Reste der Silberwährung.
- Die *Goldwährung* bestand von 1873 bis 1914 *nach dem Banking-Prinzip*, d. h. die ausgegebenen Banknoten mußten gedeckt sein:
  - 1/3 = Gold
  - 2/3 = Handelswechsel
- Erst *1910* wurden die *Reichsbanknoten gesetzliches Zahlungsmittel*, d. h. ein Gläubiger konnte die Annahme nicht mehr (unter Hinweis auf Goldmünzen) verweigern.

Andere Länder gingen zur *Goldwährung* über:

- In den *70er Jahren*: Frankreich, Belgien, Niederlande, Dänemark, Schweden und Norwegen.
- In den *90er Jahren*: Österreich-Ungarn, Japan, Rußland und die USA.

Das *internationale Währungssystem war damit* auf den *Goldautomatismus* ausgerichtet, d. h. über die Goldwährung wurden Verschiebungen im Preis- und Lohngefüge, in der Leistungs- und in der Zahlungsbilanz zwischen den einzelnen Ländern wieder ins Gleichgewicht gebracht. Im wesentlichen gingen die *stark auf den Welthandel ausgerichteten Länder*, d. h. solche, die von der Wirksamkeit des Währungssystems stark abhängig waren, zur *Goldwährung* über. Preisstabilisierende Wirkung hatte die Goldwährung aber nur in begrenztem Maße, wie der Anstieg der meisten Preise und Löhne von 1875 bis 1914 um 30 v.H. und mehr zeigt.

4. Der Wirtschaftsimperialismus

Mit dem Außenhandel und dem Kapitalmarkt in enger Verbindung stand der sog. *Wirtschaftsimperialismus,* d. h. die Bemühungen, die *Abhängigkeit eines anderen Landes* oder Gebietes *in der Weise* zu schaffen, *daß das wirtschaftliche Potential* (Arbeitskräfte, Bodenschätze, Gewinnmöglichkeiten) *dort* überwiegend *zu eigenen Gunsten ausgenutzt werden konnte.* Er äußerte sich auf *zwei* verschiedenen *Wegen*, die beide aber die gleiche, genannte Zielrichtung hatten:

– Der Erwerb *eigener Kolonien, d. h. die Absicherung* der wirtschaftlichen Machtstellung *durch* die Etablierung einer eigenen *Staatsmacht*, und
– die Schaffung einer *wirtschaftlichen Abhängigkeit* für ein anderes Land *durch Investitionen und* die Beherrschung finanzieller *Schlüsselpositionen* (im Hinblick auf die USA als „Dollarimperialismus“ bezeichnet).

Der Erwerb von Kolonien

Motivation für die Schaffung eines deutschen Kolonialreiches seit den 80er Jahren des 19. Jahrhunderts war:

– Die Konsolidierung der *Standorte des Handels* in diesen Gebieten (die meisten deutschen Kolonien entwickelten sich aus Niederlassungen und auf Anregung des Handels).
– Kolonien als *Statussymbol einer Großmacht* und damit als Beweis

der Existenz einer Großmacht (*Bismarck* sträubte sich *gegen* den Erwerb von *Kolonien*, da die Etablierung deutscher Staatsmacht außerhalb des mitteleuropäischen Territoriums zusätzliche *Konfliktmöglichkeiten* mit anderen Großmächten, insbesondere *mit England* schuf).

- *Milderung der sozialen Spannungen* im Inneren *durch Ablenken* der kontroversen Kräfte nach außen (nach H.-U. Wehler *„Sozialimperialismus“)*.
- Der umfangreiche *Bedarf an Nahrungsmitteln und industriellen Rohstoffen* aus dem Ausland sollte mindestens teilweise aus eigenen Kolonien, d. h. unabhängig von einer ausländischen Macht, *abgesichert* werden. (Dieses Argument wurde dann vor allem bei der Kriegszielerörterung im Ersten Weltkrieg häufig gebraucht).
- Die *Kolonien* sollten als *Absatzgebiete* für einen Teil der industriellen Produktion dienen. Man wollte die durch die weltweite Abkehr vom Freihandel in den 70er Jahren drohende Erschwerung der eigenen Exporte auf diese Weise kompensieren, bedachte aber nicht, daß die Industrieländer die besten Handelspartner waren und nicht unterentwickelte Gebiete ohne nennenswerte, über den Grundbedarf hinausgehende und durch Einkommen abgesicherte Nachfrage.
- Der gerade in den 70er und 80er Jahren stärker werdende *Auswanderungsstrom* sollte in die eigenen Kolonien gelenkt werden, um so das *Deutschtum* der Auswanderer, die meistens nach Nord- oder Südamerika zogen, zu *erhalten*.

Unter den vor dem Ersten Weltkrieg bestehenden *Kolonialreichen* blieb *das deutsche*, gemessen an Größe und Bevölkerungszahl des Mutterlandes, *relativ bescheiden*, vgl. Tabelle 18.

Die *Beurteilung der deutschen Kolonien*, insbesondere auch unter Berücksichtigung der Motivationen für ihren Erwerb:

- *Für* den *Außenhandel* und die *Wirtschaft* des Mutterlandes waren die Kolonien *ohne große Bedeutung*, da weniger als 2 v.H. des deutschen Außenhandels mit den eigenen Kolonien abgewickelt wurde (Frankreich: 10 v.H.; England: 20 v.H. der Ausfuhr, 10 v.H. der Einfuhr).

Tabelle 18: Relation zwischen Mutterland (= 1) und Kolonien im Jahre 1913

Land	Bevölkerung	Fläche
England	9,50	140,0
Niederlande	4,90	61,0
Portugal	1,36	23,0
Belgien	1,14	79,0
Frankreich	1,13	23,0
Rußland	0,58	3,2
Japan	0,20	0,8
Deutschland	0,15	5,6
USA	0,13	0,3
Italien	0,04	5,3

Von den fünf Großmächten der Zeit vor 1914 zählten damit England und Frankreich zu der Gruppe der Kolonialmächte mit einer größeren Kolonialbevölkerung und einer mindestens 23 mal größeren Kolonialfläche als der des Mutterlandes. Portugal war in dieser Gruppe das einzige Land ohne nennenswerte Industrie. Deutschlad und Rußland lagen weit unter diesen Werten. Österreich-Ungarn ist nicht mit aufgeführt worden, obgleich man einen Teil dieses Landes sicher nicht anders beurteilen kann, als es mit weiten Teilen Rußlands geschehen ist, die in der Literatur aus der Zeit vor dem Ersten Weltkrieg als Kolonien bezeichnet werden.

- Als *Siedlungskolonie* war lediglich Südwestafrika wichtig. Der Auswandererstrom in nichtdeutsche überseeische Gebiete war aber weit stärker, so daß man diesen Teil der Motivation ebenfalls als *illusorisch* bezeichnen kann. Im übrigen waren auch die Siedlungen auf die Ausnutzung der einheimischen Bevölkerung ausgerichtet (keine bäuerliche Siedlung).
- Die *Konfliktsmöglichkeiten* zu England und auch zu Frankreich wurden *durch die Kolonialpolitik*, vor allem auch durch die Geltendmachung von Ansprüchen auf weitere Kolonien, *verstärkt.* Obgleich die wirtschaftliche Bedeutung der bisherigen deutschen Kolonien sehr gering war, beteiligte man sich an den Plänen für die Aufteilung weiterer Gebiete unter die Großmächte:

- Marokko.
- Die afrikanischen Besitzungen Portugals.
- Türkische Gebiete im vorderen Orient (Verstümmelung des „kranken Mannes am Bosporus“).
- China.

Das Machtdenken hatte offensichtlich einen stärkeren Einfluß als das wirtschaftliche Denken.

- Die *sozialen Spannungen* im Inland wurden *durch* die 1895/96 beginnende und bis zum Ersten Weltkrieg währende Periode der Hochkonjunktur wenig, aber doch *mehr entschärft* (Anstieg der Reallöhne um 25 bis 30 v.H.) *als durch* die den Arbeiter nicht berührende und kaum in sein Bewußtsein dringende *koloniale Expansion.* Im übrigen ist es auch sehr zweifelhaft, ob diese Motivation den Entscheidungsprozeß für die Kolonialpolitik entscheidend beeinflußt hat.

Die Schaffung wirtschaftlich abhängiger Gebiete

Das wichtigste *Mittel*, um andere Länder in eine politische *Abhängigkeit* zu versetzen, war vor dem Ersten Weltkrieg *neben der militärischen Machtentfaltung die wirtschaftliche Durchdringung* eines anderen Landes.

Für *Deutschland* waren es vor allem der *Balkan* und die *Türkei* (Finanzierung der Bagdad-Bahn durch starke Beteiligung der Deutschen Bank). *Frankreich* war 1914 *an* der Finanzierung *fast aller kontinentaleuropäischen Eisenbahnen beteiligt,* mit Ausnahme der deutschen und der skandinavischen. Auch nach Deutschland war aus Frankreich Kapital zur Finanzierung einiger Linien am Niederrhein, in Westfalen und an der Linie über Bremen nach Hamburg geflossen (Cameron). Gerade das *Eisenbahnwesen* eignete sich gut *für* die *wirtschaftliche Einflußnahme.*

Im übrigen sind auch die *Staatsanleihen* unter diese Einflußnahmen zu zählen, da man versuchte, über deren Gewährung einen Einfluß auf die politischen Kräfte zu gewinnen.

Die *wirtschaftliche Einflußnahme Deutschlands* fand auf zwei Wegen statt:

– *Über* die Verknüpfung durch den *Außenhandel* konnte eine entscheidende Einflußnahme eigentlich auf kein anderes Land ausgeübt werden, da die Haupthandelspartner die anderen Industrieländer waren, d. h. die Länder, die selbst wirtschaftlich stark genug waren, um ihre Eigenständigkeit im wirtschaftlichen Bereich zu behalten. Der Außenhandel konnte daher nur im *Hinblick auf Österreich-Ungarn und die Balkanstaaten* ein Abhängigkeitsverhältnis begründen, und auch dies war nicht unabhängig von Beeinträchtigungen durch andere Großmächte, insbesondere Frankreich. Zudem lehnte sich die Doppelmonarchie aus eigenem Interesse mehr an Deutschland an als wirtschaftliche Abhängigkeiten bestanden.
– *Finanzielle Einflüsse* waren auf deutscher Seite weniger stark ausgeprägt und in starker Konzentration eigentlich ebenfalls *nur nach Südosten* gerichtet (z. B. Deutsche Bank → rumänische Erdölfelder). Die Finanzkraft der deutschen Wirtschaft war mehr auf die innere Entwicklung (Investitionen im eigenen Lande) konzentriert als z. B. die Englands und vor allem Frankreichs. Trotzdem bestanden Bemühungen, das vorhandene Netz der deutschen Banken zu intensivieren (W. Otto).
  Motivation der Banken war meistens:
  – *Finanzierung des Exports und der Rohstoffbeschaffung* des eigenen Landes.
  – *Gewinnstreben bei einträglichen Investitionen* (z. B. Eisenbahnen).

  Das finanzielle Engagement führte zwar zu Abhängigkeiten, jedenfalls für kleinere und unterentwickelte Länder; die Einordnung dieser Erscheinung unter das Schlagwort Imperialismus vereinfacht jedoch das Problem zu sehr.

5. Das öffentliche Finanzwesen

Drei Probleme beeinflußten die weitere Entwicklung des öffentlichen Finanzwesens *ab den 70er Jahren*:
– Die *fehlende* Schaffung einer *selbständigen Reichsfinanzverfassung.*
– Die zunehmenden *Ausgaben für Militärzwecke.*
– *Der Finanzbedarf der wachsenden Städte* (Kommunalfinanzen).

Die Staatseinnahmen

Das *Reich* war auf Grund der Verfassung von 1871 auf folgende Finanzquellen angewiesen:

- In Fortsetzung der Finanzierung des Zollvereins auf die *Zolleinnahmen und* auf *Verbrauchssteuern* des gesamten Reichsgebietes.
- Auf *Matrikularbeiträge* der einzelnen Staaten des Reiches (Das Reich als „Kostgänger" der Länder).

Da die *Zölle und Verbrauchssteuern* im allgemeinen *nicht so reichlich* flossen, daß damit die gesamten Ausgaben des Reiches bestritten werden konnten, führten die immer wiederkehrenden Auseinandersetzungen um die Höhe der Matrikularbeiträge zu einer Unterversorgung des Reiches mit finanziellen Mitteln und dies erhöhte die *Reichsschulden* (von 16,3 Mill. Mark Ende März 1877 *auf 5 Mrd. Mark* bei Ausbruch des Ersten Weltkrieges, *Länderschulden* 1913 = *16 Mrd. Mark*). Die *Grundzüge der Entwicklung der Reichsfinanzen* zeigt Tabelle 19.

Tabelle 19: Die Reichsfinanzen 1874 und 1913 (in Mill. Mark)

Finanzquelle	1874		1913	
	absolut	in v.H.	absolut	in v.H.
Zölle	104	28	679	31
Verbrauchssteuern	149	41	934	43
Erbschaftssteuern	0	0	46	2
Erwerbseinkommen	12	3	160	7
Matrikularbeiträge	67	18	52	2
Anleihen	0	0	109	5
Sonstiges	38	10	225	10
Insgesamt	370	100	2205	100

Zu den Verbrauchssteuern wurden in Tabelle 19 auch die Verkehrssteuern gezählt (Stempelsteuer). Im Jahre 1874 liefen außerdem noch 305 Mill.

Mark aus den französischen Reparationsleistungen durch den Haushalt, die hier nicht mit aufgeführt wurden, da sie die Vergleichbarkeit beider Jahre beeinträchtigen würden.

Die Einnahmeseite der *Länderfinanzen* wurde mit der zunehmenden Verstaatlichung der Eisenbahnen und dem Schuldabtrag, der im Zusammenhang mit der Finanzierung der Verstaatlichung erforderlich wurde, immer mehr von den Eisenbahneinnahmen gekennzeichnet:

Betriebsüberschüsse der Eisenbahnen:

- Bis 1900 Anstieg von etwa 50 Mill. auf 700 Mill. Mark.
- 1900 bis 1913 weiterer Anstieg auf 810 Mill. Mark (davon 31 Mill. Mark bei den Reichseinnahmen).

In den letzten Jahren vor dem Ersten Weltkrieg kamen *mehr als 50 v.H. der Einnahmen der Länder* aus *Erwerbseinkünften*, insbesondere aus den Betriebsüberschüssen der Eisenbahnen.

Die Einnahmen aus Steuern und Abgaben der Länder stiegen mit der wirtschaftlichen Entwicklung. Da aber auch die *Gemeinden* einen *steigenden Finanzbedarf* hatten, wurde Anfang der *90er Jahre die sog. Miquelsche Finanzreform* durchgeführt:

- Die *Länder* hatten *bisher* die *Realsteuern* und die geringen Einkommenssteuern erhalten.
- *Nunmehr* gingen die *Realsteuern* (Grund- und Gewerbesteuer) an die *Gemeinden*, während die Länder neben den erwerbswirtschaftlichen Einnahmen vor allem die Einkommensteuer und Verwaltungsabgaben erhielten.

Die *Einnahmestruktur der Länder und der Gemeinden* ergibt sich aus folgender Übersicht der wichtigsten ordentlichen Einnahmeposten:

Länder:	51 v.H.	Erwerbseinkünfte
	33 v.H.	Steuern von Einkommen und Vermögen
	5 v.H.	Steuern von Umsatz und Vermögensverkauf
Gemeinden:	33 v.H.	Steuern von Einkommen und Vermögen
	25 v.H.	Steuern von Grund und Gewerbe
	23 v.H.	Verwaltungseinnahmen
	14 v.H.	Erwerbseinkünfte

Die Haushalte der Länder und der Gemeinden hatten einen entsprechenden Zuwachs wie der des Reiches zu verzeichnen. Der *Anteil der drei Haushalte* bzw. Haushaltsgruppen lag im Durchschnitt der Jahre bei etwa:

- Reich = 30 v.H.
- Länder = 30 v.H.
- Gemeinden = 40 v.H.

(Zu den Ländern sind hier auch die selbständigen Hansestädte gegezählt worden. Die Gemeindefinanzen umfassen auch die Haushalte der Kommunalverbände).

Die Staatsausgaben

Wichtigster Ausgabeposten des *Reiches* war die *Finanzierung von Heer und Marine* mit *70 bis 75 v.H.* der gesamten Ausgaben. Rechnet man noch die indirekten Militärausgaben wie Invalidenfonds oder die Errichtung (auch) strategisch wichtiger Bahnlinien hinzu, dann erhält man sogar einen Anteil, der bei etwa 85 v.H. lag.

Gemessen an allen Etats (Reich, Länder und Gemeinden) betrugen die direkten und indirekten *Militärausgaben* während der Zeit von 1873 bis 1913 *etwa 25 v.H.*

Auch *in anderen europäischen Ländern* waren die *Militärausgaben* und die meistens durch Militärausgaben entstandenen Schuldendienste die größten Ausgabeposten, vgl. Tabelle 20.

Tabelle 20: Struktur der Staatsausgaben in einigen europäischen Ländern in v.H. aller Ausgaben (∅ 1900 bis 1913)

	Deutschland	England	Frankreich	Rußland	Italien
Heer, Flotte	36	49	37	36	29
Kolonien	1	2	3	0	0
Soziale Ausg.	3	0	0	0	0
Bildung	7	14	8	4	6
Schuldendienst	17	25	30	26	43
Sonstiges	36	10	22	34	22

Für Deutschland wurden die Länderhaushalte und der Reichshaushalt zusammengefaßt und wie für die anderen Länder die unmittelbaren Militärausgaben berücksichtigt.

Militärausgaben und Schuldendienst machten zusammen *in keinem Land weniger als 53 v.H. aus.*

Die *Ausgaben pro Kopf der Bevölkerung* lagen in den genannten Ländern 1912/13 bei:

Deutschland	62,95 Mark
England	54,38 Mark
Frankreich	67,04 Mark
Rußland	20,81 Mark
Italien	33,24 Mark

Diese unterschiedlichen Ziffern zeigen zugleich die unterschiedliche Steuerkraft der einzelnen Länder. In den meisten Ländern gingen *etwa 13 v.H. des Nettosozialproduktes durch die öffentlichen Haushalte,* einschließlich der Gemeinden. Lediglich England hatte mit 6 v.H. eine erheblich niedrigere Quote.

6. Die soziale Frage

Die Entwicklung der Einkommen

Die Zeit von 1873 bis 1914 ist langfristig gekennzeichnet durch einen steten, *ab 1883 beginnenden Anstieg der realen Einkommen* aus abhängiger Tätigkeit, vgl. Abbildung 7, S. 27. Die Löhne stiegen hierbei in folgender Weise:

- Nominal = 57 v.H.
- Real = 25 v.H.

Die reale *Steigerung* wurde in erster Linie *hervorgerufen*

- durch den *Rückgang der Getreidepreise* bis in die ersten Jahre des 20. Jahrhunderts und
- durch den anfänglich ebenfalls vorhandenen *Rückgang der Preise für gewerbliche Produkte.*

Die letzten zehn Jahre *vor dem Ersten Weltkrieg* brachten allerdings *wieder* einen *Anstieg der Agrarpreise und auch der Preise für gewerb-*

liche Produkte, so daß ein Teil der Vorteile der Lohneinkommensbezieher wieder ausgeglichen wurde. *Im übrigen* waren mit der *Urbanisierung*, d. h. mit der zunehmenden Ausdehnung der städtischen Wohnplätze, *zusätzliche Ausgaben* erforderlich geworden, die zuvor in ländlichen Verhältnissen nicht vom Lohn bestritten zu werden brauchten.

Insgesamt hat der steigende Reallohn aber doch eine die *Bevölkerungszahl* stabilisierende oder gar *vermehrende Wirkung* gehabt, wie Abbildung 59 zeigt.

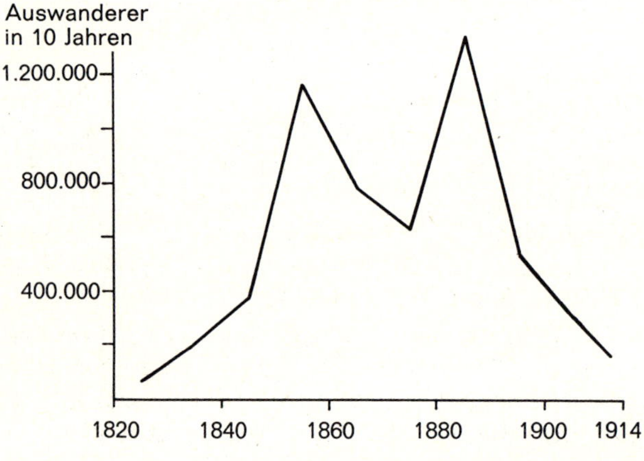

Abb. 59: Zahl der Auswanderer aus Deutschland in Zehnjahresperioden von 1820 bis 1914

Auf die *Bevölkerungszahl* wirkten *neben dem Geburtenüberschuß:*

- Die *Zahl der Auswanderer*, die mit der Verbesserung der Realeinkommen (und dem Anstieg der von der Industrie eingerichteten Arbeitsplätze) *in den 90er Jahren* schnell *abnahm*.
- *Die Zahl der Zuwanderer* aus anderen Ländern (vor allem aus den zu Rußland und zu Österreich-Ungarn gehörenden Teilen Polens, aber auch aus Italien), *die* in den letzten zwanzig Jahren vor dem Ersten Weltkrieg *die Auswandererzahl übertraf*. Diese Zuwanderung wurde teilweise dadurch hervorgerufen, daß die Einkom-

mensmöglichkeiten in den Heimatländern schlechter waren als in Deutschland und man daher das hier angebotene niedrige Entgelt für Arbeit immer noch als vorteilhaft ansehen konnte.

Urbanisierung und soziale Verhältnisse

Die *Urbanisierung* zeigte sich zunächst rein äußerlich in der *Zunahme der städtischen Bevölkerung* bei einem geringeren Wachstum der kleinen dörflichen Gemeinden und der ländlich orientierten Kleinstädte (vgl. Abbildung 10, S. 31). Die *Urbanisierung* kam *in zwei parallel verlaufenden, sich zwar unterscheidenden, aber nicht immer* eindeutig voneinander zu trennenden *Prozessen* zum Ausdruck:

- Die *Industrie benötigte* für ihre schnell wachsenden Betriebe (z. B. Krupp 1835 = 62 Beschäftigte; 1873 = 16.000 Beschäftigte; 1914 = 38.000 Beschäftigte) eine *große Anzahl von Arbeitern,* die in nicht gar zu großer Entfernung von ihrer Arbeitsstätte wohnen mußten. Industriestädte, wie sie im Ruhrgebiet, aber auch in anderen Teilen Deutschlands entstanden oder sich aus vorindustriellen Gewerbestädten entwickelten (Chemnitz, Augsburg, Braunschweig und Elbing), sind typisch hierfür.
- Die *Dienstleistungsgewerbe, Militär, Verwaltung, Verzehrer von Pensionen und Renten* zog es in einige Städte, die dadurch in der Lage waren, ein größeres und interessanteres Angebot an kulturellen Leistungen zu bieten: Berlin, Dresden, München und Stuttgart haben ihren Bevölkerungszuwachs zu einem nicht unerheblichen Teil diesen Gruppen zu verdanken. Städte wie Wiesbaden, Göttingen und andere Orte waren in ihrem äußeren Bild ebenfalls stark hiervon geprägt (Pensionärs-Städte).

Die *Trennung der Wohnbezirke in dicht bebaute Arbeiterviertel* (Wedding) und *aufgelockerte Villen-Siedlungen* der einkommensstärkeren Schichten (Westend, Pankow) war in fast jeder größeren, im letzten Drittel des 19. Jahrhunderts stark angewachsenen Stadt zu finden.

Zwei Probleme standen hinsichtlich der *Gestaltung der Wohnverhältnisse* für die einkommensschwachen Gruppen in enger Verbindung:

- Die *relativ niedrigen Einkommen* erlaubten *keine hohen Mieten* je Familie oder Person.
- Die *ständig steigenden Wohnungskosten* (Baupreise und Grundstückspreise) führten zu einer *immer stärkeren Beanspruchung der Arbeitereinkommen* für Wohnzwecke bei gleichbleibenden Wohnverhältnissen oder zu einer Verschlechterung der Wohnverhältnisse (dichtere Belegung).

Diese *Nachteile wirkten* sich aus:

- *Auf dem freien Wohnungsmarkt entstanden enge Hinterhofviertel* in allen größeren Industriestädten Europas.
- *In den Wohnheimen der Fabriken* wurde dem einzelnen meistens nur eine Schlafstätte geboten.

Die von einigen Industriebetrieben und Bergwerken geförderten oder gebauten *Arbeitersiedlungen im Cottage-Stil* waren dagegen fast wie ein Paradies anzusehen, zumal da es dort möglich war, einige Quadratmeter Garten zu bebauen und *etwas Vieh zu halten* (die Ziege als „Bergarbeiter-Kuh"), d. h. die Lebenshaltung zu verbilligen.

Neben den eigentlichen Wohnkosten wurde das Leben in den Städten noch durch zahlreiche *weitere, nicht vermeidbare Ausgaben* verteuert: Kanalisation, teure Nahrungsmittel, Kosten für Nahverkehrsmittel, Heizkosten usw. Während ein Arbeiterhaushalt noch an der Wende zum 19. Jahrhundert etwa 25 v.H. seines Einkommens *für Wohnung, Licht und Heizung* verwenden mußte (und konnte), stieg dieser Anteil nunmehr auf *über 30 v.H.* (vgl. dazu auch Abbildung 45, S. 220). Trotz steigender Löhne wurde damit das verbleibende reale Einkommen, das für Kleidung und Nahrung zu verwenden war, vermindert, zumal da *in den Städten Nahrung und Kleidung* nur über den Markt erworben werden konnten und damit *zu höheren Preisen als in den ländlichen Gegenden.*

Die Sozialgesetzgebung

Bereits vor 1878 bestand *eine Fülle von sozialen Einrichtungen*, die aber noch erhebliche Lücken in der Sicherung der sozialen Lage beließen. In den gesellschaftlichen Auseinandersetzungen innerhalb Deutschlands wurden *vom Staat die sozialistisch ausgerichteten Gruppierungen als gefährlich angesehen*, weil sie die *Beseitigung der be-*

stehenden Staatsordnung zum Ziel hatten. Die Mittel zur Aufhebung dieser Gefahr waren:

- Das *Sozialistengesetz* (1878 nach einem Attentat auf Kaiser Wilhelm I. vom Reichstag beschlossen) bewirkte:
  - Verbot einer ganzen Reihe von sozialistischen Vereinigungen.
  - Verbot politischer Literatur.
  - Ausweisung von knapp 1.000 Personen.
  - Inhaftierung von 1.500 Personen.
- *Die Sozialgesetzgebung* (in der Thronrede Wilhelms I. am 17. November *1881 angekündigt*):
  - *1883 Krankenversicherung*: Ärztliche Behandlung, Arzneimittel und Krankengeld bei Arbeitsunfähigkeit durch Krankheit für 13, später 26 Wochen. *Beiträge = Arbeitnehmer (2/3) und Arbeitgeber (1/3).* 1/3 der Versicherungspflichtigen war in der neu eingerichteten Allgemeinen Ortskrankenkasse, 2/3 waren weiterhin in Betriebskrankenkassen. Bis zum Ersten Weltkrieg stieg der Anteil der AOK auf 60 v.H.

    Die Zahl der Versicherten stieg von

    1885 = 4.294.173 auf

    1914 = 15.609.586.

    Diese Versicherung umfaßte nicht nur die Arbeiter, sondern auch die Angestellten mit einem Jahreseinkommen von weniger als 2.000 Mark.
  - *1884 Unfallversicherung*: Berufsgenossenschaftliche *Haftung der Unternehmer* für Berufsunfälle. (Bis dahin hatte die normale Haftung für Verschulden oder die Gefährdungshaftung gegolten).

    Zunächst wurden aufgenommen (1884): Bergwerke, Steinbrüche, Gräbereien und Fabriken.

    Bis 1887 kamen hinzu: Transportbetriebe des Binnenlandes, landwirtschaftliche Betriebe, noch nicht versicherte Bauarbeiten (Tiefbau, Regiebau, d. h. vom Bauherrn unmittelbar eingestellte Arbeiter), Seeschiffahrtsbetriebe.

    Versichert waren:
    - Sämtliche Arbeiter.
    - Angestellte mit weniger als 2.000 Mark Jahreseinkommen.

    Geleistet wurden:

  - Krankenversorgung zur Wiederherstellung der Arbeitsfähigkeit.
  - Erwerbsunfähigenrente, Hinterbliebenenrente, Sterbegeld.
- *1889 Alters- und Invaliditätsrentenversicherung*:
  Mittel wurden aufgebracht:
  - 1/2 von Arbeitgebern
  - 1/2 von Arbeitnehmern
  - Anfangs Zuschüsse vom Staat

  Leistung nach dem 70. Lebensjahr.

  Die Rente bei einem vorhergehenden Arbeitereinkommen von etwa 1.000 Mark/Jahr lag zwischen 142,50 und 390 Mark im Jahr je nach Versicherungsdauer.

  Anfangs wurde auf eine Wartezeit verzichtet, so daß eine große Anzahl von über 70jährigen sofort in den Genuß der Rente kam. Später wurde eine Wartezeit von 23 Jahren (1200 Wochen) verlangt.

  Auf Grund der Rentenzahlung auch an Personen ohne Erfüllung der Wartezeit überwog anfangs die Altersrente. Im letzten Jahrzehnt vor dem Ersten Weltkrieg wurden nur etwa 10 v.H. aller Neurenten als Altersrenten und 90 v.H. als Invaliditätsrenten geleistet, ein Zeichen dafür, daß der überwiegende Teil der Arbeiter bereits vor Erreichen der Altersgrenze arbeitsunfähig wurde.
- *1911 Angestelltenversicherung*: Versicherung aller Angestellten mit bis zu 5.000 Mark Jahreseinkommen (später schrittweise Erhöhung dieser Grenze). Die Angestelltenversicherung als Rentenversicherung wurde nicht regional wie die Arbeiterversicherung (Landesversicherungsanstalt), sondern zentral in der Reichsversicherungsanstalt in Berlin organisiert.
- *1911* wurde ebenfalls die *Reichsversicherungsordnung erlassen,* die eine Zusammenfassung aller Vorschriften der gesetzlichen Versicherungen brachte.
- *Gescheitert* sind die Bemühungen zur Schaffung einer reichseinheitlichen *Arbeitslosenversicherung*:
  - *Herkner* wollte die Arbeitslosenversicherung mit der *Berufsgenossenschaft* verbinden, d. h. er ging davon aus, daß die Arbeitslosigkeit vom Betrieb zu vertreten ist (Produktionseinschränkungen oder Übergang zu neuen, arbeitssparenden Produktionsmethoden).

- Die *Gemeinden* trugen über das Armenwesen die Hauptlast der Arbeitslosigkeit und forderten daher 1911 auf dem deutschen Städtetag in Posen, daß das Reich den Gemeinden durch eine *versicherungsrechtliche Lösung* diese Last abnehmen solle.
- Eine ganze Reihe von *Sozialpolitikern* (Schmoller, Schanz, Wörishoffer und andere) waren gegen eine Versicherung. Sie wollten ein *Zwangssparen* der Arbeiter als Sicherung gegen den Einkommensausfall bei Arbeitslosigkeit einführen.
- Die *kombinierte* Hilfe von *Gemeinden und Arbeitervereinigungen* (Gewerkschaften) war die tatsächlich existierende Arbeitslosenunterstützung, und zwar nach dem *Genter System* oder nach dem *Kölner Beispiel.* Die Gemeinden bedienten sich dabei der gewerkschaftlichen Hilfe bei der Organisation und teilweise auch bei der Finanzierung der Arbeitslosenhilfseinrichtungen.

1908 erhielten 72 v.H. der Gewerkschaftsmitglieder bei Bedarf eine Unterstützung.

Die politische Aktivität der Arbeiterschaft

Hier ist im wesentlichen zu unterscheiden zwischen der *Aktivität*
- *durch die politischen Parteien* und
- *durch die Gewerkschaften.*

Die politische Aktivität und Resonanz der *Arbeiterpartei* (SPD bzw. die Vorgängerinnen) hing zunächst von ihrem Gewicht bei den Reichstagswahlen ab, vgl. Tabelle 21.

Tabelle 21: Stimmen und Abgeordnetensitze der SPD von 1871 bis 1912

Jahr der Wahl	Stimmen		Abgeordnete	
	absolut	in v.H. aller Stimmen	absolut	in v.H. aller Sitze
1871	124.000	3	2	0,5
1881	312.000	6	12	3,0
1893	1.786.000	23	44	11,0
1903	3.011.000	32	81	20,0
1912	4.250.000	35	110	28,0

Damit war die SPD kurz vor dem Ersten Weltkrieg die an der *Stimmenzahl gemessen stärkste Partei.* Die Wahlkreiseinteilung und das Wahlrecht (Mehrheitswahl) waren so organisiert, daß die *SPD weniger Parlamentssitze* erhielt *als* ihr *Stimmenanteil* betrug.

Auch die *Gewerkschaften* hatten *einen großen Aufschwung* zu verzeichnen; *Zahl der Mitglieder*:

1875 = 50.000
1891 = 412.000
1905 = 1.300.000
1914 = 3.000.000 (= mehr als 40 v.H. der Industriearbeiterschaft oder 26 v.H. aller im Gewerbe Tätigen).

Die *Aktivität der Gewerkschaften* war durch zahlreiche *Streiks,* vor allem im Bergbau (1905, 1912 besonders umfangreiche Streiks) gekennzeichnet, da dort die Lohn- und Arbeitsbedingungen am schlechtesten waren.

Die Streiks waren Beweis dafür, daß die sozialen Verhältnisse unter dem Einfluß der Industrialisierung neue negative Aspekte trugen, die bis zum Jahre 1914 auch durch die Sozialgesetzgebung nicht beseitigt, allenfalls gemildert worden waren.

Schluß: Die konjunkturellen Schwankungen

Mit dem Übergang von der mehr agrarisch orientierten vorindustriellen Wirtschaft zur industriellen wurde die Entwicklung in immer stärkerem Maße durch die Wechselwirkungen im industriellen Bereich der Produktion und der Nachfrage, vor allem nach Industriegütern, beeinflußt. *In der vorindustriellen Zeit* waren die *wichtigsten Kräfte* einer *kurzfristigen*, über wenige Jahre gehenden *konjunkturellen Schwankung*:

- Der *jährliche* Rythmus der Ernte mit einem zunächst steigenden und im Laufe des Jahres wieder fallenden Angebot an landwirtschaftlichen Produkten.
- Starke Ernteschwankungen *von Jahr zu Jahr* wurden hervorgerufen durch zeitweilige Mißernten, die aber nicht regelmäßig eintraten.

Die *langfristige Entwicklung* der landwirtschaftlichen Produktionsverhältnisse und Produktion bewirkte mit der langfristigen Entwicklung der Bevölkerungszahl den *säkularen Trend* (W. Abel).

Mit dem Übergang zur *Industrialisierung* wurde dieser landwirtschaftlich bestimmte Konjunkturverlauf abgelöst durch *einen neuen Typ*:

- Es dominierte der *kurzfristige*, über fünf bis zehn Jahre gehende *Konjunkturzyklus*, d. h. der jährliche und (anscheinend auch) der säkulare Zyklus verloren an Bedeutung.
- Die Erklärung dieser Erscheinung ist abhängig vom Kernaspekt der Industrialisierung, der Ausstattung der Produktionssphäre mit Kapitel in Form von *Investitionen* (Handarbeit → Maschinenarbeit):
  - Die *Zunahme des Anteiles der Investitionsgütergewerbe* von etwa 30 auf 60 v.H. und der Rückgang des Gewichtes der Konsumgütergewerbe (in Industrie und Handwerk) von etwa 70 auf 40 v.H. erhöhte mit der allgemeinen Ausdehnung des sekundären Sektors den Einfluß der Investitionsgütergewerbe auf den konjunkturellen Verlauf.

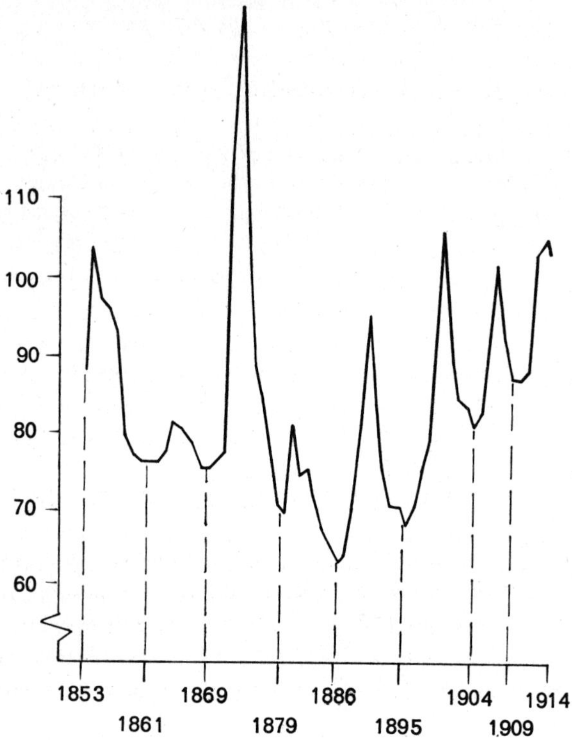

Abb. 60: Entwicklung der Industriewarenpreise von 1853 bis 1914 (nach J. Kuczynski)

- Auf Grund des *Multiplikatoreffektes* wurde mit einer Ausdehnung der Produktion von Investitionsgütern neues Einkommen geschaffen. Die so induzierte zusätzliche Nachfrage regte auch in anderen Produktionszweigen die Produktion und damit weitere Nachfrage an. Diese multiplizierende Wirkung hatte bei einer Reduzierung der Nachfrage und damit der Produktion von Investitionsgütern jedoch auch den umgekehrten Effekt.
- Der *Übergang von der schrumpfenden zur wachsenden Wirtschaft* (und umgekehrt) erfolgte auf einem unterschiedlich

hohen Niveau, sobald die multiplizierende Wirkung nachgelassen hatte. Die Lagerhaltung diente dabei teilweise als Puffer mit positiver und auch mit negativer Wirkung.

Die Entwicklung der Großhandelspreise für industrielle Produkte zeigt die Entwicklung der Relation von Nachfrage und Angebot, vgl. Abbildung 60.

Die *neben anderen Faktoren* vor allem hierdurch *bewirkte Wanderung der Wirtschaft* von Krise zu Krise – und von konjunkturellem Aufschwung zu konjunkturellem Aufschwung war der Ansatzpunkt für die These von *Karl Marx,* daß im Kapitalismus wie auch schon in den beiden vorhergehenden Gesellschaftsformationen (Sklavenhaltergesellschaft und Feudalismus) *die krisenhaften Situationen einander ablösen,* um schließlich in Verbindung mit der *letzten großen Krise* dann in das ruhige Fahrwasser der Gesellschaftsformation des Sozialismus überzugehen.

Wenn auch die in Abbildung 60 an Hand der Großhandelspreise verdeutlichte Entwicklung der gesamten Wirtschaft *vor 1914 in der Folgezeit nicht immer entsprechende Konjunkturzyklen* aufzuweisen hatte, so war dies in erster Linie eine Folge der die Abläufe beeinflussenden beiden Weltkriege. *Band 3* der Wirtschafts- und Sozialgeschichte *wird diese Entwicklung* bis zu den Konjunkturzyklen nach 1949 und den Währungsproblemen der letzten Jahre *darstellen.*

Literaturverzeichnis

Die nachstehende Literatur stellt nur eine Auswahl der dem Buch zugrundegelegten Untersuchungen und Darstellungen dar. Sie soll zugleich dem Interessierten einen Hinweis für die weitere Beschäftigung mit speziellen Fragen geben. Die vor allem in den „Allgemeinen und übergreifenden Darstellungen“ vorhandenen Literaturübersichten führen hier weiter.
Neuere, in Zukunft erscheinende Literatur läßt sich aus den am Ende des Literaturverzeichnisses aufgenommenen Zeitschriften (jeweiliger Besprechungsteil) entnehmen.
Bei einigen Veröffentlichungen wurde versucht, mit wenigen Stichworten in Klammern einen Hinweis auf den Inhalt oder den Charakter des Inhalts zu geben, wenn der Titel des Buches dies nicht deutlich genug zum Ausdruck brachte.

Allgemeine und übergreifende Darstellungen

Bechtel, Heinrich: Wirtschaftsgeschichte Deutschlands, Bd. 3, München 1956 (Der Wirtschaftsstil, d. h. das Verhalten des Menschen in der wirtschaftlichen und sozialen Entwicklung, steht im Mittelpunkt der Darstellung).

Benekendorf, Carl Friedrich, Frhr. v.: Oeconomia forensis, Bd. 1 bis 8, Berlin 1775 bis 1784 (Darstellung zahlreicher Einzelfragen der Landwirtschaft und des ländlichen Gewerbes in der letzten von der Industrialisierung noch nicht berührten Entwicklungsperiode).

Engelsing, Rolf: Kleine Wirtschafts- und Sozialgeschichte Deutschlands, Hannover 1968 (Übersichtliche Einführung für die Zeit vom frühen Mittelalter bis ins 20. Jh.).

Fourastié, Jean: Le Grand Espoir du XXe Siècle, 3. Aufl., Paris 1952; deutsch: Die große Hoffnung des zwanzigsten Jahrhunderts, Köln-Deutz 1954 (Schematisierende Betrachtung vor allem der Entwicklung in den USA und in Frankreich im 19. und 20. Jahrhundert).

Hamerow, Theodore S.: Restauration, Revolution, Reaction; Economics and Politics in Germany, 1815-1871, Princeton 1958 (Herausarbeitung der Kräfte und Gegenkräfte in Wirtschaft und Politik im Zeitalter des Übergangs von der agrarisch-feudalistisch zur industriell-bürgerlich bestimmten Gesellschaft).

Helfferich, Karl: Deutschlands Volkswohlstand 1888-1913, Berlin 1913 (Darstellung der wirtschaftlichen Entwicklung Deutschlands mit die Regierungszeit Wilhelms II. verherrlichender Tendenz).

Hoffmann, Walter Gustav: Das Wachstum der deutschen Wirtschaft seit der Mitte des 19. Jahrhunderts, Berlin-Heidelberg-New York 1965 (Enthält umfangreiches statistisches Material, vor allem für die Zeit von 1850 an).

Jeck, Albert: Wachstum und Verteilung des Volkseinkommens; Untersuchungen und Materialien zur Entwicklung der Einkommensverteilung in Deutschland 1870-1913, Tübingen 1970.

Kuczynski, Jürgen: Allgemeine Wirtschaftsgeschichte; Von der Urzeit bis zur sozialistischen Gesellschaft, Berlin 1951 (Kurzer Überblick der deutschen Wirtschaftsgeschichte von den Anfängen bis nach dem Zweiten Weltkrieg unter marxistischer Fragestellung).

Lütge, Friedrich (als Herausgeber): Die wirtschaftliche Situation in Deutschland und Österreich um die Wende vom 18. zum 19. Jahrhundert, Stuttgart 1964 (Enthält Aufsätze über den Außenhandel, soziale Fragen u. a. Probleme für die im Buchtitel angegebene Zeit; wichtige Hinweise für die Situation vor der Industrialisierung).

Mottek, Hans: Wirtschaftsgeschichte Deutschlands, Bd. 2, Von der Französischen Revolution bis zur Zeit der Bismarckschen Reichsgründung, 2. Aufl., Berlin 1969 (Betrachtung der Probleme der beginnenden Industrialisierung aus marxistischer Sicht).

Reden, Friedrich Wilhelm von: Deutschland und das übrige Europa; Handbuch der Boden-, Bevölkerungs-, Erwerbs- und Verkehrsstatistik, des Staatshaushalts und der Streitmacht, 2 Abteilungen, Wiesbaden 1854 (Wichtige statistische Quelle).

Sartorius v. Waltershausen, August: Deutsche Wirtschaftsgeschichte 1815-1914, Jena 1923 (Veralteter, aber auch heute noch wegen zahlreicher Anregungen interessanter Überblick über das 19. Jh.).

Sartorius v. Waltershausen, August: Die Entstehung der Weltwirtschaft, Jena 1931 (Probleme des internationalen Warenaustausches und der Handelspolitik von der Mitte des 18. Jhs. bis 1914).

Sombart, Werner: Der moderne Kapitalismus, Bd. 3, Teil 1, 1. Aufl., München-Leipzig 1928 (Für mehrere Jahrzehnte das grundlegende nichtmarxistisch-orientierte Werk über die Probleme des Kapitalismus).

Sombart, Werner: Die deutsche Volkswirtschaft im Neunzehnten Jahrhundert, 2. Aufl., Berlin 1909 (z. T. überholte, doch als teilweise zeitgenössische Darstellung interessant).

Treue, Wilhelm: Wirtschaftszustände und Wirtschaftspolitik in Preußen 1815-1825, in: VSWG, Beiheft 31, Stuttgart-Berlin 1937.

Viebahn, Georg von: Statistik des zollvereinten und nördlichen Deutschlands, Teile 1 bis 3, Berlin 1858, 1862 und 1868 (Umfangreiche Zahlenreihen und Einzelangaben).

Zorn, Wolfgang: Wirtschafts- und sozialgeschichtliche Zusammenhänge der deutschen Reichsgründungszeit 1850-1879, in: Historische Zeitschrift, Bd. 197, München 1963, S. 318 bis 342.

Statistische Jahrbücher des Deutschen Reiches und der einzelnen Länder.

Vierteljahrshefte zur Statistik des Deutschen Reiches.

GEWERBE UND INDUSTRIELLE ENTWICKLUNG

Ashton, Thomas Southcliffe: The Industrial Revolution 1760-1830, London 1948 (Beschreibung der Industrialisierung in England).

Blumberg, Horst: Die deutsche Textilindustrie in der industriellen Revolution, Berlin 1965 (Nicht immer ausreichend systematisch und übersichtlich).

Brede, H.: Bestimmungsfaktoren industrieller Standorte, Berlin-München 1972 (Stark an aktuellen Problemen orientiert).

Clapham, John Harold: The Economic Development of France and Germany, 1815-1914, Cambridge 1923 (Unter besonderer Berücksichtigung auch der finanziellen Verflechtungen).

Forberg, Rudolf: Die Manufaktur in Sachsen vom Ende des 16. bis zum Anfang des 19. Jahrhunderts, Berlin 1958 (Subtile Darstellung der Manufakturen in einem der gewerbereichsten Gebiete der vorindustriellen Zeit).

Gerschenkron Alexander: Economic Backwardness in Historical Perspective, Cambridge (Mass.) 1962 (Herausarbeitung der wichtigsten Faktoren für die Entwicklung der Industrie im 19. Jh. vor allem in Deutschland und Rußland).

Grumbach, Franz und König, Heinz: Beschäftigung und Löhne der deutschen Industriewirtschaft 1888-1954, in: WWA (Weltwirtschaftsarchiv), 79, 1, Hamburg 1957, S. 125 bis 155.

Haber, Ludwig Fritz: Chemical Industry during the Nineteenth Century, New York 1958.

Henderson, William Otto: Britain and Industrial Europe 1750-1870: Studies in British Influence on the Industrial Revolution in Western Europe, Liverpool 1954 (Die von England ausgehenden entscheidenden Impulse werden dargestellt).

Hoffmann, Walther Gustav: Stadien und Typen der Industrialisierung, Jena 1931 (Versuch einer Systematisierung der Industrialisierungserscheinungen).

Hoffmann, Walther Gustav: Wachstum und Wachstumsformen der englischen Industriewirtschaft von 1700 bis zur Gegenwart, Jena 1940 (Materialreiche Darstellung der englischen Industrialisierung).

Kisch, Herbert: The Textile Industries in Silesia and the Rhineland: A Comparative Study in Industrialization, in: Thc Journal of Economic History, Bd. 19, New York 1959, S. 541 bis 564.

Knowles, Lilian C. A.: Economic Development in the Nineteenth Century: France, Germany, Russia and the United States, 8. Aufl., London 1958 (Interessanter Vergleich einzelner Aspekte).

Krüger, Horst: Zur Geschichte der Manufakturen und Manufakturarbeiter in Preußen, Berlin 1958 (Produktionsprozess und Produktionsverhältnisse in der vorindustriellen Fabrik).

Leckebuch, Günther: Die Beziehungen der deutschen Seeschiffswerften zur Eisenindustrie an der Ruhr in der Zeit von 1850 bis 1930, Köln 1963 (Bedeutung des Eisenschiffsbaues für die deutsche Metallerzeugung und und -verarbeitung).

Mauersberg, Hans: Deutsche Industrie im Zeitgeschehen eines Jahrhunderts, Stuttgart 1966 (Es werden zahlreiche Probleme angeschnitten, aber nur wenige grundlegend erörtert).

Reuter, Ortulf: Die Manufaktur im fränkischen Raum, Stuttgart 1961.

Rostow, Walt Whitman: Stadien wirtschaftlichen Wachstum; Eine Alternative zur marxistischen Entwicklungstheorie, Göttingen 1960 (Nicht unumstrittener, aber interessanter Versuch, die Grundlinien der industriellen Entwicklung aufzuzeigen; jedoch keine Alternative zu Marx' Entwicklungstheorie).

Saint-Simon, Graf Claude Henri de Rouvroy de: Du système industriel, 3 Teile, Paris 1821f. (Hervorhebung der Gefahren einer Industrialisierung und gesellschaftliche Forderungen zur Vermeidung dieser Gefahren).

Schmoller, Gustav: Zur Geschichte der deutschen Kleingewerbe im 19. Jahrhundert, Halle 1870 (Materialreiche, noch heute grundlegende Darstellung vor allem des Handwerks und des Verlages unter dem Einfluß der ersten Industrialisierungsphase).

Schröter, Alfred und Becker, Walter: Die deutsche Maschinenbauindustrie in der industriellen Revolution; Eine umfassende Darstellung der Geschichte der deutschen Maschinenbauindustrie; Berlin 1962 (Aufgrund der schlechten Quellenlage leider nicht „umfassend" genug).

Slawinger, Gerhard: Die Manufaktur in Kurbayern, Stuttgart 1966.

Wagenführ, Rolf: Die Industriewirtschaft: Entwicklungstendenzen der deutschen und internationalen Industrieproduktion 1860-1932, in: Vierteljahreshefte zur Konjunkturforschung, Sonderheft 31, Berlin 1933 (Darstellung quantitativer Vorgänge).

Zorn, Wolfgang: Die gewerbliche Struktur Deutschlands um 1820 und die Erkenntnismöglichkeiten hierzu aus Archiven der Wirtschaft, in: Wissenschaft, Wirtschaft und Technik, Festschrift W. Treue zum 60. Geburtstag, München 1969, S. 157 bis 163 (Wichtige Hinweise zu weiteren Erkenntnismöglichkeiten durch eigene Archivstudien).

Zunkel, Friedrich: Der rheinisch-westfälische Unternehmer 1834-1879, Köln-Opladen 1962 (Hervorhebung des Anteiles der Unternehmer am Industrialisierungsvorgang).

LANDWIRTSCHAFT UND ERNÄHRUNGSFRAGEN

Bittermann, Eberhard: Die landwirtschaftliche Produktion in Deutschland 1800 bis 1950, Halle 1956 (Umfangreiche Zahlen-Zusammenstellungen).

Die Getreidepreise in Deutschland seit dem Ausgang des 18. Jahrhunderts, in: Vierteljahreshefte zur Statistik des Deutschen Reiches, hg. vom Statistischen Reichsamt, Jg. 44, Berlin 1935, Heft 1, S. 273 bis 321.

Entwicklung der deutschen Viehhaltung, in: Vierteljahreshefte zur Statistik des Deutschen Reiches, Jg. 44, Berlin 1935, Heft 2, S. 3f.

Fabian, Friedrich: Die Verschuldung der deutschen Landwirtschaft vor und nach dem Kriege, Diss. Leipzig 1931.

Finckenstein, Hans Wolfram Graf Finck von: Die Entwicklung der Landwirtschaft in Preußen und Deutschland 1800-1930, Würzburg 1960 (Etwas einseitige, aber faktenreiche Darstellung).

Gropp, Volkmar: Der Einfluß der Agrarreformen des beginnenden 19. Jahrhunderts in Ostpreußen auf Höhe und Zusammensetzung der preußischen Staatseinkünfte, Berlin 1967 (Abwägen der finanziellen Vor- und Nachteile für den preußischen Staat).

Harnisch, Hartmut: Die Herrschaft Boitzenburg; Untersuchungen zur Entwicklung der sozialökonomischen Struktur ländlicher Gebiete in der Mark Brandenburg vom 14. bis zum 19. Jahrhundert, Weimar 1968.

Haushofer, Heinz: Die deutsche Landwirtschaft im technischen Zeitalter, Bd. 5 der Deutschen Agrargeschichte, Stuttgart 1963, 2. Aufl., 1972 (Die ökonomische Entwicklung kommt etwas zu kurz).

Heitz, Gerhard: Über den Teilbetriebscharakter der gutsherrlichen Eigenwirtschaften in Scharbow (Mecklenburg) im 17. und 18. Jahrhundert, in: Wissenschaftliche Zeitschrift der Universität Rostock, Jg. 8, 1958/59, Ges. und sprachw. Reihe, Heft 3 (Systematische Erörterung der aus der Verbindung von gutsherrlicher Eigenwirtschaft und Bauernhöfen erwachsenden Probleme).

Knapp, Georg Friedrich: Die Bauern-Befreiung und der Ursprung der Landarbeiter in den älteren Teilen Preußens, 2 Bde., Leipzig 1887 (Anregende, wenn auch teilweise überholte Darstellung der Bauernbefreiung in Preußen).

Müller, Hans Heinrich: Märkische Landwirtschaft vor den Agrarreformen von 1807, Potsdam 1967 (Aufzeigen der sich anbahnenden Wandlungen in der landwirtschaftlichen Produktion und in der Agrarverfassung).

Schremmer, Eckart: Die Bauernbefreiung in Hohenlohe, Stuttgart 1963.

Schwerz, Johann Nepomuk: Beschreibung der Landwirtschaft in Westfalen und Rheinpreußen, 2 Bde., Stuttgart 1836 (Vielseitige und instruktive Darstellung des Wandels in der landwirtschaftlichen Produktionssphäre).

Stein, Robert: Die Umwandlung der Agrarverfassung Ostpreußens durch die Reform des 19. Jahrhunderts, 3 Bde., Jena und Königsberg 1918 ff.

Teuteberg, Hans J. und *Wiegelmann, Günter*: Der Wandel der Nahrungsgewohnheiten unter dem Einfluß der Industrialisierung, Göttingen 1972 (Entwicklung des Nahrungsmittelverbrauches nach Menge und Struktur; bestimmende Faktoren).

Handel

Beer, Adolf: Geschichte des Welthandels im neunzehnten Jahrhundert, Wien 1884 (In weiten Teilen veraltete, aber wesentliche Probleme herausarbeitende Darstellung des internationalen Handels).

Bienengräber, A.: Statistik des Verkehrs und Verbrauchs im Zollverein für die Jahre 1842-1864, Berlin 1868 (Nach dem heutigen Forschungsstand unvollständig).

Borries, Bodo von: Deutschlands Außenhandel 1836 bis 1856, Eine statistische Untersuchung zur Frühindustrialisierung; Stuttgart 1970 (Die Beeinflussung des Außenhandels durch die Industrialisierung).

Bondi, Gerhard: Deutschlands Außenhandel 1815-1870, Berlin 1958 (Übersichtliche, aufgrund der schlechten Quellenlage nicht unumstrittene Darstellung).

Brinkmann, Carl: Die preußische Handelspolitik vor dem Zollverein und der Wiederaufbau vor hundert Jahren, Berlin 1922.

Verkehr

Alberty, M.: Der Übergang zum Staatsbahnsystem in Preußen: Seine Begründung, seine Durchführung und seine Folgen, Jena 1911 (Darstellung der die Eisenbahnpolitik beeinflussenden Kräfte).

Borght, Richard van der: Die wirtschaftliche Bedeutung der Rheinschiffahrt, Köln 1892 (Die Rheinschiffahrt war eine der wichtigsten Voraussetzungen für die industrielle Entwicklung Westdeutschlands).

Cassione, Heinrich: Die geschichtliche und technische Entwicklung des Straßenwesens in Baden, 1810-1920, Diss. Karlsruhe 1926 (Informative Einzeldarstellung).

Die deutschen Eisenbahnen in ihrer Entwicklung 1835-1935, Berlin 1935.

Döhn, Hans: Eisenbahnpolitik und Eisenbahnbau in Rheinhessen 1835-1914, Diss. Mainz 1957 (Herausarbeitung der wirtschaftlichen und politischen Interessen).

Grote, C.: Über ein Eisenbahnsystem in Deutschland, Göttingen 1834 (Neben dem Plan von List die wichtigste literarische Äußerung über ein deutsches Eisenbahnsystem vor 1835).

Hundert Jahre deutsche Eisenbahn; Jubiläumsschrift zum hundertjährigen Bestehen der deutschen Eisenbahnen, Berlin 1935 (Vielseitige, aber auch mit einigen Lücken versehene Darstellung).

Kliche, Walther: Die Schiffahrt auf der Ruhr und Lippe im 18. Jahrhundert, Diss. Göttingen 1904 (Die wechselseitigen Beziehungen zwischen gewerblicher Entwicklung und Ausbau der Verkehrswege).

Kurs, Victor: Tabellarische Nachrichten über die flößbaren und schiffbaren Wasserstraßen des Deutschen Reiches, Berlin 1894 (Gute und vollständigste Zusammenstellung des Binnenschiffahrtsnetzes).

List, Friedrich: Das deutsche National-Transport-System in volks- und staatswirtschaftlicher Beziehung behandelt, Altona-Leipzig 1838 (Propagierung des Ausbaues eines nationalen Eisenbahnnetzes).

Lotz, Walter: Verkehrsentwicklung in Deutschland seit 1800, 4. Aufl., Leipzig 1920.

Lüder, Chr. F. v.: Vorschlag wie Deutschland mit Chaussées durchkreuzt werden könnte, Frankfurt a.M. 1779 (Interessanter Versuch zur Propagierung eines Chaussée-Netzes; zu vergleichen mit den Plänen von F. List aus dem Jahre 1833 und C. Grote aus dem Jahre 1834 für die Eisenbahnen).

GELD- UND BANKWESEN

Arendt, Otto: Die internationale Zahlungsbilanz Deutschlands in den letzten Jahrzehnten der Silberwährung, Berlin 1878 (Erörterung unter dem Eindruck des vollzogenen Übergangs zur Goldwährung).

Bösselmann, Kurt: Die Entwicklung des deutschen Aktienwesens im 19. Jahrhundert, Berlin 1939 (Rechts- und Finanzierungsfragen).

Brockhage, Bernhard: Zur Entwicklung des preußisch-deutschen Kapitalexportes, Leipzig 1910 (Aufbringung und Ziele der Kapitalleistungen).

Cameron, Rondo u. a.: Banking in the Early Stages of Industrialization, New York 1967 (Hinweis auf die Anfänge der Industriefinanzierung in mehreren Ländern).

Cameron, Rondo: France and the Economic Development of Europe 1800-1914, Princeton 1961 (Unter besonderer Hervorhebung der Wege des französischen Kapitals).

Czichon, Eberhard: Der Bankier und die Macht, Köln 1970 (Manchmal etwas einseitige Darstellung der Bankpolitik).

Eynern, Gert von: Die Reichsbank; Probleme des deutschen zentralen Noteninstituts in geschichtlicher Darstellung, Jena 1928.

Jeidels, Otto: Das Verhältnis der deutschen Großbanken zur Industrie mit besonderer Berücksichtigung der Eisenindustrie, Leipzig 1905 (Die Bedeutung der Banken für die Finanzierung der Industrie ab 1871).

Kahn, Julius: Geschichte des Zinsfußes in Deutschland seit 1815 und die Ursachen seiner Veränderung, Stuttgart 1884 (Der Zins als wichtiger Indikator der Konjunktur allgemein und des Weltmarktes im besonderen).

Otto, Walter: Anleiheübernahme, Gründungs- und Beteiligungsgeschäft der deutschen Großbanken in Übersee, Berlin 1910.

Riesser, Jakob: Die deutschen Großbanken und ihre Konzentration im Zusammenhang mit der Entwicklung der Gesamtwirtschaft in Deutschland, 4. Aufl., Jena 1912 (Ausführliche Darstellung der Konzentrationsbewegungen bei den Berliner Großbanken).

Schilder, Sigmund: Die auswärtigen Kapitalanlagen vor und nach dem Weltkriege, Berlin 1918.

Seeger, Manfred: Die Politik der Reichsbank von 1876-1914 im Lichte der Spielregeln der Goldwährung, Berlin 1968 (Interessante, auch allgemeine wirtschaftliche Probleme berührende Abhandlung).

Voye, Ernst: Über die Höhe der verschiedenen Zinsarten und ihre wechselseitige Abhängigkeit, Jena 1902.

Wallich, Paul: Beiträge zur Geschichte des Zinsfußes von 1800 bis zur Gegenwart, in: Jahrbücher für Nationalökonomie und Statistik, Folge 3, Bd. 42, Jena 1911, S. 289.

Öffentliches Finanzwesen

Begemann, E.: Die Finanzreformversuche im Deutschen Reiche von 1867 bis zur Gegenwart unter Berücksichtigung der Deckung der Wehrvorlagen von 1912, Göttingen 1912 (Erörterung der unbefriedigenden Finanzverfassung Deutschlands und der vergeblichen grundlegenden Reformversuche).

Birnbaum, Bruno: Die gemeindlichen Steuersysteme in Deutschland, Berlin 1914 (Übersicht über die auch nach den Finanzreformen unterschiedlichen Steuersysteme).

Borchard, Karl: Staatsverbrauch und öffentliche Investitionen in Deutschland 1780-1850, Diss. Göttingen 1968 (Vor allem die Investitionen im Verkehrswesen darstellend).

Buchenberger, Adolf: Finanzpolitik und Staatshaushalt im Großherzogtum Baden in den Jahren 1850-1900, Heidelberg 1902.

Friedrich, O.: Die Begebung öffentlicher Anleihen im 19. Jahrhundert, Diss. Tübingen (Druck: Berlin) 1913 (Teilaspekte der Staatsverschuldung).

Handwörterbuch der Finanzwissenschaft (Standardwerk für Finanzgeschichte und Finanzwissenschaft).

Klein, Ernst: Von der Reform zur Restauration: Finanzpolitik und Reformgesetzgebung des preußischen Staatskanzlers Karl August von Hardenberg, Berlin 1965 (Unter besonderer Berücksichtigung der Bewältigung der durch die Napoleonische Zeit entstandenen Probleme der Staatsfinanzen).

Witt, Peter-Christian: Die Finanzpolitik des Deutschen Reiches von 1903 bis 1913, Lübeck-Hamburg 1970 (Sehr ins einzelne gehende, aber lückenhafte und unübersichtliche Abhandlung).

Soziale Frage und Sozialpolitik

Abel, Wilhelm: Massenarmut und Hungerkrisen im vorindustriellen Deutschland, Göttingen 1972 (Ausführliche Erörterung der Armutsprobleme am Vorabend der Industrialisierung, unter besonderer Berücksichtigung der fehlenden zusätzlichen Einkommensmöglichkeiten bei einer verzögerten Industrialisierung).

Abendroth, Wolfang: Sozialgeschichte der europäischen Arbeiterbewegung, Frankfurt a.M. 1965 (Unter besonderer Betonung der Klassenkampfsituation).

Born, Karl Erich: Staat und Sozialpolitik seit Bismarcks Sturz, Wiesbaden 1957 (Die zahlreichen widerstreitenden Meinungen und Kräfte zeigen die Unsicherheit des „Staates" hinsichtlich der sozialen Probleme).

Brepohl, Wilhelm: Industrievolk im Wandel von der agraren zur industriellen Daseinsform, dargestellt am Ruhrgebiet, Tübingen 1967 (Es werden vor allem die den einzelnen treffenden Friktionen dieses Wandels aufgezeigt).

Claßen, Manfred: Die staatliche Sozialpolitik von 1839 bis 1918, Diss. Köln 1969.

Engels, Friedrich: Die Lage der arbeitenden Klasse in England, 1. Aufl., Leipzig 1845 (Mit der Darstellung des sozialen Elends in den Industriezentren Englands wurde die Forderung verbunden, die bevorstehende Industrialisierung in Deutschland müsse ohne diese Nachteile durchgeführt werden).

Fischer, Wolfram: Soziale Unterschichten im Zeitalter der Frühindustrialisierung, in: International Review of Social History, Jg. VIII., Assen 1963, Seite 415 bis 435.

Grebing, Helga: Geschichte der deutschen Arbeiterbewegung, München 1966 (Parteien, Gewerkschaften und sonstige Vereinigungen).

Jantke, Karl: Der vierte Stand; Die gestaltenden Kräfte der deutschen Arbeiterbewegung im 19. Jahrhundert, Freiburg 1955.

Koch, M. Juergen: Die Bergarbeiterbewegung im Ruhrgebiet zur Zeit Wilhelm II., Düsseldorf 1954 (Vereinigungen und Aktivitäten).

Köllmann, Wolfgang: Bevölkerung und Raum in Neuerer und Neuester Zeit, Bevölkerungs-Ploetz, Bd. 4, 3. Aufl., Würzburg 1965 (Umfassende statistische Zusammenstellungen).

Köllmann, Wolfgang: Grundzüge der Bevölkerungsgeschichte Deutschlands im 19. und 20. Jahrhundert, in: Studium generale, 12, Berlin-Göttingen 1959, S. 381 bis 392.

Köllmann, Wolfgang: Industrialisierung, Binnenwanderung und 'Soziale Frage', in: Vierteljahresschrift für Sozial- und Wirtschaftsgeschichte, Bd. 46, Wiesbaden 1959, S. 45 bis 70 (Hervorhebung der durch die Industrialisierung und die damit in Gang gesetzten Wanderungsbewegungen hervorgerufenen sozialen Probleme).

Kuczynski, Jürgen: Die Geschichte der Lage der Arbeiter in Deutschland von 1789 bis in die Gegenwart, Bd. 1, Teil 1, 1789 bis 1870, 6. Aufl., Berlin 1954; Teil 2, 1870 bis 1932, 6. Aufl., Berlin 1954 (Arbeitsplatz-, Lohn- und andere Probleme werden umfassend und mit zahlreichen Beispielen dargestellt).

Lange, Friedrich Albert: Die Arbeiterfrage in ihrer Bedeutung für Gegenwart und Zukunft beleuchtet, 1. Aufl., Duisburg 1865; 5. Aufl., Winterthur 1894 (Analyse der sozialen Spannungen und der Klassenprobleme unter Benutzung der Denkansätze der kritischen Philosophie und der materialistischen Auffassungen).

Marx, Heinrich Karl: Das Kapital; Kritik der politischen Ökonomie, Bd. 1, Hamburg 1867; Bd. 2, Hamburg 1885; Bd. 3, Hamburg 1894. Danach in zahlreichen Auflagen und Übersetzungen (Im Vordergrund steht die Erklärung und Analyse der zeitgenössischen Verhältnisse aus den historischen Entwicklungen und aus den jeweiligen gesellschaftlichen Bedingungen).

Meinhardt, Günther: Der schlesische Weberaufstand von 1844, in: Jahrbuch der Schlesischen Friedrich-Wilhelms-Universität zu Breslau, Bd. 17, Berlin 1972, S. 91 bis 112.

Müller, Josef Heinz und *Geisenberger, Siegfried*: Die Einkommensstruktur in verschiedenen deutschen Ländern 1874-1913, Berlin-München 1972.

Schieder, Wolfang: Die Anfänge der deutschen Arbeiterbewegung; Die Auslandsvereine im Jahrzehnt nach der Julirevolution von 1830, Stuttgart 1963.

Syrup, Friedrich: 100 Jahre staatliche Sozialpolitik 1839-1939, Stuttgart 1957 (Vor allem auf die Arbeitssituation bezogene Darstellung).

Wachenheim, Hedwig: Die deutsche Arbeiterbewegung, 1844 bis 1914, Köln-Opladen 1967 (Neuere, übersichtliche Darstellung).

Wirtschaftliche Wechsellagen

Abel, Wilhelm: Agrarkrisen und Agrarkonjunktur; Eine Geschichte der Land- und Ernährungswirtschaft Mitteleuropas seit dem hohen Mittelalter, 2. Aufl., Hamburg-Berlin 1966 (Hervorheben der von der Bevölkerungsentwicklung und der Nahrungsmittelproduktion auf die Reallöhne und die landwirtschaftlichen Produktpreise ausgehenden Einflüsse).

Ciriacy-Wantrup, Siegfried von: Agrarkrisen und Stockungsspannen; zur Frage der langen „Welle" in der wirtschaftlichen Entwicklung, Berlin 1936 (Bestimmungsfaktoren der längerfristigen konjunkturellen Entwicklung; jedoch ohne ausgewogene Beurteilung der auch vom gewerblichen und Handelssektor ausgehenden Einflüsse).

Jacobs, Alfred und *Richter, Hans*: Die Großhandelspreise in Deutschland von 1792-1934, in: Sonderheft des Instituts für Konjunkturforschung, Nr. 37, Berlin 1935 (Umfassende statistische Darstellung; für konjunkturelle Untersuchungen für das 19. Jhdt. sehr wichtig).

Kuznets, Simon: Secular Movements in Production and Prices, Boston-New York 1930 (Internationaler Vergleich unter Berücksichtigung theoretischer Denkansätze).

Müller-Jabusch, Maximilian: So waren die Gründerjahre, Düsseldorf 1957 (Enthält zahlreiche wertvolle Hinweise auf Einzelfragen der Gründerkrise von 1873).

Rosenberg, Hans: Die Weltwirtschaftskrise von 1857-1859, Stuttgart 1934 (Hervorhebung vor allem der internationalen Aspekte einer speziellen Krise des 19. Jhs.).

Rosenberg, Hans: Große Depression und Bismarckzeit; Wirtschaftsablauf, Gesellschaft und Politik in Mitteleuropa, Berlin 1967 (Untersuchung der Zusammenhänge der wirtschaftlichen und gesellschaftlichen Krisensituation in der Bismarckzeit; anregende, aber nicht immer mit der erforderlichen Abwägung vorgetragene Gedanken).

Schumpeter, Joseph: Konjunkturzyklen, 2 Bde., Göttingen 1961 (Vergleichende Studie über parallele und gegensätzliche Entwicklungen in den wichtigsten sich industrialisierenden Volkswirtschaften des 19. Jahrhunderts).

Spiethoff, Artur: Die wirtschaftlichen Wechsellagen, Aufschwung, Krise, Stockung, 2 Bde., Tübingen 1955 (Materialreich untermauerte theoretische Überlegungen zu konjunkturellen Fragen; grundlegendes Werk).

Wirth, Max: Geschichte der Handelskrisen, Frankfurt/M. 1858 (Interessante Darstellung, die einen Einblick in die konjunkturellen Erkenntnisse des 19. Jahrhunderts bietet).

Neomerkantilismus, staatliche und private Interessenpolitik

Blankenburg, Jürgen: Der französische Kapitalexport und seine Rolle als Instrument der Außenpolitik, Diss. Köln 1966 (Aufzeigen der Verbindungen zwischen der Außenpolitik und den an Staaten und Private geflossenen Kapitalströme für die letzten Jahrzehnte vor dem Ersten Weltkrieg).

Böhme, Helmut: Deutschlands Weg zur Großmacht; Studien zum Verhältnis von Wirtschaft und Staat während der Reichsgründungszeit, Köln-Berlin 1966.

Dix, Arthur: Der Bund der Landwirte, Berlin 1909 (Nicht immer ganz objektive Darstellung der Entstehung und der Politik dieser in erster Linie die Interessen der Getreideproduzenten vor dem Ersten Weltkrieg vertretenden landwirtschaftlichen Vereinigung).

Erdmann, Gerhard: Die deutschen Arbeitgeberverbände im sozialgeschichtlichen Wandel der Zeit, Neuwied-Berlin 1966 (Kritische Auseinandersetzung auch mit der Sozialpolitik der Arbeitgeberverbände).

Facius, Friedrich: Wirtschaft und Staat; Die Entwicklungen der staatlichen Wirtschaftsverwaltung in Deutschland vom 17. Jahrhundert bis 1945, Boppard 1959 (Auf Grund der großen Zeitspanne nicht immer genügend ins Detail gehende Darstellung).

Fischer, Wolfram: Der Staat und die Anfänge der Industrialisierung in Baden 1800-1850, Bd. 1, Berlin 1962 (Hervorhebung der staatlichen Aktivität bei der wirtschaftlichen Entwicklung an der Schwelle zur Industrialisierung).

Gerloff, Wilhelm: Die deutsche Zoll- und Handelspolitik von der Gründung des Zollvereins bis zum Frieden von Versailles, Leipzig 1920.

Hallgarten, George Wolfang: Imperialismus vor 1914; Die soziologischen Grundlagen der Außenpolitik der europäischen Großmächte vor dem Ersten Weltkrieg, 2 Bde., 2. Aufl., München 1963 (Übersichtliche, teilweise aber recht einseitige Darstellung).

Hardach, Karl Willy: Die Bedeutung wirtschaftlicher Faktoren bei der Wiedereinführung der Eisen- und Getreidezölle in Deutschland 1879, Berlin-München 1967.

Kaelble, Hartmut: Industrielle Interessenpolitik in der Wilhelminischen Gesellschaft, Berlin 1967 (Ein sehr vielschichtiges und unübersichtliches Problem wird nicht immer mit der erforderlichen Umsicht angegangen).

Krampe, Hans Dieter: Der Staatseinfluß auf den Ruhrkohlenbergbau in der Zeit von 1800-1865, Köln 1961 (Die relative Unbeweglichkeit der Verwaltung – in Form des Direktionsprinzipes – ist trotz des guten Willens ein Hemmschuh für die Entwicklung des Kohlenbergbaues gewesen).

Luxemburg, Rosa: Akkumulation des Kapitals; Ein Beitrag zur Erklärung des Imperialismus, Berlin 1923 (Herausarbeitung der negativen Seiten der internationalen Kapitalverflechtungen; ohne Aufzeigen eines realisierbaren Alternativweges).

Maschke, Erich: Grundzüge der deutschen Kartellgeschichte bis 1914, Vortragsreihe der Gesellschaft für westfälische Geschichte e. V., Heft 10, Dortmund 1964 (Gute Übersicht mit Literaturhinweisen für ins einzelne gehende Informationen).

Matschoss, Konrad: Preußens Gewerbeförderung 1821-1921, Berlin 1921 (Die Zusammenhänge der Industrialisierung und der Gewerbeförderung werden nicht genügend herausgearbeitet. Jedoch gute Zusammenstellung der wichtigsten Aktivitäten Preußens).

Nipperdey, Th.: Interessenverbände und Parteien in Deutschland vor dem Ersten Weltkrieg, in: Politische Vierteljahresschrift, Heft 2, Köln-Opladen 1961, S. 262 bis 280.

Philippovich, Eugen von: Die Entwicklung der wirtschaftspolitischen Ideen im 19. Jahrhundert, Tübingen 1910 (Die Vielfalt der wirtschaftspolitischen Ideen zeigt, daß das 19. Jahrhundert sich intensiv mit den Problemen der Wirtschaft und der Gesellschaft beschäftigt hat).

Puhle, Hans Juergen: Agrarische Interessenpolitik und preußischer Konservatismus, Hannover 1966 (Etwas einseitige Darstellung der die staatliche Agrarpolitik vor dem Ersten Weltkrieg bestimmenden gesellschaftlichen Kräfte).

Rathmann, Lothar: Bismarck und der Übergang zur Schutzzollpolitik 1873/74 bis 1879, in: Zeitschrift für Geschichtswissenschaft, Jg. 4, Heft 5, Berlin 1956, S. 899 bis 949 (Verdeutlichung der pragmatisch ausgerichteten politischen Meinungsbildung bei Bismarck).

Ritter, Ulrich Peter: Die Rolle des Staates in den Frühstadien der Industrialisierung: Die preußische Industrieförderung in der ersten Hälfte des 19. Jahrhunderts, Berlin 1961.

Straube, Hans Joachim: Die Gewerbeförderung Preußens in der ersten Hälfte des 19. Jahrhunderts mit besonderer Berücksichtigung der Regierungsmaßnahmen zur Förderung der Industrie durch Erziehung und Fortbildung, Diss. Berlin 1933 (Zu positive Einschätzung des dargestellten Aspektes der Industrialisierung).

Varga, Eugen: Die historischen Wurzeln der Besonderheit des deutschen Imperialismus, Berlin 1964 (Interessante, aber streckenweise sehr einseitige Darstellung des Problems).

Wehler, Hans-Ulrich (als Herausgeber): Imperialismus, Köln-Berlin 1970 (Aufsatzsammlung; enthält daher keine systematische Darstellung des Problems, sondern punktmäßige Einzelerörterungen, die zudem im wesentlichen darauf angelegt sind zu beweisen, daß es einen Imperialismus gegeben hat. Es wird durchweg vernachlässigt, die internationalen wirtschaftlichen Beziehungen daraufhin zu untersuchen, ob die wirtschaftliche Betätigung in einem anderen Land nicht auch positive Aspekte haben kann).

Zeitschriften

„Vierteljahresschrift für Sozial- und Wirtschaftsgeschichte" (BRD)

„Jahrbuch für Wirtschaftsgeschichte" (DDR)

„Zeitschrift für Agrargeschichte und Agrarsoziologie" (BRD)

„Annales" (Zeitschrift der französischen Wirtschafts- und Sozialgeschichte)

„The Journal of Economic History" (USA) mit Aufsätzen über USA und andere Länder der Welt, vor allem wichtig für Geschichte der Industrialisierung

„The Economic History Review" (England), mit international breit gestreutem Aufsatzteil und Literaturübersichten

PERSONENVERZEICHNIS

SACHVERZEICHNIS
(einschließlich Begriffserklärungen)